図解 世界史で学べ！地政学

茂木 誠 編著

祥伝社

Plate.01 地政学とは何か？

現実主義的な世界観

世界が理想だけで動くことはない。表舞台で理想が語られていたとしても、その裏では策謀と駆け引きが繰りひろげられている。地政学は、国家間の関係をより現実的にとらえていこうとする学問である。

ただ生存競争が続くだけ

「日本国民は、恒久の平和を念願し、人間相互の関係を支配する崇高な理想を深く自覚するのであって、平和を愛する諸国民の公正と信義に信頼して、われらの安全と生存を保持しようと決意した」（『日本国憲法』前文）

敗戦国日本が、この崇高な理想をかかげ、国の交戦権を禁じた憲法を公布したとき（1946年）、ソ連（ロシア）軍は千島《ちしま》列島や南樺太《からふと》の不法占拠を続け、60万人の日本人捕虜をシベリアに抑留して強制労働を課していました。日本国憲法公布の6年後に韓国は島根県の竹島《たけしま》を不法占拠し、30年後に北朝鮮は工作員を日本に潜入させて一般日本人の組織的な拉致《らち》を繰りかえし、これらの問題はいまだ解決のめども立ちません。そして70年後のいま、中国が沖縄県の尖閣諸島の領有権を主張し、領海・領空侵犯を繰りかえしています。

「日本やドイツが侵略したから戦争になった」「日本が武器を捨て、平和国家になれば世界は平和になる」と戦後の日本人は教わってきたのですが、実際はどうだったでしょうか。

第二次世界大戦で、ドイツや日本など「悪の枢軸《すうじく》」を崩壊させ、「正義の勝利者」となった連合国が、「冷戦」という名の新たな覇権争いを始め、破滅的な核武装を進めたのです。結局のところ、国家間の「**生存競争**」が無限に続いているにすぎないのです。

このように、**世界の歴史には、正義も悪もない――「各国はただ、生存競争を続けているだけだ」**という考え方、これを**現実主義（リアリズム）**といいます。地政学は、リアリズムにのっとった世界観に地理的条件を加えて国際情勢を俯瞰《ふかん》する学問なのです。

なぜ地理が重要なのか

地政学（ジオポリティクス）という名は、ジオ「地球の」＋ポリティクス「政治学」の合成語です。地政学では、国家の行動原理や国家間の関係を説明するとき、その国の地理的条件に注目します。

たとえば、中国の南シナ海への軍事進出にヨーロッパ諸国は無関心ですし、シリア内戦へのロシアの軍事介入に日本は無関心です。**距離が遠すぎて、利害関係がほとんどない**からです。

それに対し、隣国とは、必ずといっていいほど国境線や移民をめぐる問題が発生します。海を挟んだ隣国の場合、陸の国境線で接した隣国同士のような緊張はありません。それでも島嶼《とうしょ》や領海、排他的経済水域（EEZ）をめぐる衝突が起こります。二国間の距離と位置関係は、その関係を決定づける大きな要素となるのです。

経済力や軍事力は、時代によって変わります。しかし、「日本の隣に中国、朝鮮半島、ロシアがある」「中国の南にインドがある」という現実は不変です。そういった意味で、**地理はもっとも現実主義的な指標のひとつ**といえます。

拡大する国土と経済的侵略

地理を政治に結びつける考え方は、ドイツで始まりました。19世紀後半、ドイツ帝国時代の地理学者ラッツェルは、生物学を援用して国家をひとつの生命体と見なし（国家有機体説）、その「縄張り」としての「**生存圏（レーベンスラウム）**」の必要を説きました。これは、「**いまある国土の中で自給自足できなければ、国土を拡大していくしか手段はない**」という考え方へと結びついていきます。

ラッツェルの**大陸系地政学**を引きついだのが、ドイツ帝国陸軍の軍人だった**ハウスホーファー**です。彼は、大使館付武官として日本にも長く滞在しており、第一次世界大戦後はミュンヘン大学で教鞭《きょうべん》をとります。

ハウスホーファーが示した概念が、「**パン・リージョン**」構想です。ドイツ・ロシア（ソ連）・日本・アメリカの4大国が世界を分割してそれぞれ勢力圏を設定するというもので、日

大陸国家の地政学を確立したハウスホーファー

フリードリヒ・ラッツェル（1844 – 1904）　カール・ハウスホーファー（1869 – 1946）
アルフレッド・マハン（1840 – 1914）　ハルフォード・マッキンダー（1861 – 1947）

独伊三国同盟や、日本の「大東亜共栄圏」構想にも影響を与えました。

領土の拡大を国家の発展と見る発想は、諸国家が興亡を繰りかえした**大陸国家（ランドパワー）**的発想です。ドイツのほか、ロシアや中国が典型的な大陸国家といえます。

逆に、**海洋国家（シーパワー）**は、**資源や食糧の不足を貿易によって補おうと考えます**。コストを考えれば、「面」を植民地化していくより、貿易の拠点となる島嶼や港湾都市などの「点」を支配したほうが効率的です。相手国を支配するにしても、完全に領有するより、傀儡《かいらい》政権をつくって間接的に支配したほうが、失敗したときのリスクは少なくてすみます。

もちろん、海洋国家のやり方が平和的というわけではありません。**自由貿易は、経済的弱者に犠牲を強いるからです**。19世紀のイギリスは、圧倒的な武力の差・生産力の差を背景に貿易自由（開国）を強いることで、経済的侵略を推進しました（自由貿易帝国主義）。その結果、相手国の産業が衰退しようが、失業者が増えようが、知ったことではないのです。

マハンとマッキンダー

ドイツを中心にした大陸系の地政学とは別に、アメリカやイギリスで発展した地政学があります。**英米系地政学**ともよばれ、海洋国家（シーパワー）の生き残り戦略を理論化したものです。

アメリカ海軍大学の教官だった**マハン**は、アメリカが海洋国家になりうること、アメリカが当時の超大国イギリスに代わって世界覇権を握るには、海洋を制する必要があることを論じました。日本海軍もマハンのシーパワー理論の影響を受けており、太平洋の戦いは、2つの新興シーパワー国家の覇権争いでした。激戦に勝利したアメリカは、太平洋、インド洋、アラビア海、地中海、大西洋に空母機動部隊を展開しています。これも、マハンの理論を忠実に実現したものです。

アメリカが海洋覇権国家となる前は、イギリスがその地位にありました。イギリスを代表する地理学者**マッキンダー**は、シーパワーをおびやかす大陸国家（ランドパワー）の重要性に注目します。海洋国家の学者がランドパワーに興味を持ったのは、イギリスの前に現われた「陸の帝国」――すなわちロシアの本質を分析するためでした。さらにドイツという、もうひとつの大陸の敵も登場します。

マッキンダーは、「**ランドパワーとシーパワーのせめぎあいによって、世界の歴史がつくられてきた**」と論じます。大航海時代以降スペイン、オランダ、イギリスといったシーパワーの優勢が続いてきましたが、「鉄道の開通で陸上輸送がスピードアップし、これからはランドパワーの時代になるだろう」と予測したのです。そして、「**東欧を制したランドパワーが世界を支配する**」と結論づけました。その「予言」は、ロシアの後継国家であるソ連が、第二次世界大戦で東欧を支配圏に入れたことで現実化し、シーパワー側に脅威を与えます。

空軍とミサイルで空と宇宙空間に戦域を広げたシーパワー大国アメリカと、ランドパワー大国ソ連が対峙《たいじ》したのが、第二次世界大戦後の冷戦の時代でした。

冷戦に敗れたソ連が崩壊したのちも、プーチンのロシアが21世紀のランドパワー帝国復活をめざしています。そして、サイバー空間に戦域が広がり、大国化した中国がこれに「参戦」してきます。

地政学は、時代やイデオロギーを超えて、大国の行動原理を説明できるもっとも合理的な理論なのです。

アメリカが海洋覇権国家となる道を開いたマハン

ロシアの脅威を研究したマッキンダー

地政学者たちの思考の動機

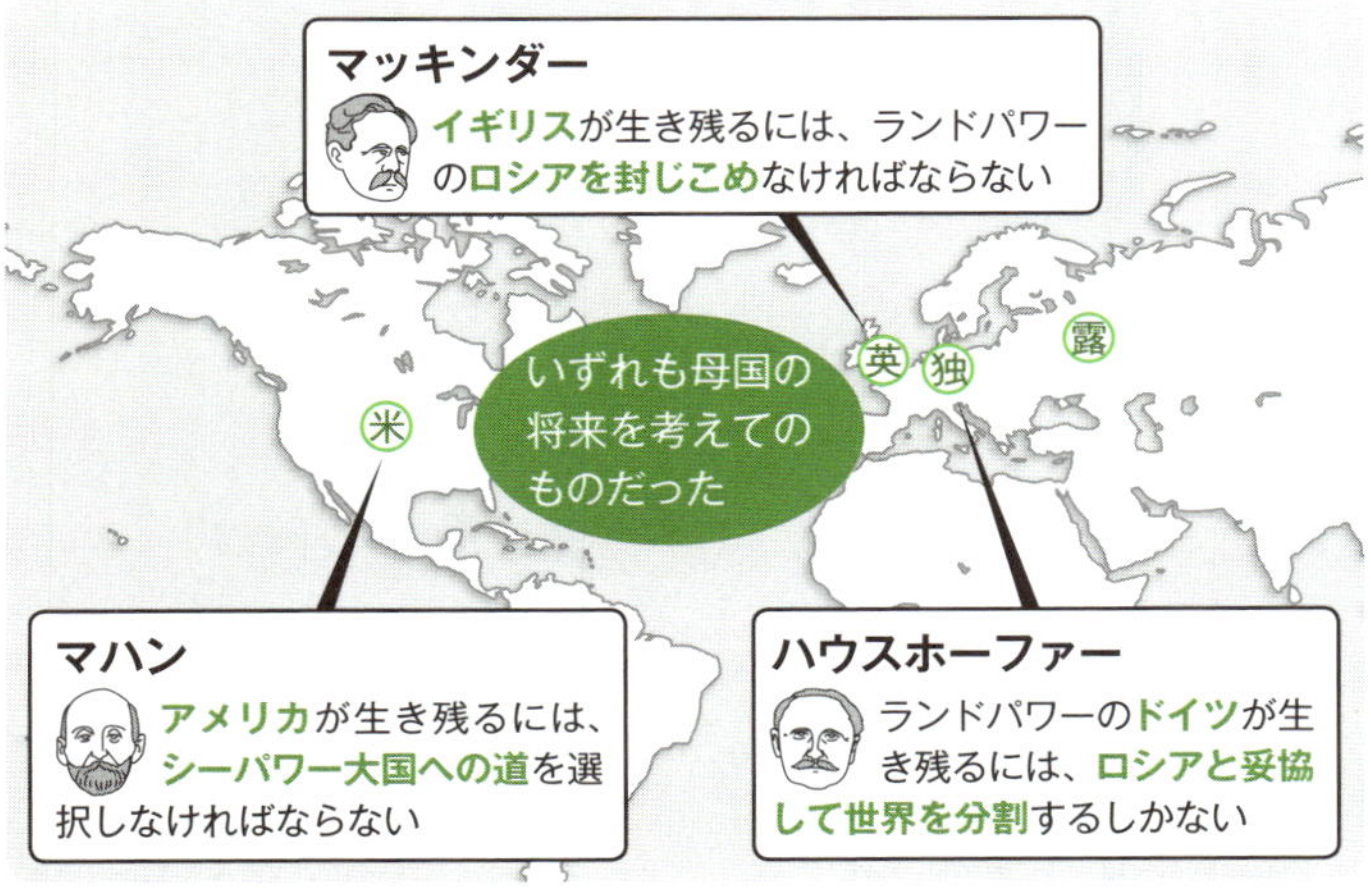

マッキンダー
イギリスが生き残るには、ランドパワーのロシアを封じこめなければならない
英
独
露
米
いずれも母国の将来を考えてのものだった
マハン
アメリカが生き残るには、シーパワー大国への道を選択しなければならない
ハウスホーファー
ランドパワーのドイツが生き残るには、ロシアと妥協して世界を分割するしかない

第1編

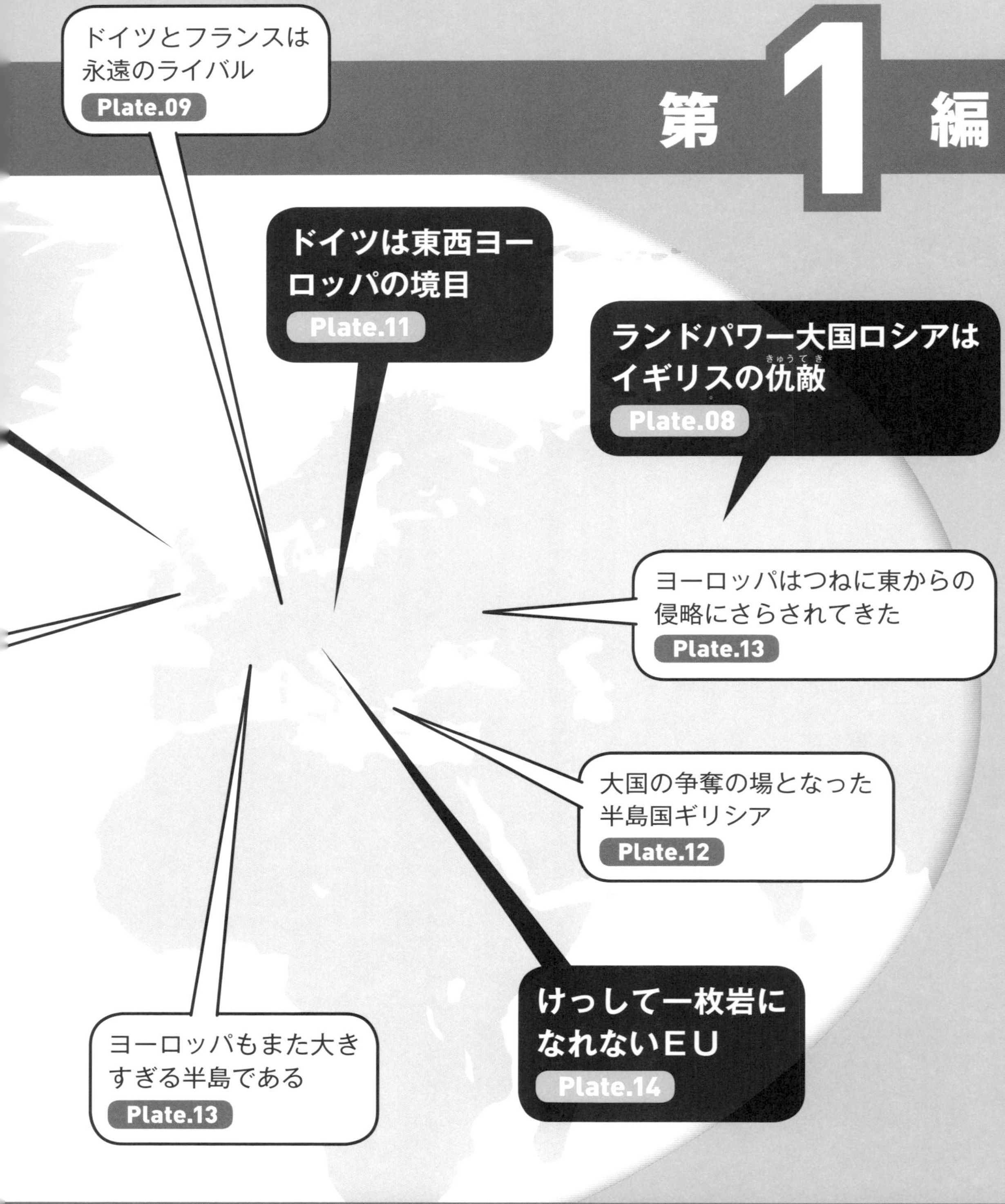

アメリカとイギリス、西ヨーロッパは、大西洋をはさんで深く結びついてきた。それは、日本人が「欧米」と呼ぶ地域であり、16 世紀の大航海時代以来、世界の覇権国家は、すべてこの地域から出てきた。

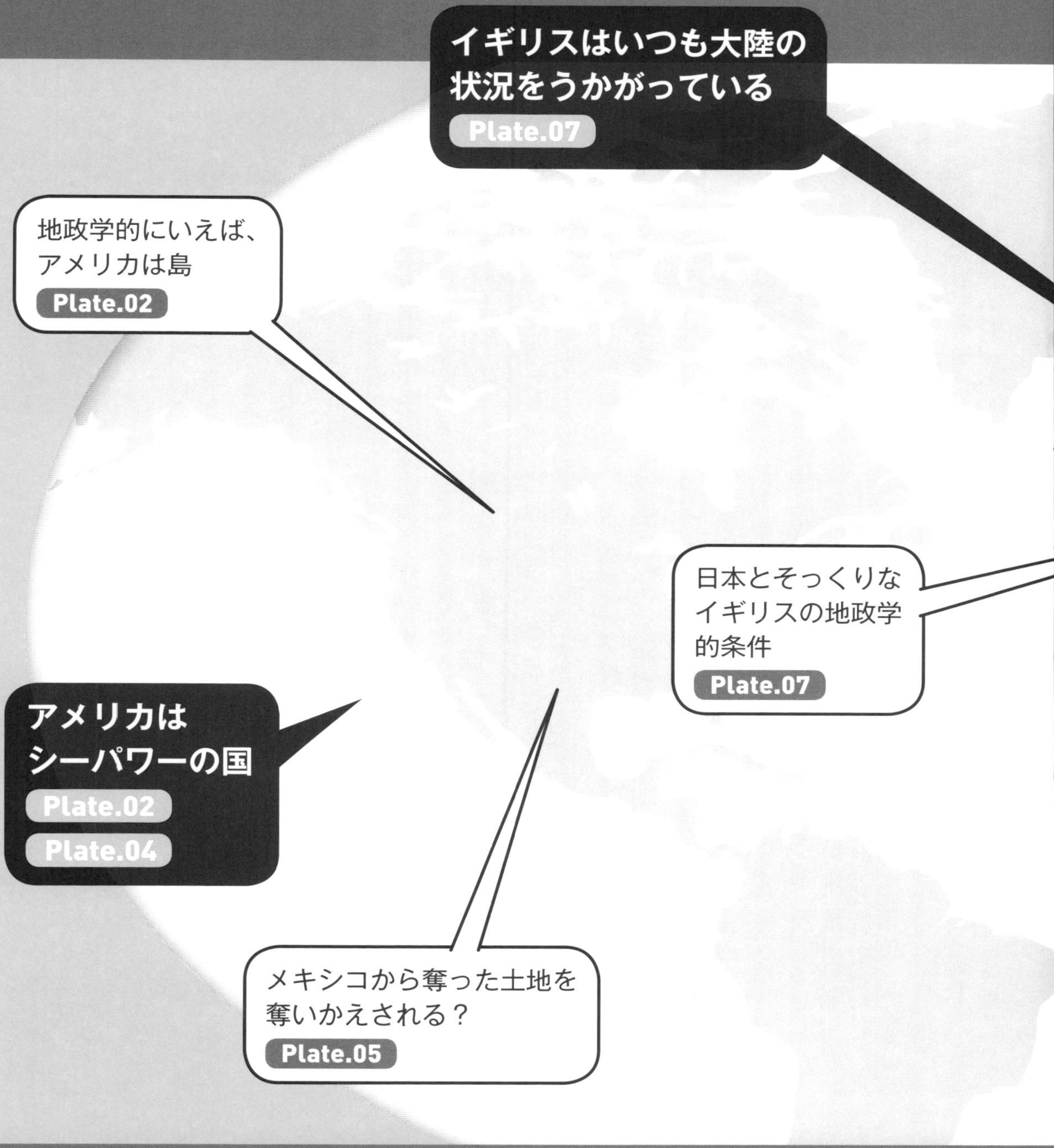

大国による世界覇権をめぐる争い

Plate.02

アメリカ①

巨大な島であることの優位性

英米系地政学では、北米大陸は「島」と考えられている。その巨大な島の中心に位置するアメリカ合衆国は、南北に陸続きで位置するメキシコやカナダから侵略される危険がなく、安全は保障されている。

海外から直接攻撃を受けたのは一度だけ

ヨーロッパから5000キロ以上離れたところにある「アメリカ島」は、外部から直接攻撃を受けた経験が、独立直後のイギリスとの戦争しかありません。先の日本との戦争でも、ハワイを攻撃されましたが、本土は無傷でした。

アメリカは、北米大陸の中心を大きく占めており、陸続きの隣国であるカナダやメキシコを軍事力・経済力で圧倒しているので、本土防衛は最小限度の軍隊でまかなうことができます。逆にいえば、兵力にゆとりがあるので、大規模な海外展開が可能になります。これが「島国」最大のメリットです。

メキシコから領土を奪う

アメリカが「島」の中央に大きな領地を占めるようになったのは、先住民から土地を奪ったからです。また、**国土の南西部はメキシコの領地**でした。「ロサンゼルス（天使）」「ラスベガス（牧草地）」「コロラド（赤い川）」「サンフランシスコ（聖フランシスコ）」などスペイン語の地名が残っているのも、メキシコ領だった時代の名残です。

テキサス共和国の旗

メキシコへの侵略の一歩は、テキサス独立から始まりました。メキシコ政府から許可を得てテキサスの荒れ地に入植したアメリカ人は、しだいにその数を増します。やがて、多数決の論理によって「テキサス共和国」の独立を宣言すると、合衆国に加盟し、その28番目の州となりました。いわば「合法的に」奪ったのです。

2014年にロシアのプーチン政権が、ウクライナからクリミア半島を奪ったときの手法（住民投票→併合）は、これとまったく同じです。

さらにアメリカは、テキサスの併合を不服とした**メキシコとの戦争に勝利すると、カリフォルニアまでの広大な土地を割譲《かつじょう》させ、ついに大西洋岸から太平洋岸におよぶ大国となりました。**このとき、のちにシーパワーの大国となる素地《そじ》ができたのです。

マハンからローズヴェルトへの手紙

海軍大学校で戦史の教鞭《きょうべん》をとった**マハン**は、古代から18世紀までの戦争を概観し、アメリカにとって海上権力が重要であることを主張します。その進言を受けて実行に移したのが、**セオドア・ローズヴェルト**大統領です。

マハンが1897年に、当時海軍次官だったローズヴェルトにあてた手紙には、**「最重要であるハワイ諸島の将来を日本に委《ゆだ》ねるかどうかが問題だ」**という文面があります。つまり**ハワイは、シーパワーにとって太平洋上の軍事拠点であるとし、将来の日米戦争の可能性も視野に入れているのです。**

マハンの懸念《けねん》は、1941年に日本軍がハワイの真珠湾《しんじゅわん》を攻撃したことで現実化しました。現在、この島で力強い日系人文化が根づき、毎年大挙して日本人観光客が押し寄せているという事実を、アメリカ人はどのように受けとめているのでしょうか。これはこれで、たいへん興味深い問題です。

セオドア・ローズヴェルト。アメリカの海上進出と国際的地位の向上に力を尽くした

シーパワー大国の建設

マハンの提言を受ける形で、海軍次官セオドア・ローズヴェルトは、**フィリピンやグアム島、キューバなどを領有していたスペインとの戦争**（1898年）を主導しました。第26代合衆国大統領となると、ポーツマス会議を主宰《しゅさい》して日露戦争後の仲介役をつとめ、**パナマ運河の建設**に着手します。

また、ハワイのカメハメハ王朝は、アメリカ移民を多く受けいれたことで、彼らが起こした革命によって倒され、アメリカの50番目の州となりました。

この経緯は、テキサス併合とほとんど同じです。ロシアのクリミア併合の例も然《しか》り。民主主義は帝国主義的野心に利用されることもあるのです。沖縄を日本から切り離そうと狙っている大国は、沖縄県民の「自己決定権」を利用するでしょう。

マハンによる海上戦略

1. シーパワーを握った国が世界の覇権を握ってきた。
2. 太平洋に中国貿易ルートを構築し、大西洋の艦艇《かんてい》がカリフォルニアに出るためのパナマ運河を建設せよ。
3. パナマ運河を防衛するため、キューバに軍事基地を建設し、カリブ海をアメリカ海軍の内海とせよ。
4. 太平洋上のハワイとフィリピンに米軍基地を建設せよ。
5. ロシア海軍の太平洋進出を阻止《そし》するため、イギリス、日本、ドイツとのあいだで海洋国家同盟を構築せよ。

アメリカがメキシコから奪った地域

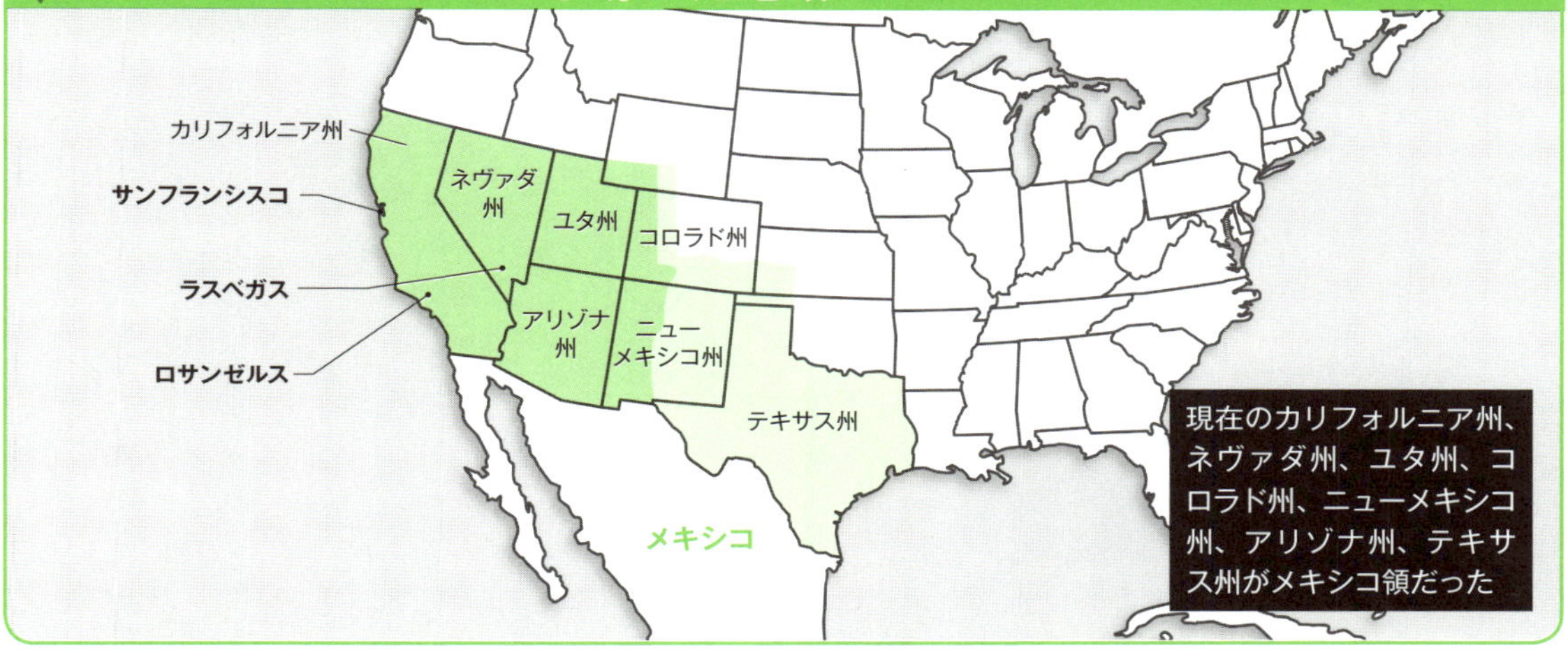

カリフォルニア州
サンフランシスコ
ラスベガス
ロサンゼルス
ネヴァダ州
ユタ州
コロラド州
アリゾナ州
ニューメキシコ州
テキサス州
メキシコ
現在のカリフォルニア州、ネヴァダ州、ユタ州、コロラド州、ニューメキシコ州、アリゾナ州、テキサス州がメキシコ領だった

太平洋へ伸びるアメリカの海上勢力

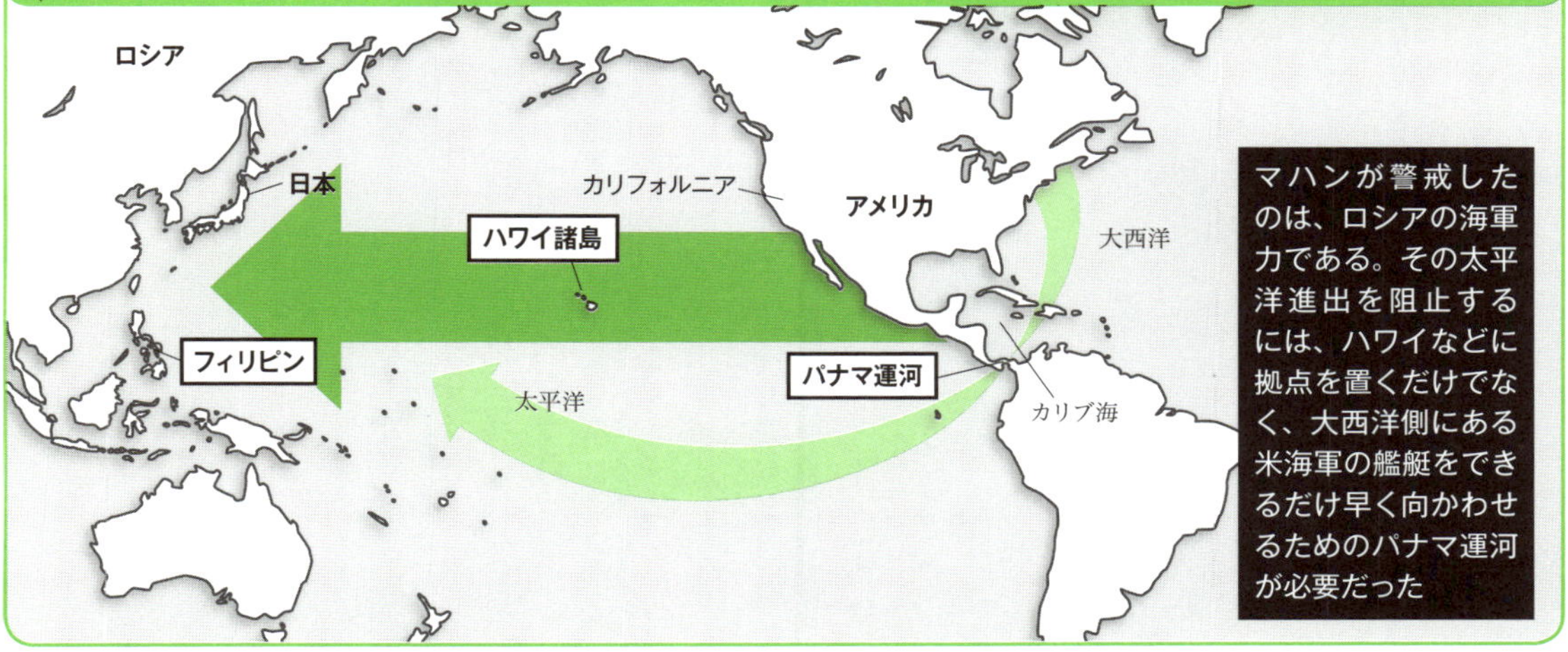

ロシア
日本
カリフォルニア
アメリカ
ハワイ諸島
大西洋
フィリピン
パナマ運河
太平洋
カリブ海
マハンが警戒したのは、ロシアの海軍力である。その太平洋進出を阻止するには、ハワイなどに拠点を置くだけでなく、大西洋側にある米海軍の艦艇をできるだけ早く向かわせるためのパナマ運河が必要だった

6ページの写真　©Everett Collection／アフロ

Plate.03 アメリカ②

外交の二重性を生みだす2つの考え方

アメリカ人の精神には、初期にヨーロッパ諸国から移民して国家の建設に加わった人たちの考え方が反映している。そのひとつがプロテスタントのキリスト教原理主義的な考え方、もうひとつが個人の自主独立を最優先する開拓民の考え方である。

自分たちの考え方を押しつけるのはなぜか

17世紀初期、北米大陸の各地に、イギリス、フランス、オランダなど西欧諸国の植民地が建設されるようになりました。

1620年、「アメリカ人の祖先」として最初に渡ってきたのが、のちに「**ピルグリム・ファーザーズ（巡礼の父祖）**」と呼ばれる小さな集団でした。彼らは、本国イギリスで「異端」として迫害された人たちです。

この異端者たちは、**ピューリタン**と呼ばれていました。「清浄化（ピュリファイ）する人たち」の意で、堕落していたカトリック教会に対し、より厳格さを求めるプロテスタントの中の急進派です。

彼らの信仰の対象となるのは、キリストだけであり、聖母マリアや他の聖人たちへの信仰は認めません。ましてや人間の神格化は認めませんから、ローマ教皇の存在も否定します。イギリス国王の教会支配も認めず、その極端な厳格さのためにイギリスでは居場所がなくなり、新天地アメリカに移住してきたのです。

北米大陸では、イギリスとフランスが先住民族を巻きこんで植民地の争奪を繰りかえしていました。本土防衛は手薄でよい（16ページ）島国イギリスが大軍を送りこんだのに対し、多くの国々と国境を接する大陸国家フランスは、主力をつねに本国に置く必要があったため、植民地派遣軍は劣勢でした。

ピルグリム・ファーザーズがプリマスに上陸したとき、最初に踏んだと伝えられる石。上陸年である「1620」が刻まれている

最終的にイギリスは、フランスとの戦争に勝利して、ミシシッピ川以東のルイジアナとカナダを手に入れます。しかし、戦費調達のため植民地への課税を強めようとしたところ、「自由」を求める住民と衝突したのです。これが、**アメリカ独立戦争**（1775―83年）です。格調高い「アメリカ独立宣言」の冒頭では、「造物主（神）によってすべての人は平等に造られ、一定の奪いがたい権利を有する」と謳《うた》われていますが、非白人である先住民の権利や黒人奴隷制については、完全に黙殺されています。

このように、神（キリスト）によって選ばれた者のみが救われるという、プロテスタントの思想の根っこには、**異民族・異教徒への強い差別意識**があります。これが、先住民への残虐行為やメキシコ侵略を正当化する理屈にもつながっていったのです。

また、『聖書』を論拠とする妊娠中絶や同性婚に対する強烈な拒否感は、現在のアメリカ社会にも深い根を下ろし、大統領選にまで影響を与えています。

この選民思想を国際関係に当てはめると、アメリカが「**自由・人権など普遍的な価値の擁護者**《ようごしゃ》」として他国に干渉し、「**世界の警察官**」として軍事力でこれを強制すべきだ、という思想になります。「ドイツ帝国主義の打倒」をかかげて第一次世界大戦に参戦した、第28代ウィルソン大統領がとなえたこの思想を「**ウィルソン主義（ウィルソニズム）**」と呼びます。対日戦争で「日本軍国主義打倒」、イラク戦争で「独裁者サダム＝フセインからのイラク解放」をかかげたのは、この流れです。

徹底的な個人主義と自由主義の原点

アメリカ人特有のもうひとつの考え方をもたらしたのが、イギリスから渡ってきた**貧農たちの子孫**です。本国では、彼らは小作人として、また産業革命を支える労働力として搾《さく》取《しゅ》されていましたが、アメリカに渡れば農場主になることも夢ではなかったのです。

アメリカに渡った彼らは独力で原野を切り開いていきました。これが、「**フロンティア・スピリット（開拓者精神）**」です。政府の保護をあてにせず、財産や家族の安全は自分自

ウッドロウ・ウィルソン（1856 – 1924）　ジェームズ・モンロー（1758 – 1831）

身で守ります。そのため、彼らには「武装する自由」が必要でした。憲法修正第2条で「武器を所有する権利を侵《おか》してはならない」と規定され、これがいまも続く「銃社会」の起源となったのです。

彼らは、内陸へ、さらには西海岸へと進んでいきます。この自主独立の精神が州の自治を生みだし、州の連合体としての合衆国という国家形態になりました。

国家レベルでこの考え方を実践したのが、「アメリカだけが生き残れば、それでいい」という**孤立主義**です。第5代モンロー大統領が一般教書で表明したことで、「**モンロー主義**」とも呼ばれます。オバマ大統領が「アメリカは世界の警察官ではない」と発言し、2016年の大統領選を制したトランプ候補が「海外に展開する米軍基地を撤収すべき」と発言したのも、この流れです。

押しつけと引きこもりの二重性

ひとつは、「私たちのすばらしいルールをあなたたちも守るべき」という教条主義。もうひとつは、「私たちは私たちでやるから、あなたたちも勝手にやってくれ」という孤立主義。どちらもアメリカの本質であり、その時々の世論の動向、選挙結果で豹変《ひょうへん》します。

絶対的な理想を標榜《ひょうぼう》して、相手に押しつけたかと思えば、都合が悪くなると、あっさりと手を引くのはそのためです。ですから、相手国に「市場が閉鎖的だ」と圧力をかけた直後に、自国産業の保護を選択することができるのです。

アメリカの対外政策は、この「押しつけと引きこもり」を繰りかえしてきました。

国土の拡大

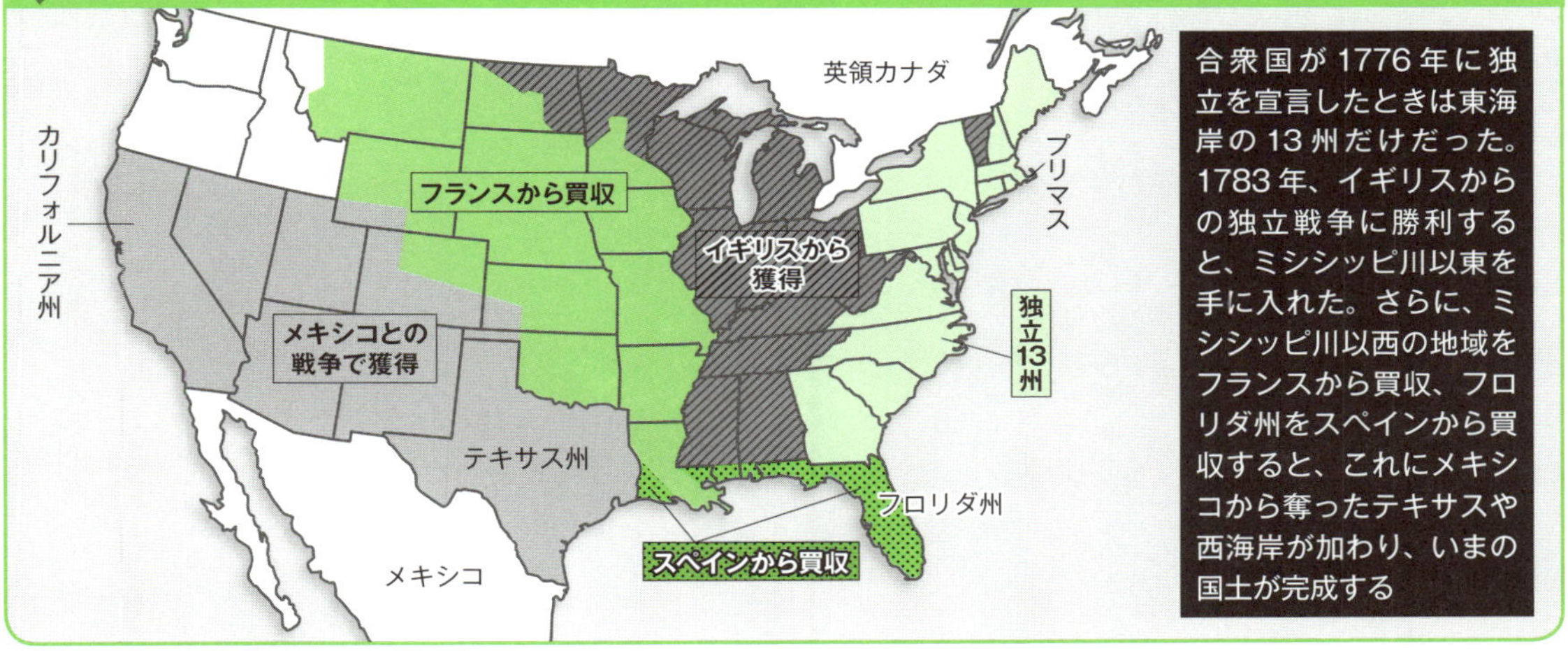

英領カナダ

独立13州

テキサス州
合衆国が1776年に独立を宣言したときは東海岸の13州だけだった。1783年、イギリスからの独立戦争に勝利すると、ミシシッピ川以東を手に入れた。さらに、ミシシッピ川以西の地域をフランスから買収、フロリダ州をスペインから買収すると、これにメキシコから奪ったテキサスや西海岸が加わり、いまの国土が完成する

アメリカの二重性

わが国のやり方に口出しするな
自国の経済を死守する
自分たちの国は自分たちで守れ
もう自分のことは自分でやるべき

アメリカのやり方を学べ
わが国の精鋭が防衛してやる
貴国も自由を尊重し、市場を開放すべき
みんなで豊かになろう

8ページの写真 ©読売新聞／アフロ

Plate.04 アメリカ③

ついに太平洋の向こう岸へ

フロンティア・スピリットと侵略によって西海岸に到達したアメリカは、シーパワー大国へと名乗りをあげた。さらに空母と航空機の時代が訪れると、その視線は太平洋の向こう岸へと達し、ロシアや日本の利権と衝突することになった。

日本が次のターゲットに

マハンの提言どおり、アメリカの海上の敵は当初ロシアでした。しかし、日露戦争で日本がロシアに勝利すると、最大の脅威は日本に変わります。アメリカが作成していた列強各国との戦争プランの中に、日本も加えられることになりました。これが**オレンジ計画**です。

同じころ日本でも、やはりマハンから軍略を学んだ佐藤鉄太郎《さとうてつたろう》らが、アメリカとの戦争のプランを策定《さくてい》しています。それによると、「対米7割の戦艦」を常備していれば、勝利する目算が立つというのです。

この「7割」をめぐって、日本とアメリカは1921年からの**ワシントン会議**で激論を闘わせました。しかし、イギリスがアメリカに同調し、日本は「協調外交」と称してこれを受けいれることとなります。また、「太平洋の現状維持」を建前《たてまえ》とする四カ国条約（日・米・英・仏）により、1902年から続いていた日英同盟も解消し、日本は頭から押さえつけられました。

エアパワーの時代

シーパワー論者のマハンが予測できなかったのは、第二次世界大戦における航空戦力の台頭でした。ハワイの真珠湾基地を攻撃したのは、戦艦からの砲撃ではなく、空母に搭載された爆撃機や雷撃《らいげき》機だったのです。

アメリカもすぐさま空母と航空機の増産を行ない、日本のシーレーン（戦略上、重要な海上交通路）を空爆で破壊寸断する作戦に出ました。その結果、本格的な空母艦隊同士の決戦となった**ミッドウェー海戦**は、アメリカ軍の完勝に終わります。

オランダ出身でアメリカに帰化していたジャーナリスト、**スパイクマン**は、日米開戦の翌年の時点で、「大戦後は日本やドイツと結んで、ランドパワー大国のソ連と中国に対抗すべきだ」という趣旨の講演を行ないました（『平和の地政学』）。「リメンバー・パールハーバー！」を合言葉に日本打倒に沸きたっていた当時のアメリカで、戦後の世界全体をすっかり見通していたのには驚かされます。

冷戦の時代、アメリカがソ連を封じこめるために整備したのが、日本海軍に学んだ空母を中心とする機動部隊でした。アメリカ海軍は全部で11の機動部隊（空母打撃群）を世界の海に展開し、そのうち横須賀《よこすか》を母港とする**第7艦隊**が西太平洋とインド洋を担当することとなったのです。

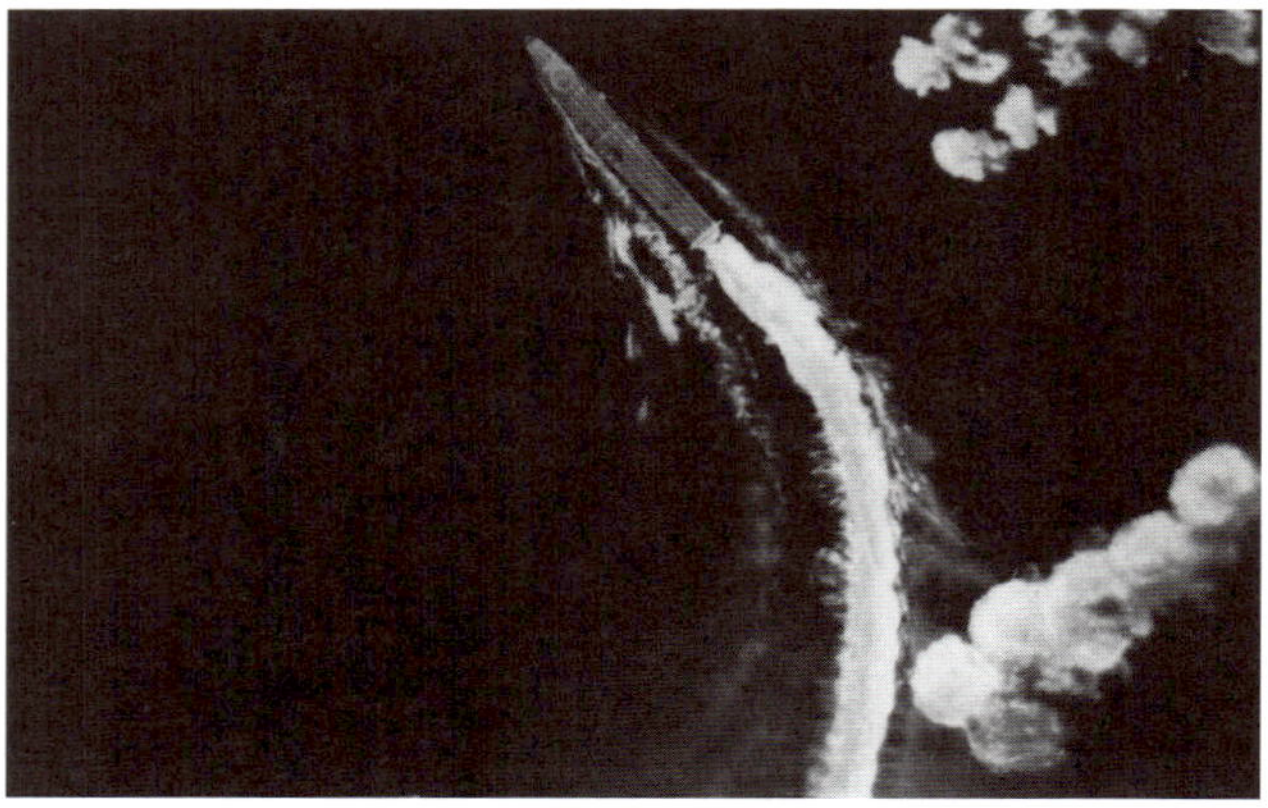
ミッドウェー海戦で撃沈された日本の旗艦空母赤城

横須賀で行なわれた第7艦隊新司令官着任式

戦後の世界を見通したスパイクマン

オレンジ計画の要点

1 フィリピン、グアム、ハワイの防衛は無理なので、いったん放棄する。

2 カリフォルニアとパナマ運河は死守する。

3 パナマ運河経由で艦隊を北太平洋上に派遣し、日本海軍との艦隊決戦を行なう。

『平和の地政学』で示されたスパイクマンの先見性

1 「ユーラシア大陸の縁＝**リムランド**」の争奪が、世界大戦の原因である。

2 アメリカとイギリスは、リムランドを制した日本やドイツを倒すために、ランドパワーのソ連や中国と同盟して、第二次世界大戦を戦っている。

3 日本やドイツが敗北すれば、リムランドにソ連と中国が進出してくるだろう。

4 ソ連·中国に対抗するためには、アメリカはエアパワーを強化し、日本やオーストラリア、フィリピンに空軍基地を持たねばならない。

5 長い国境を接するソ連と中国は、いずれ対立する運命にある。

東のリムランドを封じこめろ

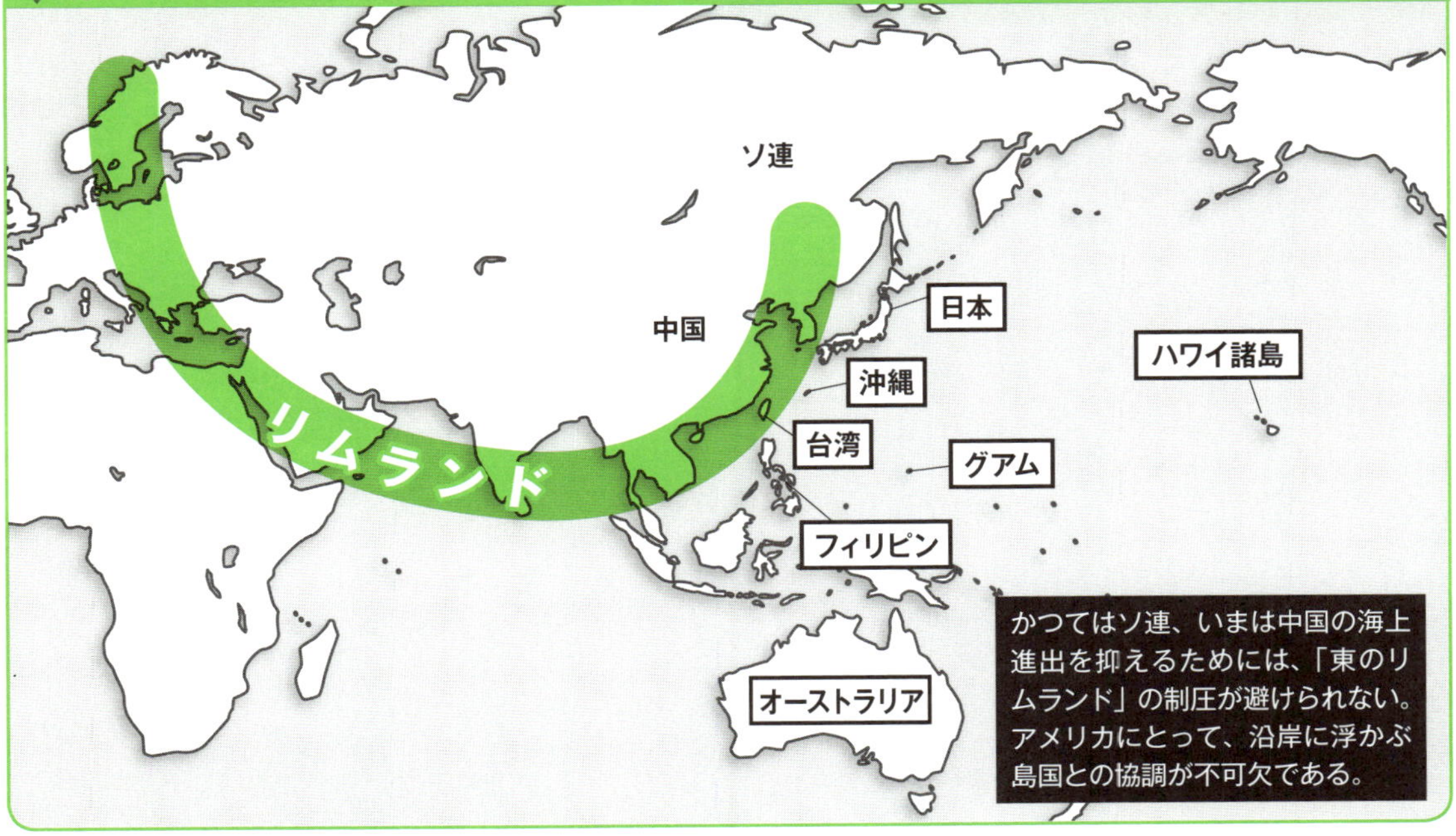

かつてはソ連、いまは中国の海上進出を抑えるためには、「東のリムランド」の制圧が避けられない。アメリカにとって、沿岸に浮かぶ島国との協調が不可欠である。

10 ページの写真 © 近現代 PL ／アフロ（空母赤城）
© アフロ（第 7 艦隊新司令官着任式）

Plate.05 アメリカ④

いつまでも世界の警察官ではいられない

大戦後のアメリカは、巨大な軍事力をバックに世界覇権を確立した。とくにソ連の崩壊後は一極支配となったが、莫大《ばくだい》な財政負担から「世界の安全保障の保証人」でありつづけることに疑問が起こっている。

ソ連との冷戦、さらに代理戦争

エアパワーの時代に続いて、まもなく核兵器の時代がやってきます。ソ連の大陸間弾道《だんどう》ミサイルがアメリカ本土への核攻撃を可能にしたことで、米ソ両国の核武装化はさらに進んでいきます。双方が1万発の核ミサイルを保有してにらみ合いながら、同時に、核を用いれば世界が滅ぶという恐怖と背中合わせとなったのです。そのため、米ソは直接戦争を避け、その**代理戦争が世界各地で繰りひろげられました**。

1950年から3年続いた**朝鮮戦争**や1965年から10年続いた**ベトナム戦争**が、代表的な代理戦争です。このときアメリカは、自由世界を「共産主義の魔の手」から守る「**世界の警察官**」を自認しましたが、韓国にせよ、南ベトナムにせよ、アメリカの支持する政権は、いずれも自由主義からは縁遠い、腐敗した独裁政権でした。

ソ連との代理戦争にのめりこむことによって、アメリカの軍事費もまた膨大《ぼうだい》なものとなりました。そんな「世界の警察官」の立場を支えたのは、第二次世界大戦後に絶頂期をむかえた経済力でした。大戦によって、西欧諸国や日本の工業が破壊されたことで、工業製品輸出国としての地位を独占できたのです。しかし、日本や西ドイツなどの復興が進むにつれ、その地位にも陰《かげ》りが見えてきました。

最後に行なわれた大軍拡は、1979年からの**ソ連のアフガニスタン侵攻に対抗するためのものでした**。**レーガン**政権は、経済的な低迷をドル安政策による輸出拡大で乗りきろうとし、主要5カ国の財務相会議（G5）で円買いドル売りの協調介入を決定しました。この「**プラザ合意**」で日本は円高不況におちいり、日銀が極端な金融緩和を行なった結果、バブル経済とその後のバブル崩壊、失われた20年につながったのです。

アフガニスタンから撤退するソ連軍

誰のための大義か

ソ連崩壊によって冷戦が終わった1990年代以降のアメリカの繁栄は、金融工学の発達によって銀行や投資会社に富がもたらされたことによるものです。生産業は空洞化しているため、「上位10パーセントの金持ちが、総所得の約50パーセントを保有する」という**超格差社会**となっていました。

国土から遠く離れたところでの戦争も、かつては「国益を守るための大義」と思われてきましたが、もはや誰の利益を守るのか、わからなくなってきたのです。

冷戦終結でソ連が絶対的な軍事的ライバルの地位から後退し、アメリカは「敵」を見失います。そこにふってわいたのが、**2001年の9・11テロ事件**でした。真珠湾攻撃以来、しかも米国本土が無差別攻撃を受けたことで、再び「売られたケンカは買う」という怒りの感情が起こります。

ジョージ・ブッシュ政権は、アフガニスタンとイラクを、国際テロ組織のアルカイダ（61ページ）をかくまう「**テロ支援国家**」と決めつけ、軍事侵攻しました。ところが、アメリカの介入によって混乱は増すばかりで、テロも増加の一途《いっと》をたどり、厭戦《えんせん》気分が高まります。

これに、2008年のリーマン・ブラザーズ社の破綻《はたん》に始まる**金融バブルの崩壊**が追い

ロナルド・レーガン（1911－2004）　ジョージ・ブッシュ（1924－）
バラク・オバマ（1961－）

打ちをかけ、イラクからの撤退と医療保険制度の整備を公約した**オバマ**が大統領に当選しました。

オバマは「**アメリカはもはや世界の警察官ではない**」と宣言しました。この消極的な政治姿勢が親米国を動揺させ、アメリカの一国覇権に反発する国々や集団を勢いづかせることとなりました。

オバマ政権の8年間、中国は南シナ海の島嶼《とうしょ》を要塞《ようさい》化し、ロシアはクリミアに勢力を拡大しました。イラクとシリアの国内では、イスラム過激派集団IS（イスラム国）が支配地域を拡大、それに対抗するという名目で、イランが中東全体に勢力を伸ばしはじめました。さらに、親米国家だったサウジアラビアやトルコがきなくさい動きを見せてきています（63ページ・66ページ）。

アメリカが「世界の警察官」の地位を維持するか放棄するかは、国内を二分する議論です。もし放棄すれば、財政的な負担は大きく軽減されるでしょう。他方でアメリカの影響力も減退し、「警察官なき世界」は混沌《こんとん》としていくでしょう。

「他国の安全保障を守るために、なぜアメリカの若い将兵が命を落とさなくてはならないのか」というモンロー主義的一国主義が、オバマ政権やトランプ人気を支えてきたのは事実です。

そこで妥協案として、同盟国に対し、現状を維持するための軍事力の分担を求めるようになりました。日本に対しては、「**アジアの軍事的安定にもっと積極的な寄与をするべき**」と要請しているのです。その結果、日本では自衛隊の役割を強化する安保法制が成立し、これを妨害したい中国がさまざまな策略をめぐらせているのが現状です。

第二次世界大戦後、アメリカが関係した戦争

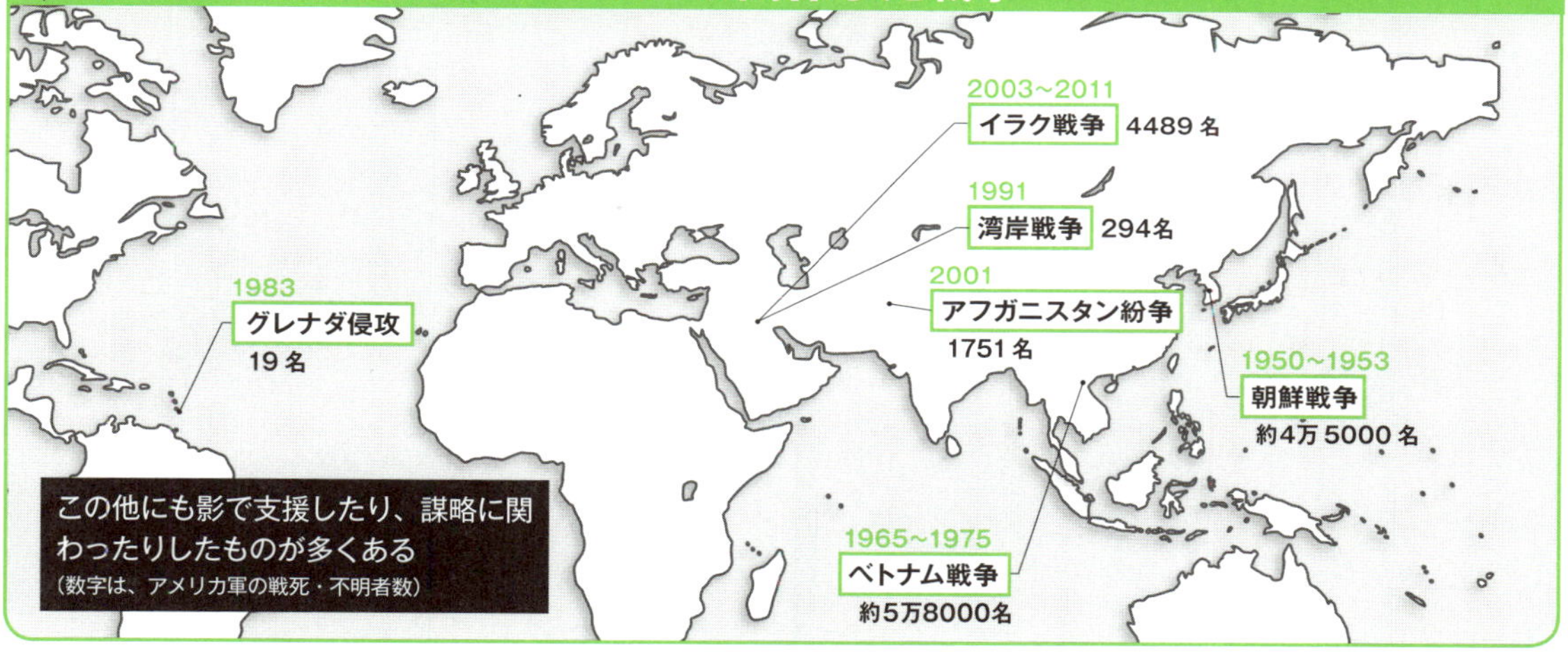

セキュリティ・ダイヤモンド構想

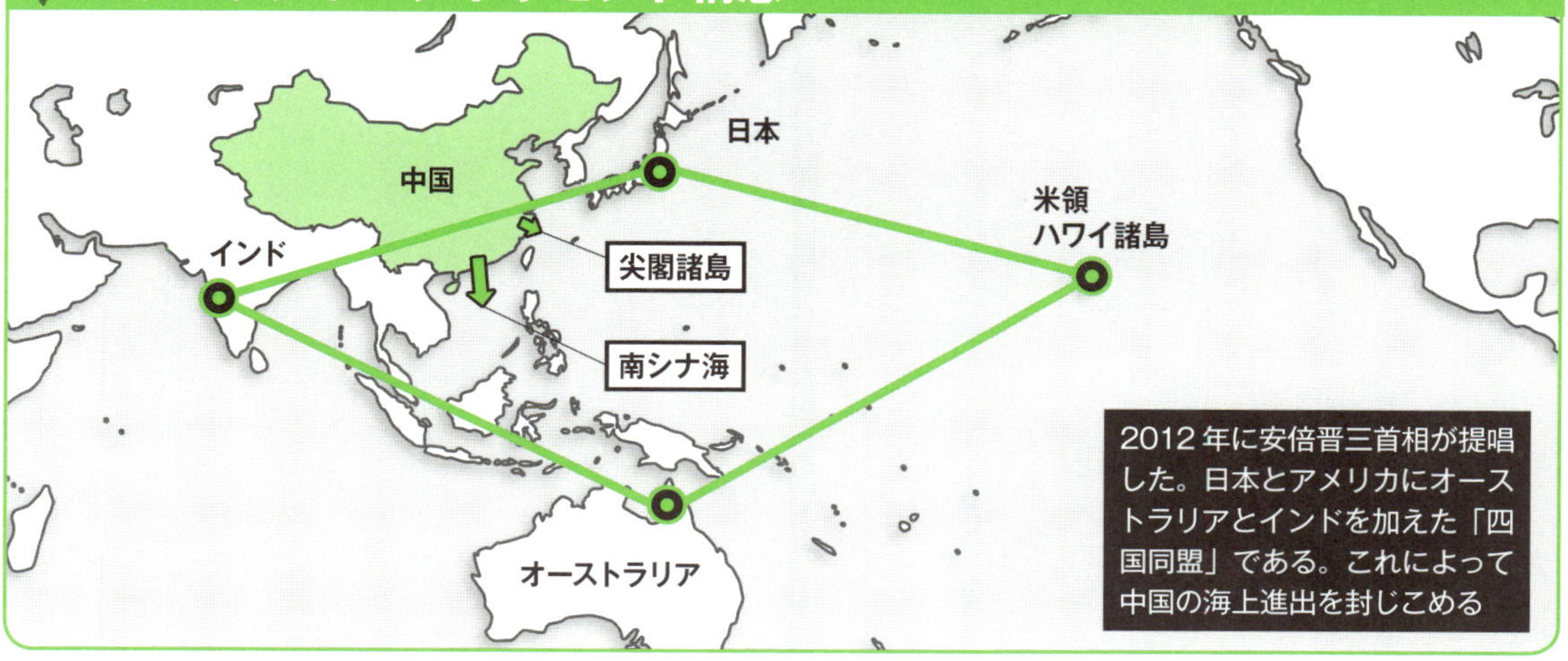

12ページの写真 © 共同通信社

Plate.06

アメリカ⑤

メキシコとの国境に壁をつくれ

トランプの毒舌は、図らずもアメリカの二面性を暴露した。その孤立主義への転向は、「アメリカがアメリカでなくなる日」に対する、白人たちの潜在的な恐怖を反映したものともいえそうだ。

毒舌が暴いたアメリカ白人の心の奥

オバマの次を決める大統領選挙では、差別発言や問題発言で話題をさらった**ドナルド・トランプ**が**ヒラリー・クリントン**前国務長官を破って当選し、国内外に衝撃を与えました。

しかし、選挙戦で彼が口にした「毒舌」が、一部アメリカ人の心をとらえたのは疑いのない事実です。トランプ人気を支えたのは、それまでアメリカの意思決定を一身に担《にな》ってきた**エスタブリッシュメント**と呼ばれるエリート支配層に対する強烈な不信感なのです。

彼らは、東部の名門大学を卒業し、政財界の中枢《ちゅうすう》を独占し、中部や西部に住む一般庶民の生活をかえりみることなく、アメリカ国民を代表しているかのような顔をしてきたというのです。民主党の大統領候補者ヒラリー・クリントンはその代理人と受けとめられてきました。

トランプの毒舌は、移民流入を恐れる白人の本音を暴露した

トランプ自身は大富豪の不動産王であり、考えようによってはエスタブリッシュメント以上の既得権益者なのですが、いかにも野卑《やひ》な言葉づかいで民衆代表を演じたのです。

オバマは、「アメリカはもはや世界の警察官ではない」と発言しましたが、トランプの真意も「誰が身銭を切ってまでして、よその国の防衛なんかするものか」というものです。それは、「アメリカ国内さえよければ、外のことは意に介さない」という孤立主義が頭をもたげたものに他なりません。

不法移民が越境するメキシコ国境。トランプは「国境に長城を築く」と公約した

またトランプは、「激増する中米からの不法移民に決定的な歯止めが必要」と説きます。英語で「**グレート・ウォール**」とは、中国の「万里《ばんり》の長城《ちょうじょう》」のことですが、「メキシコとの国境に長城（グレート・ウォール）をつくって、その費用はメキシコに負担させろ」と発言し、物議をかもしました。

いずれの発言も荒っぽい挑発のように見せかけて、アメリカ白人たちがずっと心の奥に抱いてきた願望をえぐりだし、彼らの心をつかんだのです。

トランプ自身は、ドイツ移民の子孫です。しかも祖父の代の移民ですから、古くからの住民ではありません。ようするに、先にこの国にやってきた人たちの自由と既得権益を守るため、新たにやってくる人たちの機会の平等を認めないということでしょう。

アメリカがアメリカでなくなる日

とくに「メキシコとの国境に長城をつくれ」は、「自由の国アメリカ」の根本を揺《ゆ》るがすような発言でした。

メキシコ人などスペイン語を話す中南米出身の人々を**ヒスパニック**と呼びます。彼らはスペイン系住民と先住民の混血です。かつて、「マイノリティ」といえば黒人を指していたのですが、2000年代には、マイノリティの主流はヒスパニックにとって代わっていました。

出生地主義を採用するアメリカでは、不法移民の子もアメリカで生まれれば自動的にアメリカ国籍を取得できます。彼らが国民となり、堂々と親族たちを呼びよせるため、その数は拡大の一途となります。

とはいえ、「自由の国」はいったん住みついた移民を排除することができません。新たな移民の否定は、すべての白人にとっても、みずからの出自と祖先の名誉を否定することになりかねないからです。まさに自縄自縛《じじょうじばく》の社会構造なのです。

このままいけば、2050年にはアメリカ国内のヒスパニック人口は3割近くに達し、これに黒人や中国系その他と合わせると、全国民の半数を超えると見られています。白人による支配は「民主主義の多数決」によって終焉《しゅうえん》するのです。

ドナルド・トランプ（1946 –）　ヒラリー・クリントン（1947 –）

民主党と共和党の地盤

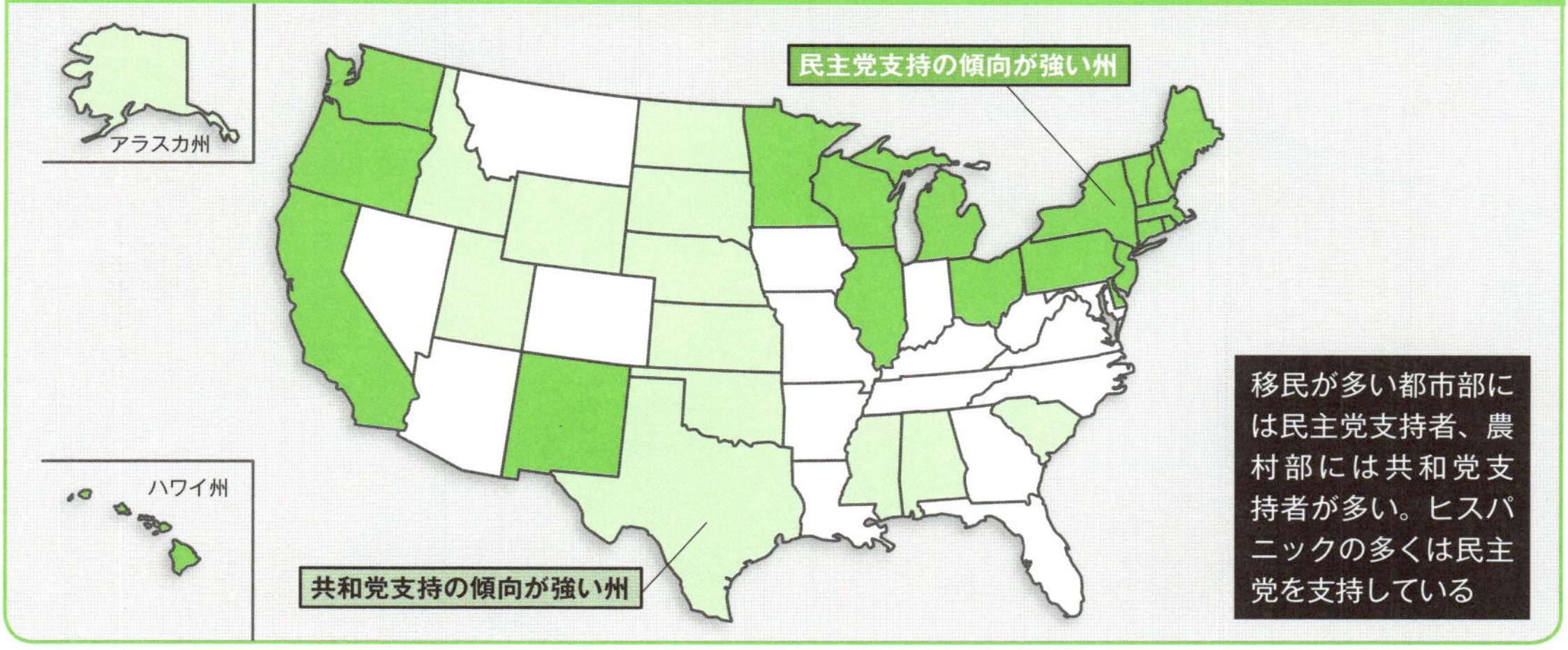

移民が多い都市部には民主党支持者、農村部には共和党支持者が多い。ヒスパニックの多くは民主党を支持している

ヒスパニックの分布

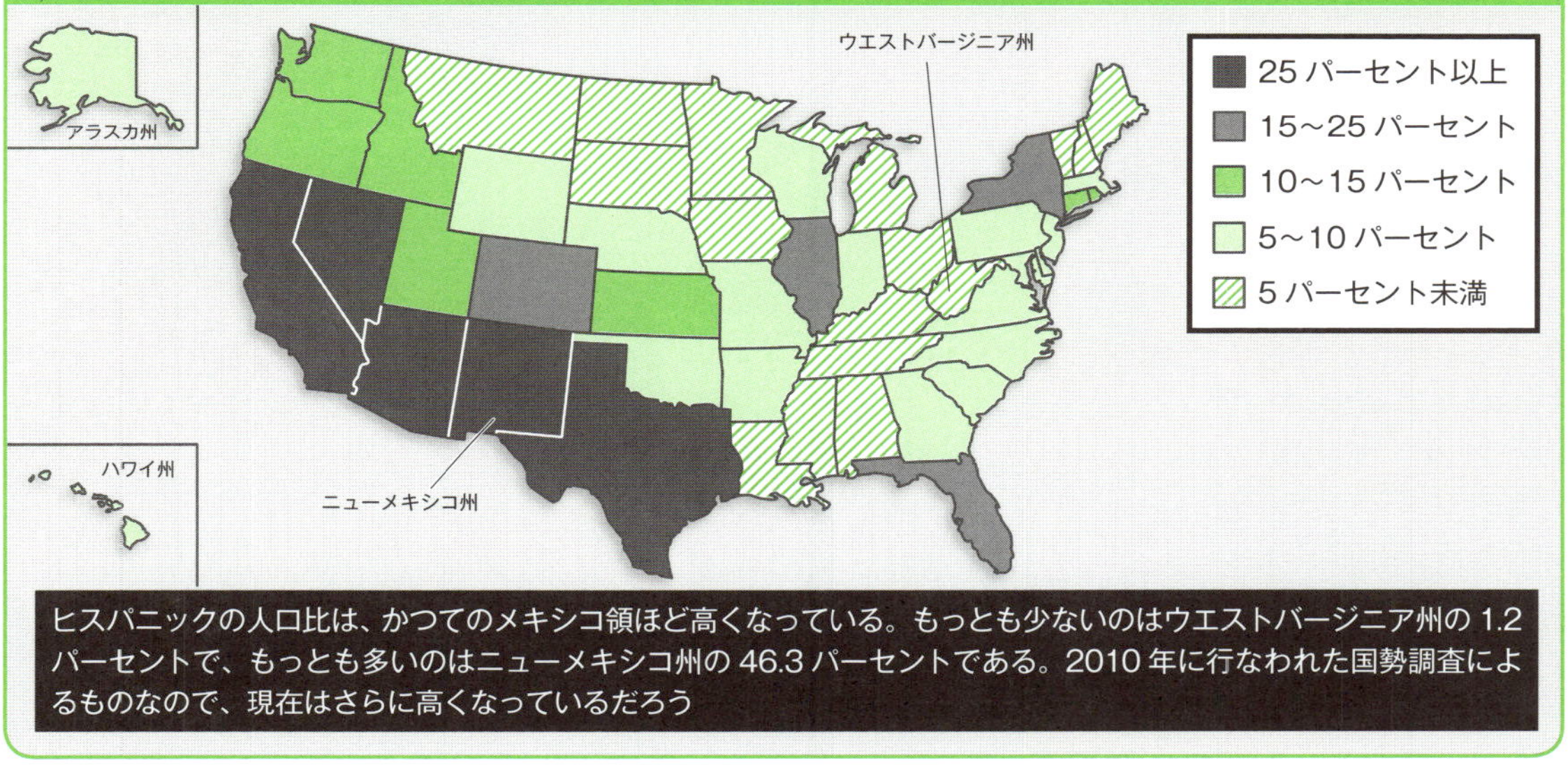

ヒスパニックの人口比は、かつてのメキシコ領ほど高くなっている。もっとも少ないのはウエストバージニア州の 1.2 パーセントで、もっとも多いのはニューメキシコ州の 46.3 パーセントである。2010 年に行なわれた国勢調査によるものなので、現在はさらに高くなっているだろう

総人口に対する人種の割合（パーセント）

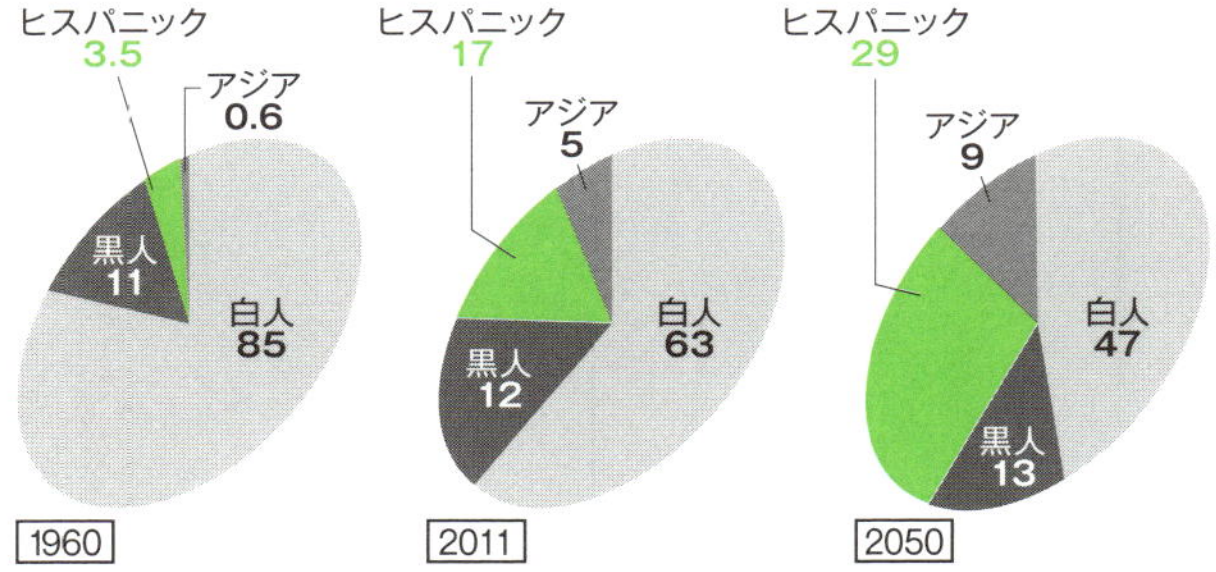

激減する白人の人口比に対し、ヒスパニックの人口比は急増している。2050 年には、白人と非白人の人口比が逆転する

今後、白人や黒人の人口が急増することはありませんが、ヒスパニックだけはどんどん流入してきます。もっとも、メキシコ系移民からしてみれば、かつて先祖が所有した土地をとり戻したといえなくもありません。

政治家たちは、マジョリティとなりゆく新しい国民に気をつかわざるをえませんから、ヒスパニックは政治に決定的な影響力を持ちます。このとき白人国家アメリカは、もはやアメリカではなくなるのです。トランプ旋風は、この流れに対する白人の側からの最後の抵抗といえるでしょう。

14 ページの写真 © 共同通信社（トランプ）
© 共同通信社（メキシコ国境）

Plate.07 イギリス①

オフショア・バランシングの世渡り

アメリカが「大きな島」であるならば、イギリスは文字どおりの島だ。かつて、この小さな島国が世界を制し、歴史を動かすことができたのも、その地政学的位置が強く作用している。

島国の防衛上のメリット

イギリスの地勢は、日本とよく似ています。ヨーロッパ大陸との間にあるドーヴァー海峡は幅34キロメートル。日本の対馬《つしま》海峡のわずか6分の1ですが、潮流が速い「海の難所」で、長く大陸側からの侵入をはばみ、その防御力は百万の軍隊に匹敵するといわれました。

11世紀に、フランスからこの海峡を渡ってイギリスを征服し、**ノルマン朝**を開いたウィリアム1世を最後として、およそ1000年のあいだ、いかなる大陸勢力もこの島国を征服できませんでした。スペインの無敵艦隊、ナポレオン・ボナパルトのフランス艦隊、ヒトラーのドイツ軍と、イギリス本土上陸を試みた強者たちの野望はことごとく挫《くじ》かれてきたのです。

隣国と陸の国境で接するヨーロッパ諸国は、不測の事態にもすぐ対応できるよう、国境線に兵力を貼《は》りつけておかなくてはなりません。それには莫大《ばくだい》な予算と兵力を要します。

対するイギリスは、最小限度の軍備で本土を防衛できたため、余った予算や兵力を植民地拡大に転用することができました。その結果、イギリスは世界最大の植民地帝国に発展し、英語が国際基準語となったのです。

つまり、イギリス、そしてアメリカが覇権を手にしたのは、「島」という地政学的条件によるところが大きかったといえます。

じっと対岸を眺める島国

イギリスから見て、海峡対岸にあるヨーロッパの好ましい状態は「一枚岩にならない」ことです。バラバラの国々がお互いの利害関係を争っているかぎり、まとまって強大となった勢力が海峡を渡ってくることはありません。ヨーロッパ諸国の分裂によって、この島国の安全は保たれるのです。

逆に、ひとたびフランスのルイ14世やナポレオン、ドイツのヴィルヘルム2世やヒトラーのような**野心家**が出現し、ヨーロッパの統一を図ろうとしたときは、要注意です。野心家がヨーロッパの統一を完了すれば、その次に狙ってくるのは、きまって西のイギリスだからです。

イギリスは、沖合（オフショア）から対岸をじっと観察し、ヨーロッパ諸国のバランスがどうなっているかを見極めてきました。これを「**オフショア・バランシング**」といいます。欧州統一を実行に移すような覇権国家が出てくれば、さまざまな謀略をめぐらせてその膨張《ぼうちょう》を妨《さまた》げ、覇権国家の周辺にある国々と同盟を結んで叩きつぶしてきたのです。

チャーチルは、400年続いたイギリスの外交方針——オフショア・バランシングに従い、ヒトラーとの対決を選んだ

ドーヴァー海峡に面した断崖。容易には上陸できない

ヒトラーの軍隊が東欧を蹂躙《じゅうりん》し、ソ連攻撃のチャンスをうかがっているうちは、どれほど道義的参戦を求める非難が起ころうとも、イギリスは傍観していました。しかし、いざその手がベルギーやフランスに向かおうとしたとき、はじめて重い腰を上げたのです。そこが制圧された次に攻撃対象となるのは、自分たちだからです。

チャーチル首相が、ヒトラーとの戦いをふりかえったとき、「この400年の間、イギリスの外交方針は、ヨーロッパにおける最大で、もっとも攻撃的で、支配的な強国に対抗することだった」と述べたとおりです。

平和主義を信奉《しんぽう》する現代日本人がこの言葉を聞けば、イギリスが「自由を守る戦い」に立ちあがったかのように受けとってしまうかもしれません。しかしその本質は、苛烈《かれつ》なヨーロッパの生存競争を勝ち抜いてきた島国の知略というべきでしょう。このイギリス人の知恵は、日本人の武器にもなるのです。

ウィリアム1世（1027 − 1087）　ウィンストン・チャーチル（1874 − 1965）

◎ 海峡が防壁となるので陸軍兵力を最小限にとどめ、海軍を増強できる

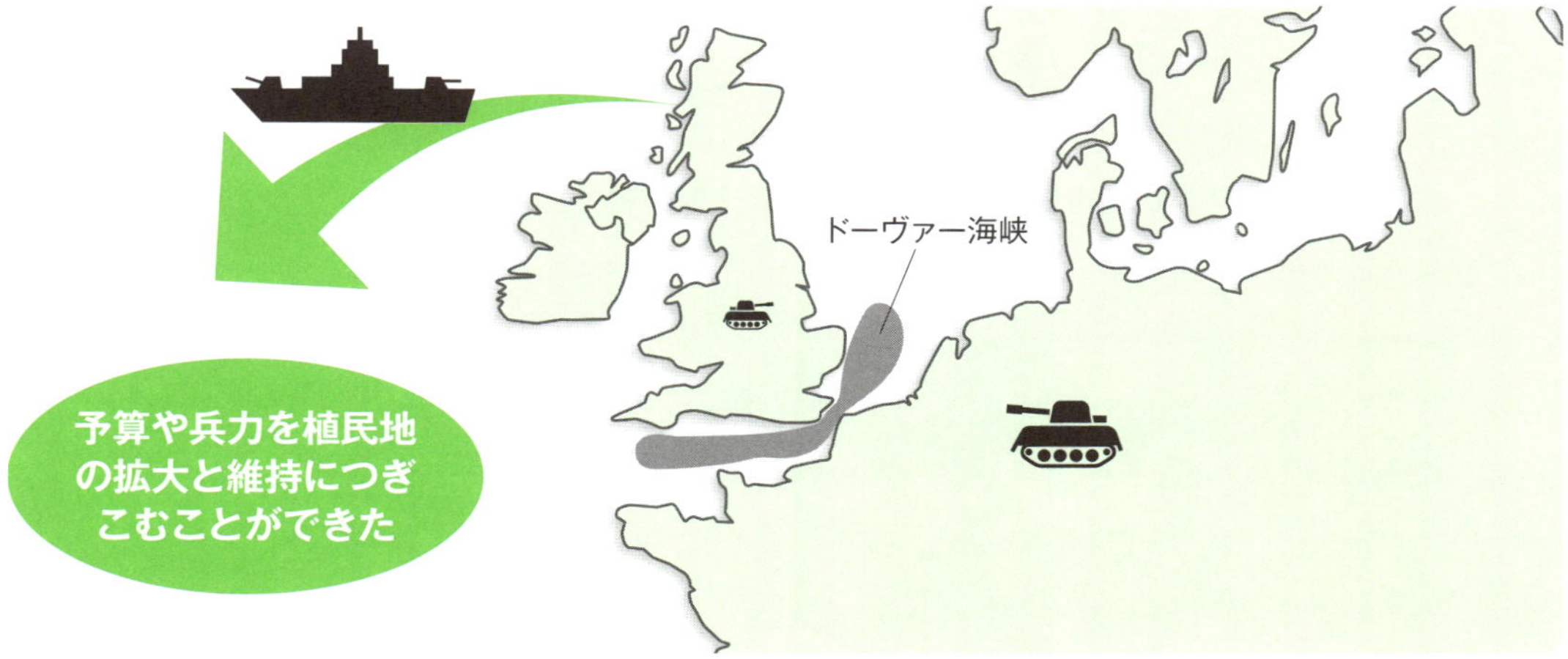

◎ ヨーロッパ諸国が争ってくれるうちは安全

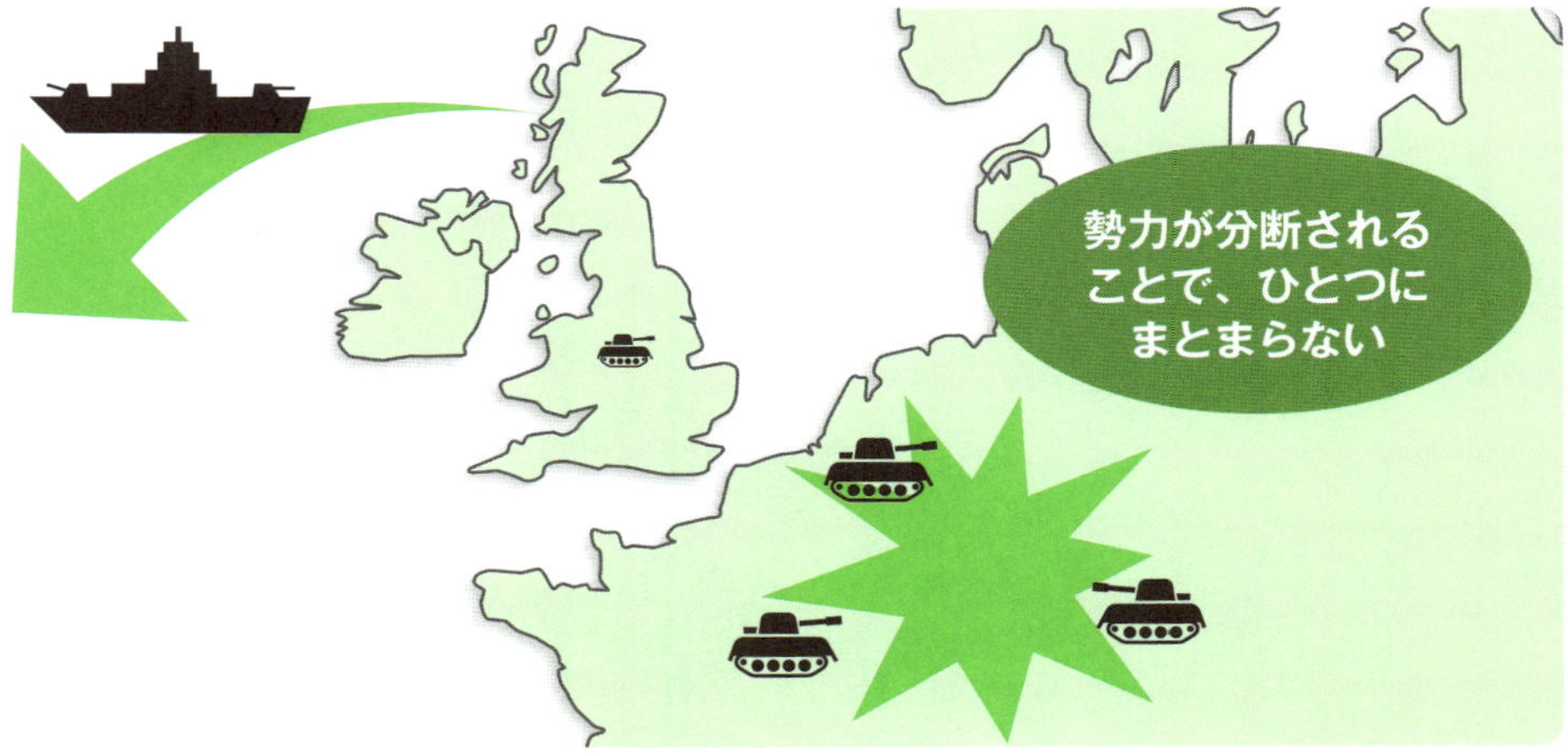

◎ ヨーロッパがひとつの勢力に統一されたら次は？

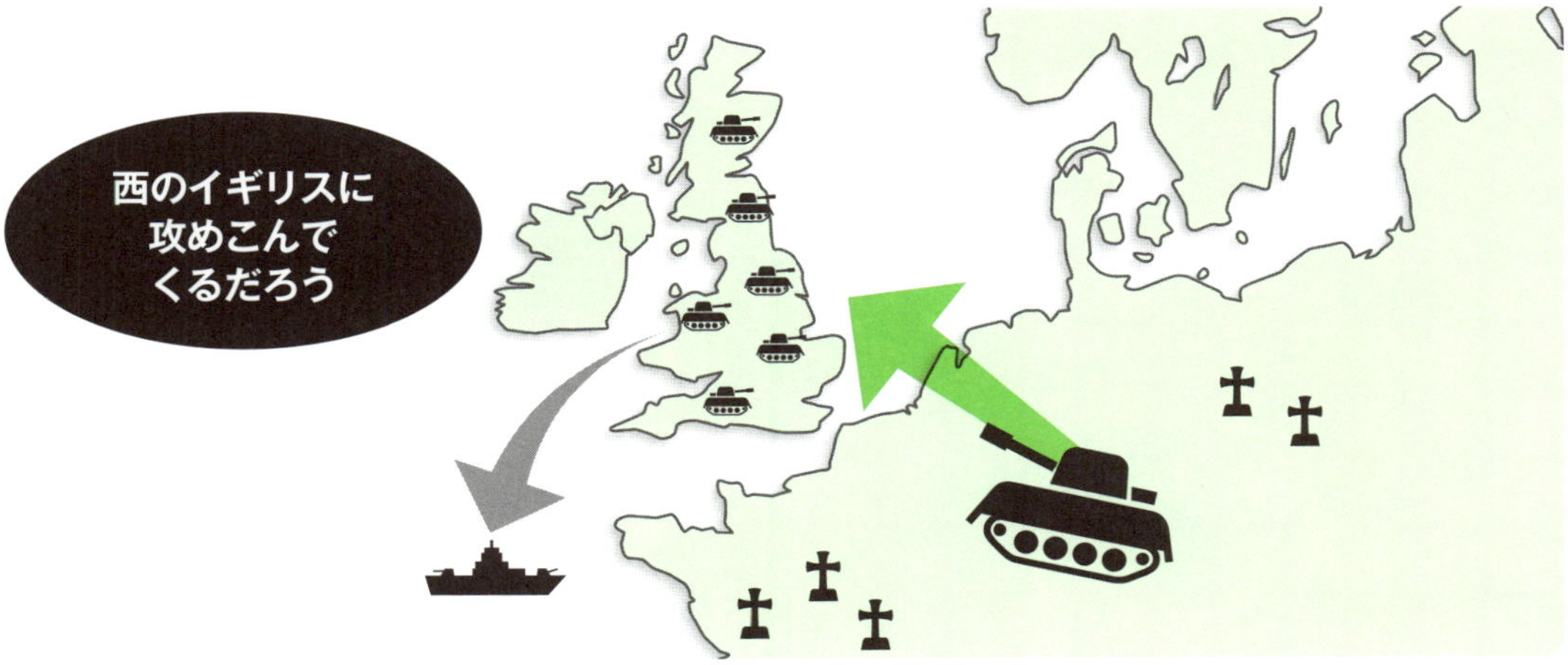

16 ページの写真 ©Keizo Kano ／ JTB Photo（ドーヴァー海峡の断崖）

Plate.08 イギリス②

グレート・ゲームでロシアを負かす

イギリスは、その地政学的位置を熟知し、最大限に活かした。海に守られた国土から、対岸の様子をうかがいながら、支援や道義的介入と称する謀略を用いて、巧《たく》みな操作を行なってきた。それは「戦争プロデューサー」ともいうべき顔である。

シーパワー大国vsランドパワー大国

19世紀の世界は、イギリスと帝政ロシアという2つの超大国が覇権を争う時代です。それは、20世紀後半に、アメリカと共産化したロシアであるソ連が、やはり2つの超大国として世界覇権を争ったのと似ています。

マッキンダーが地政学を理論化したとき、その頭の中にあった大きなテーマは、「海上ルートに沿って世界中に点々とあるイギリス植民地帝国を、ロシアの脅威からどう守るか」ということでした。

そして、イギリスを「シーパワー」、ロシアを「ランドパワー」と考え、次のような結論を得ます。それは、「イギリスがロシアの広大な国土に侵入することは難しいが、少なくともロシアが地中海や黒海方面に張りだしてこないように封《ふう》じこめることならできる」というものでした。

2頭の猛獣――ライオン（イギリス）と熊（ロシア）に挟まれるアフガニスタン王

他国を利用して封じこめる

19世紀以降のイギリスは、マッキンダーが指摘するところの「**ロシア封じこめ**」に徹し、それを目的とした戦争に多く関わってきました。代表的なのがクリミア戦争、アフガン戦争、日露戦争の3つで、いずれもイギリスもしくはイギリスの支援を受けた国が勝利し、ロシアの膨張は封じこめられました。

このように19世紀のユーラシア大陸全体で繰りひろげられたロシアとの対決を**グレート・ゲーム**といいます。クリミア戦争の初戦ではオスマン帝国、日露戦争では日本を戦わせ、イギリスは裏方を演じました。自国の犠牲は最小限にして、同盟国をチェスの駒として使うのです。

そんなイギリスにとって、知略を尽くしたグレート・ゲームの仕上げともいうべき戦いが**日露戦争**でした。日本は、開戦の2年前に結ばれた**日英同盟**によって、イギリスからの財政支援、最新兵器の供与、情報提供などを得ることで、軍事大国ロシアに勝利することができました。

しかし、日英同盟条約ではイギリスに参戦義務はなく、実際、南アフリカ戦争に兵力を割《さ》かれていたイギリスは、日本に援軍を送りませんでした。イギリス側から日露戦争勝利を評すれば、イギリス軍を消耗させずに、日本をゲームの「コマ」として使い、みごとロシア軍の南下を阻止《そし》したことになるのです。

日本海海戦で全滅したバルチック艦隊

ハートランドを押さえるロシアの脅威

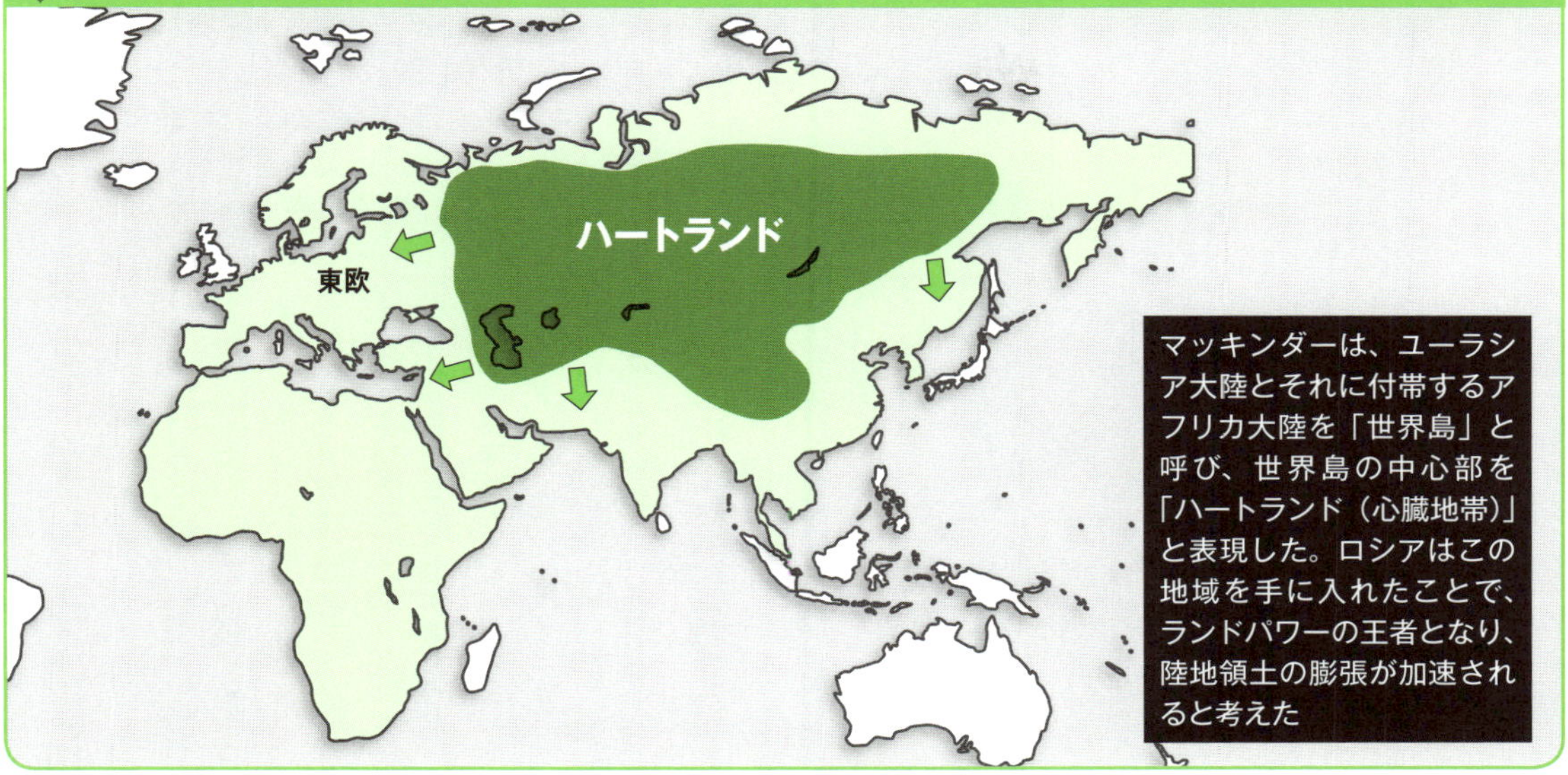
ハートランド
東欧
マッキンダーは、ユーラシア大陸とそれに付帯するアフリカ大陸を「世界島」と呼び、世界島の中心部を「ハートランド（心臓地帯）」と表現した。ロシアはこの地域を手に入れたことで、ランドパワーの王者となり、陸地領土の膨張が加速されると考えた

イギリスをロシアから守るためのマッキンダーの理論

1. ロシアは**ハートランド**を押さえている。この地を発するロシアの大河は、いずれも北極海か、内海のカスピ海に注いでいる。
2. イギリス艦隊は、大西洋とインド洋において世界最強の海軍力を有するが、それでもハートランドへは侵入できない。
3. 鉄道の普及によってユーラシア大陸の内陸部の移動が容易になったことで、ロシアの膨張は加速される。
4. 東欧を制するものはヨーロッパ全体を制する。そのため、ロシアの東欧支配を阻止しなくてはならない。

イギリスの対ロシア3戦3勝

クリミア戦争
（1853 － 1856）

イギリスとフランス、オスマン帝国（トルコ）の同盟軍が、ロシアに勝利した。

第二次アフガン戦争
（1878 － 1881）

イギリスがアフガニスタンを保護国化し、ロシアに対する防波堤を構築した。

日露戦争
（1904 － 1905）

イギリスが支援した日本が、ロシアに勝利した。

Plate.09 フランス

「海の敵」と「陸の敵」

イギリスとのシーパワー対決に敗れたフランスは、植民地政策でも後手をとった。そして、ヨーロッパ域内に目を向けると、新しく勃興《ぼっこう》した陸の王者ドイツとの決戦が待ちかまえていた。

イギリスとロシアに敗れる

フランスもイギリスと競って海外に多くの植民地を有し、それを守備するための強い海軍力を備えようとしました。

しかし、国土狭小で寒冷、荒れ地ばかりのイギリスとくらべても、フランスは平地が広く、気候も温暖、豊かな農業国でした。イギリスが植民地貿易に経済の生命線を求めた一方、フランスは国内経済でうるおうことができました。それで、海外進出のモチベーションが高まらなかったのです。

しかもフランスには、陸地続きの周辺ライバル国（スペインやオーストリア）との熾烈《しれつ》な生存競争がありました。海外に大きな兵力を向ける余裕がなかったともいえます。植民地経営という点において、フランスの地政学的な条件は圧倒的に不利だったのです。

イギリスは、フランスとの間で繰りひろげられた植民地戦争に完全勝利すると、貿易利権を独占します。このイギリスとの戦いで財政危機におちいったブルボン王家が増税を強行しようとしたとき、反発する国民によって起こされたのがフランス革命でした。

ナポレオン・ボナパルトが率いるフランス革命軍は、ヨーロッパ各国が送りこむ干渉軍と戦い、最終的にロシアの大平原まで戦線を拡大した結果、ロシア軍に大敗したのです。

ドイツとの微妙な関係

19世紀後半のヨーロッパに、新たなランドパワーが登場します。ビスマルクが建国したドイツ帝国です。フランスは、ドイツという、陸続きの新たな敵と向きあうこととなりました。ヨーロッパにおける2大ランドパワーの衝突という新たな局面です。

両国間の最初の衝突が、1870年から1年近く続いた**普仏《ふふつ》戦争**です。「普」は**プロイセン**（普魯西）の略称で、その首相のビスマルクがドイツ諸国の統一を進めていました。

フランスはこの戦争でも、プロイセンとドイツ諸国連合の圧倒的軍事力に屈し、50万人近くの捕虜をとられて大敗します。

捕虜の中には、セダンの戦いで包囲された皇帝**ナポレオン3世**も含まれていました。ナポレオン・ボナパルトの甥《おい》で、彼もまたカリスマ的独裁者でしたが、プロイセン軍の捕虜になると、フランス国民はその廃位を決め、新政府を発足します。これが1940年まで続く**第三共和政**です。

フランスの戦いに勝利したドイツ諸国連合軍を率いたのが、「ドイツ陸軍の父」といわれる**ベルンハルト・フォン・モルトケ（大モルトケ）**です。首相ビスマルクはフランスの負けが決まったところで講和に応じようとしました。これに反対した大モルトケは、国民の支持を得て進軍を続け、ついにパリを陥落させます。

パリ陥落と**アルザス・ロレーヌ**地方のドイツへの割《かつ》譲《じょう》は、ドイツに対するフランス人の復讐心を植えつけ、半世紀後の第一次世界大戦の勝利で報復を遂《と》げます。これが今度はドイツ人のナショナリズムに火をつけ、ヒトラー政権の登場を後押しします。

とらわれたナポレオン3世（左）を慰問するプロイセン首相ビスマルク

第二次世界大戦で、パリはヒトラーのドイツ軍によって再び占領され、その様子が世界のメディアで流されます。ドイツによる2度のパリ占領は、フランス人の心に大きな屈辱となって禍根《かこん》を残すことになりました。

ドイツにとってフランス攻撃のもうひとつの大きな理由が、懸案だった領土問題の解決です。それは、国境にある2つの豊かな地域——ワインを産出する**アルザス**、鉱物資源の豊かな**ロレーヌ**——をめぐる争奪の歴史です。

普仏戦争で敗れたフランスは、そのアルザス全域と、ロレーヌの北東部をドイツに渡すこととなります。

ドーデの短編小説『最後の授業（原題『小さなアルザス人の物語』）』は、当時のフランス側からの国民感情を描いたものです。かつ

ナポレオン3世（1808 – 1873）　ベルンハルト・フォン・モルトケ（1800 – 1891）
アルフォンス・ドーデ（1840 – 1897）

フランスの地政学上のデメリット

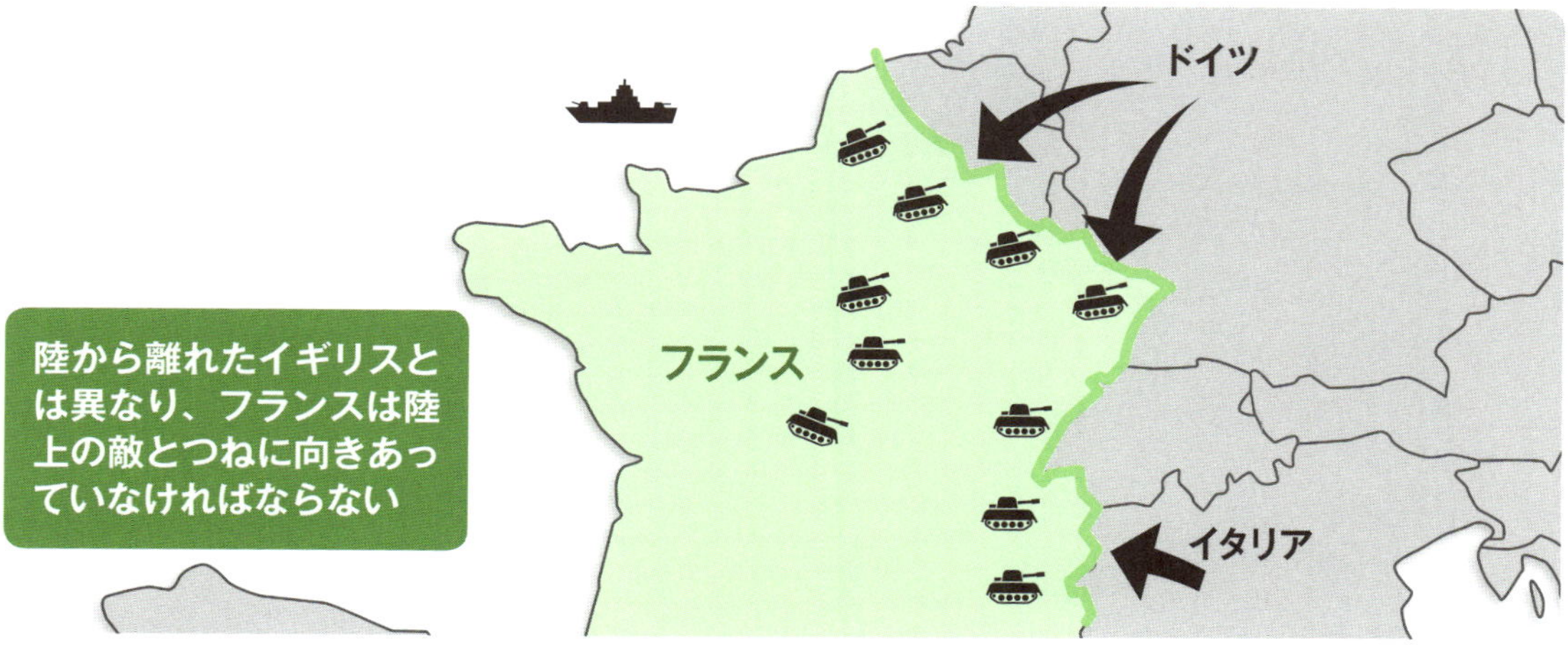

ドイツとの戦い

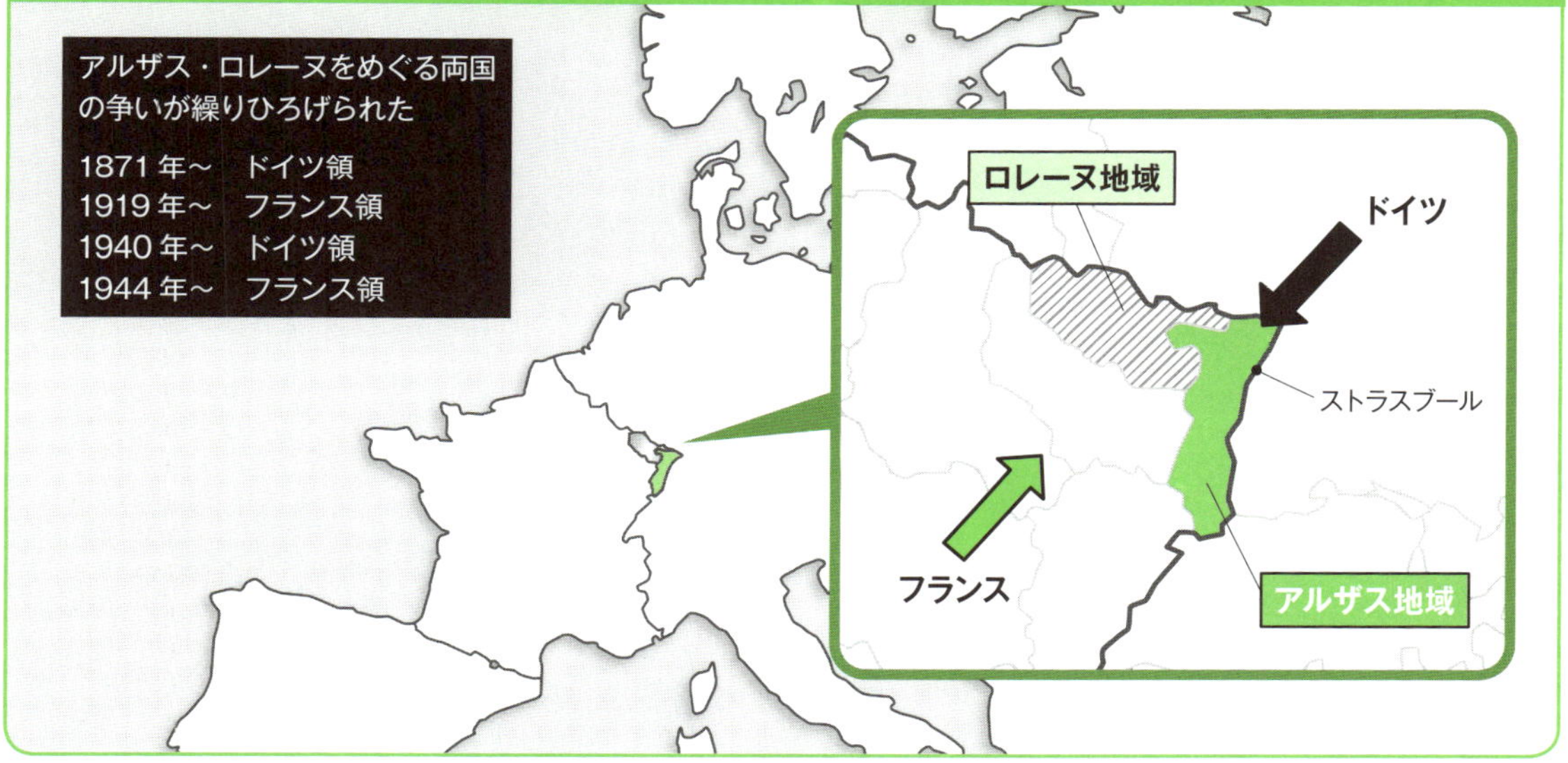

参謀を引きつれてエッフェル塔の下を歩くヒトラー。ビスマルクの栄光を再現した彼にとって人生最高の瞬間となった

ては日本の教科書にもとりあげられることが多く、主人公の少年の担任教師が「今日は私の最後のフランス語の授業です」と語りかけるシーンを覚えている方も多いでしょう。

ただし、これらの地域はもとよりドイツ系住民が多く、日常で用いられる言語はドイツ語でした。フランスから見た「最後の授業」は、ドイツから見れば「最初の授業」です。

アルザス・ロレーヌは、第一次世界大戦でフランス領、第二次世界大戦中はドイツ領、戦後はフランス領となります。このような果てしない不毛の紛争を終わらせるために、両国はヨーロッパ統合の道へ踏みだします。

現在、フランスとドイツがEUの中心メンバーとして友好関係を演出するのも、こういう熾烈《しれつ》な戦いの歴史があるからなのです。日本は隣国との領土問題で悩まされていますが、「そんな話はどこにでもある」というのが、世界の常識です。

Plate.10 ドイツ①

ランドパワーとして生きていくしかない

国内統一を実現した近代国家が次に考えることといえば、国家としての防衛と、あわよくば他国の権益を手に入れようとする野心である。遅ればせながら大国の仲間入りをしたドイツでは、その軍事方針をめぐって政府内で深刻な対立が起こる。

名宰相《さいしょう》と若き皇帝の対立

中世までのドイツは小国家の連合体にすぎませんでした。国家らしい国家となったのは19世紀末の**第二帝国**からで、建国の功労者として帝国の実権を握ったのが、宰相《さいしょう》**ビスマルク**でした。

ドイツがおかれた地政学的条件は厳しいものでした。すぐ西にはアルザス奪回を狙うフランスがいます。そして、何より大きな脅威として、ポーランドを呑《の》みこんだロシアが東方から迫っていました。いわば、**東西の勢力が衝突する、ちょうど境目に位置する**のが、ドイツなのです。この条件は現在も変わりません。

全世界を手に入れようとするヴィルヘルム2世をからかったポスター。イタリア語で「大食漢……かなりの」とある

そのためドイツは、**東西両面で対抗できるだけの陸軍力を備えなくてはならず、必然的にランドパワーの国となるはず**でした。

ビスマルクは現実路線を選び、「国境紛争を抱えるフランスとだけ敵対し、陸の大国ロシアや海の大国イギリスとは手を結ぶべき」と考えました。3つの大国を同時に相手とするには、ドイツはあまりにも非力だというわけです。

ところが、若き**ヴィルヘルム2世**の野心は、老宰相の現実主義を隅《すみ》へと追いやりました。**「ロシアに勝てる陸軍とイギリスに勝てる海軍を備えればよい」**。中東方面に植民地を建設し、国力を高める。そうすれば、ドイツも帝国主義列強に仲間入りできる」というのが、皇帝の見立てでした。

それには彼なりの根拠がありました。ロシアはのちに日露戦争へとつながる極東政策に没頭していましたし、イギリスとフランスはアフリカの植民地支配をめぐって対立していました。

この状況を見た海軍大臣**ティルピッツ**は、皇帝に大艦隊の建設を提案します。いまこそ正面からイギリスの海上覇権に立ち向かおうというのです。ティルピッツは、マハンのシーパワー理論に学んでいました。

ドイツをイギリスに次ぐ海軍国に押しあげたティルピッツ

彼らは、イギリスのオフショア・バランシングの実効性を甘く見ていたようです。ひそかにドイツを警戒していたイギリスは、ロシア、フランスとそれぞれ植民地問題でケリをつけ、協商関係を結びました。いわゆる**三国協商**です。結局、ドイツは第一次世界大戦で惨敗し、皇帝はオランダに逃亡します。

ヒトラーが導き出した結論

ドイツの帝政が倒れた結果、新たに誕生した**ヴァイマル共和国**は、ヴェルサイユ条約を受けいれ、全植民地を没収されたうえに莫大《ばくだい》な賠償金を科されました。国民の不満は日に

イギリスの同盟政策に敗れる

ヒトラーの戦略

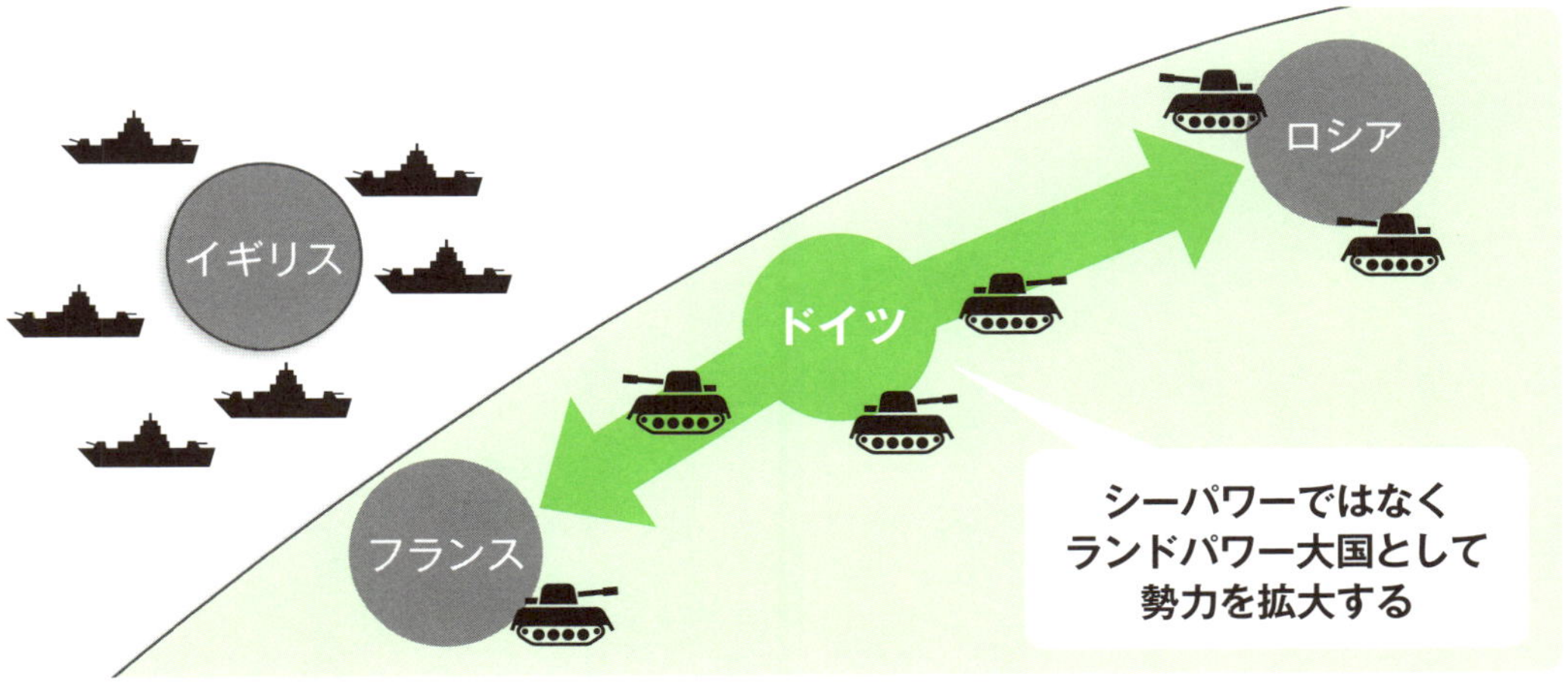

日に高まっていきます。

第一次世界大戦に一兵士として従軍した、若き日の**ヒトラー**は、ドイツのかかえる根本的な問題について考えをめぐらせていました。そのときの考えが『わが闘争』にまとめられています。

「第一次世界大戦で、中東にまで手を伸ばし、イギリスと敵対したのは愚かだった」

「これからのドイツは、海外にではなく、東欧に新たな領土を求める。ロシアと対決することになる」

ヒトラーの選択は、シーパワーではなく、ランドパワーの大国として生きていくというものでした。彼が独裁をふるうことになる政権は、ヴィルヘルム2世の野心の跡を継《つ》ぐものとして「第三帝国」と称しましたが、ヒトラーのほうがより現実的だったといえるでしょう。

この間にドイツの周辺には大きな変化が生まれていました。1917年にロシアの帝政が倒れ、その5年後、ソヴィエト連邦が正式に誕生していたからです。ヒトラーはこの「世界革命」を標榜《ひょうぼう》する共産主義国家を強く警戒します。彼の頭の中にある主敵は、フランスやイギリスではなくソ連でした。

実際のところ、国家として主敵を設定することは、世界観にかかわる大きな問題です。しかし、ナチス政権の内部でさえ、ヒトラーの考えが全面的に支持されたわけではありませんでした。

Plate.11

ドイツ②

東欧と西欧の境目

日本人にとってドイツは「西欧の中心」に位置しているような感覚があるが、実際は東西ヨーロッパの境目に位置する。そのため東西双方に影響力を及ぼすことができる一方で、双方からの影響を受け、その板挟《いたばさ》みにもなるのだ。

なぜ、ドイツと日本は同盟を結んだのか

主敵の設定について、ヒトラーと考えを異にしたのは、副総統ルドルフ・ヘスや外務大臣**リッベントロップ**らでした。彼らは、ドイツ地政学を確立した**ハウスホーファー**の影響を強く受けていました。

「**ドイツの主敵は、イギリスとフランスである。ソ連とは東欧の分割で妥協し、争うべきではない**」

そう考えたハウスホーファーは、世界を4大国が分割する「**パン・リージョン**」理論を構想します。4大国とは、アメリカ・ドイツ・ソ連・日本であり、駐在武官として日本滞在が長かった彼の構想は、日本の政界や軍部にも浸透し、やがて「大東亜共栄圏構想」と日独同盟論、日ソ同盟論を生むことになります。

この理論に共鳴したリッベントロップらは、**日独伊三国同盟**や**独ソ不可侵《ふかしん》条約**（不可侵は互いに攻撃しないこと）締結を推進します。ソ連とのランドパワー同盟によって、イギリスのシーパワーに対抗し、日本のシーパワーを利用して、イギリスの植民地支配に圧力をかけようとしたのでした。

日本では、日露戦争の勝利と日英同盟の記憶から、イギリスに親近感を持つ勢力が強く、なにより昭和天皇がイギリス支持者でした。しかし、ワシントン会議で日英同盟が失効し、軍縮を強要されたあたりから、反英米派が台頭します。

第二次世界大戦でドイツが連勝する状況を見て、親ドイツ派が台頭します。その中心的人物である外務大臣**松岡洋右**《まつおかようすけ》は、「日本とドイツの同盟にソ連が加われば、アメリカやイギリスも手出しができないだろう」と考え、ベルリンで日独伊三国同盟、モスクワで日ソ中立条約を結びます。

ところが、ソ連嫌いのヒトラーがハウスホーファー案を却下し、対ソ戦を強行したことで、リッベントロップと松岡のプランはもろくも崩れます。結局、ソ連軍とロシアの寒波に敗れたドイツ軍の姿は、かつてのナポレオン軍の敗退を彷彿《ほうふつ》とさせることになりました。

ドイツを訪れた松岡洋右（中央）。その右がリッベントロップ

ドイツは完全に崩壊し、ソ連軍とアメリカ軍とが、それぞれ東と西からなだれこんできます。もはやドイツ軍将兵たちの頭にあったのは、どうやって共産党の軍隊に捕捉《ほそく》されることなく、アメリカ軍に降伏するかでした。

米ソ対立の最前線となる

ドイツにとって不幸だったのが、ドイツの敗戦を機に、世界の対立構図が「**アメリカ中心の西側シーパワー陣営 対 ソ連中心の東側ランドパワー陣営**」となったことでした。

ドイツは、東西勢力の境目に位置する国です。**衝突する東西勢力の緩衝《かんしょう》地帯の役目**を果たしていたのがドイツだったということもできます。

その緩衝地帯が、東西に解体されることになりました。国土は、米英軍占領下の西ドイツとソ連占領下の東ドイツとに分割され、首都ベルリンも東西陣営に分割されました。その境界には自由な行き来ができないように「**ベルリンの壁**」が築かれます。ドイツは、**米ソ対立の最前線**となったのです。

ヨーロッパ全体として見渡せば、ドイツという緩衝地帯がなくなったことで、**アメリカのシーパワーと、ソ連のランドパワーとが直接対峙《たいじ》する事態**が生まれます。国家間の小競《こぜ》り合いの時代は終わり、核兵器を保有する両陣営の一触即発《いっしょくそくはつ》が世界滅亡にも結びつきかねない危機をはらんだ時代、つまり「**冷戦**」

ヨアヒム・フォン・リッベントロップ（1893 – 1946）　松岡洋右（1880 – 1946）

ハウスホーファーによるパン・リージョン

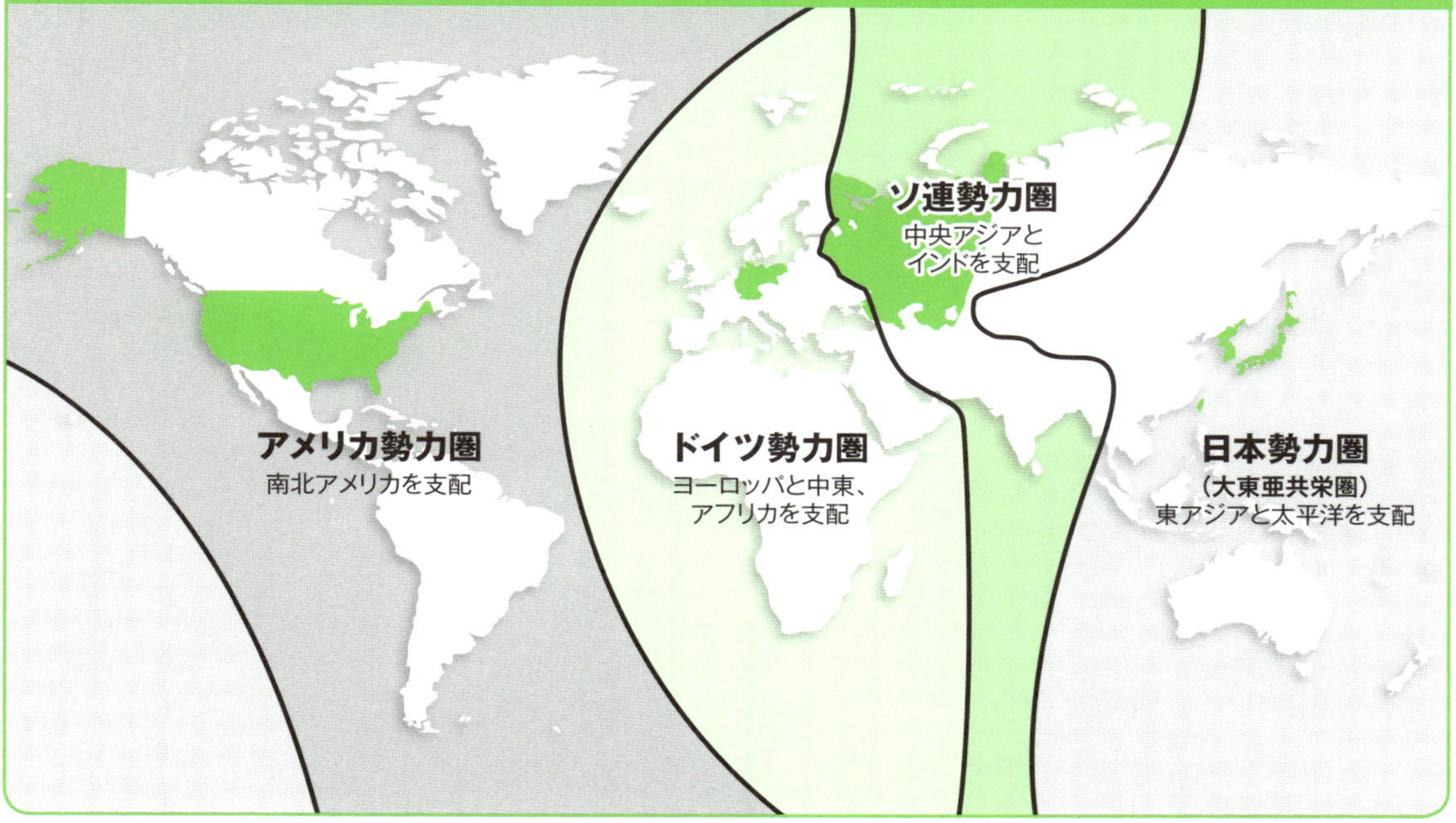

冷戦下の巨大なランドパワー

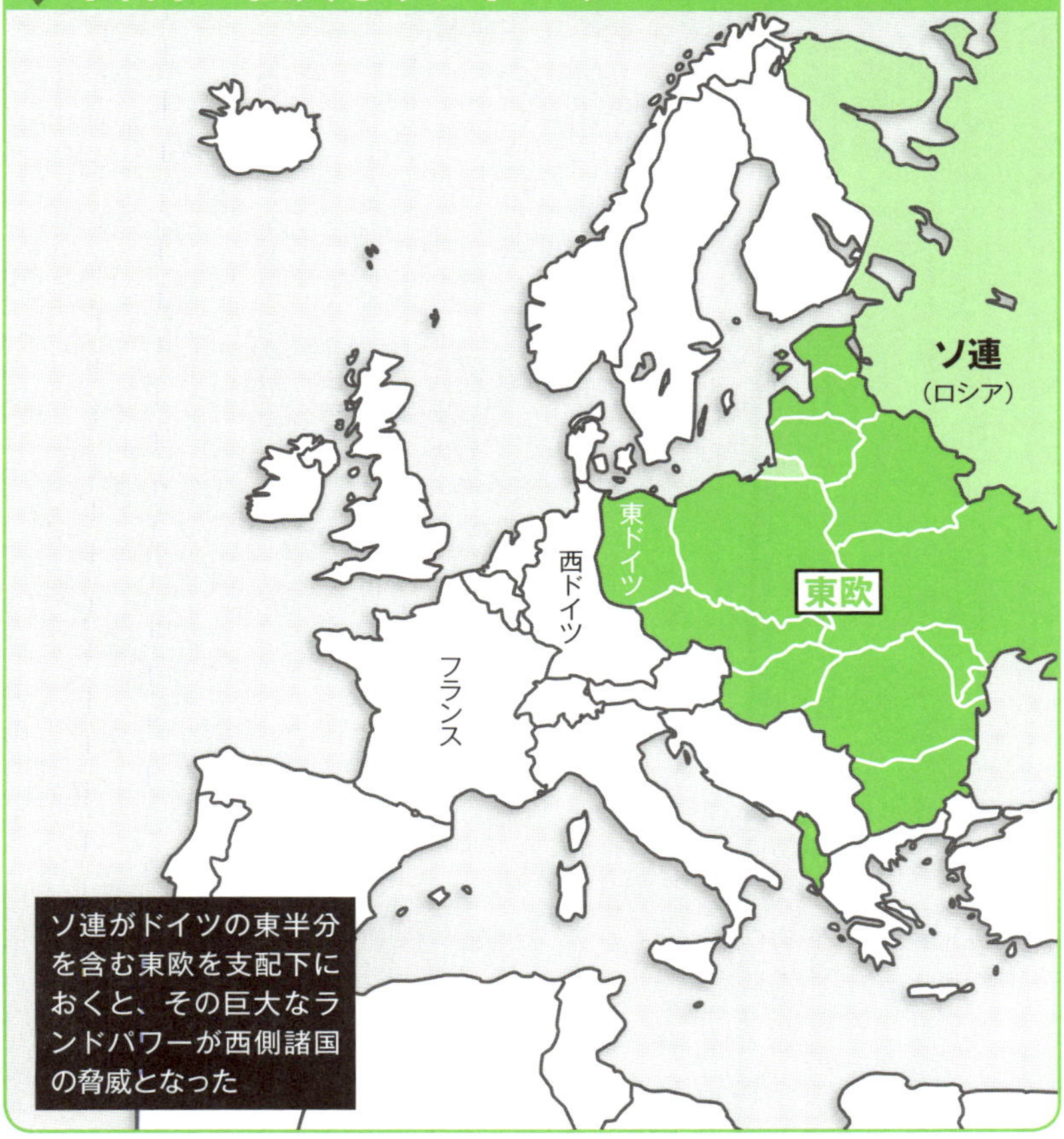

ソ連がドイツの東半分を含む東欧を支配下におくと、その巨大なランドパワーが西側諸国の脅威となった

ベルリンの壁越しに会話をする東側の女性と西側の男性。1989年に解放されるまで、この壁が「共産圏の抑圧」の象徴とされた

の時代へと移っていきます。

冷戦下で敗戦国の西ドイツが生き残るには、アメリカが主導する陣営に従うしかありません。具体的には、地政学上の敵であるイギリスやフランスと和解し、シーパワー軍事同盟の「北大西洋条約機構（NATO）」に参加することでした。

Plate.12 ギリシア

小さな半島国家の開き直り

半島国家は、大陸を制した大国から攻めこまれやすいという地政学的リスクを負う。朝鮮半島と同様にギリシアもまた、つねに大国の支配を受けてきた。そしていま、この地政学的条件を逆手にとってヨーロッパを揺さぶっている。

ランドパワーとシーパワーの争奪の場

おおかたの日本人からみて、ギリシアの印象といえば、ヨーロッパ文明発祥の地です。２０１４年、そんな文明発祥国の巨額の国家債務が明るみになり、ＥＵ通貨ユーロの信用にも大きな影を落としたというニュースを聞いて、驚いた方もおられたでしょう。

しかし、ギリシアの栄光は２０００年以上も昔のことです。その歴史の大半は、大国への従属の歴史でした。古代にはローマ帝国、中世には東ローマ帝国（ビザンツ帝国）、15世紀以降はオスマン帝国（トルコ）に従属していました。

そして、衰退したオスマン帝国の次に支配の触手を伸ばしてきたのは、ランドパワーのロシアです。これに対し、エジプトを通ってインドに向かうルートを握りたいシーパワーのイギリスも、この半島を虎視眈々《こしたんたん》と狙っていました。

半島国家は、ランドパワーを有する大国とシーパワーを有する大国によって争奪の場とされる運命にあります。そして、国内では双方から支援を受けた派閥が生まれ、権力闘争を繰りひろげることになるのです。

ギリシアでも、親ロシア派と親イギリス派が抗争を起こしますが、強力なイギリス海軍の支援でオスマン帝国から独立（１８３２年）すると、しばらくは親イギリスの王政が続きます。

第二次世界大戦末期、撤退したドイツ軍に代わってイギリス軍が上陸してきます。一方で、ソ連がバルカン半島の付け根、ブルガリアを制圧した結果、ギリシア国内では、**イギリスと結ぶ王党派とソ連と結ぶ共産勢力とが内戦**を起こし、泥沼化しました。その凄惨さは「ヨーロッパ版の朝鮮戦争」ともいうべきものでした。

イギリスのチャーチルはモスクワに飛び、ソ連のスターリンと直接交渉の結果、「ブルガリア以北はソ連の勢力圏、ギリシアはイギリスの勢力圏」と、2国間で勝手に決めてしまいます。覇権国家同士の談合で、小国ギリシアの運命は決まりました。

ハシゴをはずされる格好となったギリシアの共産勢力は、親英派によって一掃されます。大戦で疲弊《ひへい》したイギリスに代わり、戦後は、アメリカがギリシア防衛を請《う》けおいます。ブルガリアとのあいだの国境が、朝鮮半島でいうところの「38度線」となり、その南にあるギリシアに対して、アメリカは莫大な軍事経済援助を行ない、**ギリシアはトルコとともにＮＡＴＯに加盟**します。**この両国を押さえておけば、黒海《こっかい》を遊弋《ゆうよく》するソ連海軍の地中海進出を阻止できる**からです。

ドイツに売ったケンカの勝算

冷戦期のギリシアでは、共産党弾圧を名目に、軍事政権が成立しました。これも韓国と似ています。ところが、１９７４年の**キプロス問題**で、ＮＡＴＯの同盟国であるトルコとの関係が険悪になると、両国の対立を好まないアメリカによって軍事政権は崩壊させられます。

民主化されたギリシアで中道左派の**アンドレアス・パパンドレウ**が政権に返り咲くと、支持母体である公務員の労働組合や国営企業を優遇するバラマキ福祉政策をとりました。この事態が何十年も続き、国家の財政は破綻《はたん》寸前でした。しかし、その事実を隠してギリシアはＥＵに加盟したのです。

ギリシアの異常な債務状況が、政権交代を機に明るみになると、他のＥＵ加盟国も危ないんじゃないかとの疑心暗鬼《ぎしんあんき》が広がり、ユーロは売られ、欧州通貨危機が起こります。

ドイツのフランクフルトにある**欧州中央銀行（ECB）**は、ギリシアに対し緊急融資を行なう代わりに緊縮財政を勧告します。「公務員を減らし、年金を減額しろ」という内容でした。

公務員天国だったギリシアではＥＣＢの勧告に反対する暴動が起こり、翌年1月の総選挙では、「内政干渉」に異議をとなえる急進左派連合が勝利してしまいました。

ちなみにＥＣＢの大株主はドイツです。他のヨーロッパ諸国は、「自分たちに火の粉がふりかからなければ、それでよし」と、**ドイツにギリシア問題を押しつけました。**

アンドレアス・パパンドレウ（1919 － 1996）　アレクシス・ツィプラス（1974 －）

40歳の若さでギリシアの新首相となった急進左派連合の**ツィプラス**は、ドイツが提案した財政再建プログラムの3年間凍結を表明します。そして、首相就任の日、国立戦没者墓地を訪れ、ドイツ軍占領下で処刑された共産主義レジスタンスの墓に献花をしたかと思えば、最初の議会演説で、**ドイツへの戦時賠償請求**を持ちだしたのです。

ギリシアは1960年の段階で、西ドイツから1億1500万マルクの補償金をすでに受けとっています。しかし、そんなことはお構いなしなのが国際社会の常識で、自国の権益を守るためには、人道問題であれ、領土問題であれ、歴史問題であれ、使えるものはなんでも使います。

「一度補償しただけで済むとは思うな。謝罪も一度や二度では足りない。私たちは永遠の被害国で、オマエたちは永遠の加害国だ」

これって日本の隣国の半島国家の発想によく似ていませんか。

韓国以上にしたたかなギリシアには勝算があって、無理難題を通しているのです。それを可能にしているのが、半島国家の地政学的条件です。

この数年、ヨーロッパとロシアの関係は冷えこんでいますから、いまギリシアにNATOを抜けられると困ります。ギリシアが国内の軍港をロシアの艦隊に貸与したら、ロシアは念願の地中海進出を果たすことができます。たとえば韓国が、米韓同盟を破棄して中国人民解放軍の駐留を認めるようなものです。それが日米にどれほどの脅威を与えるか。ギリシアの場合もこれと同じで、そういうこともちゃんとわかっていて、ドイツにケンカをふっかけているのです。

ロシア無名戦士の墓に献花するツィプラス首相。ロシアとの友好関係を見せつけ、ヨーロッパの安全保障を揺さぶった

ギリシアの地政学上の条件

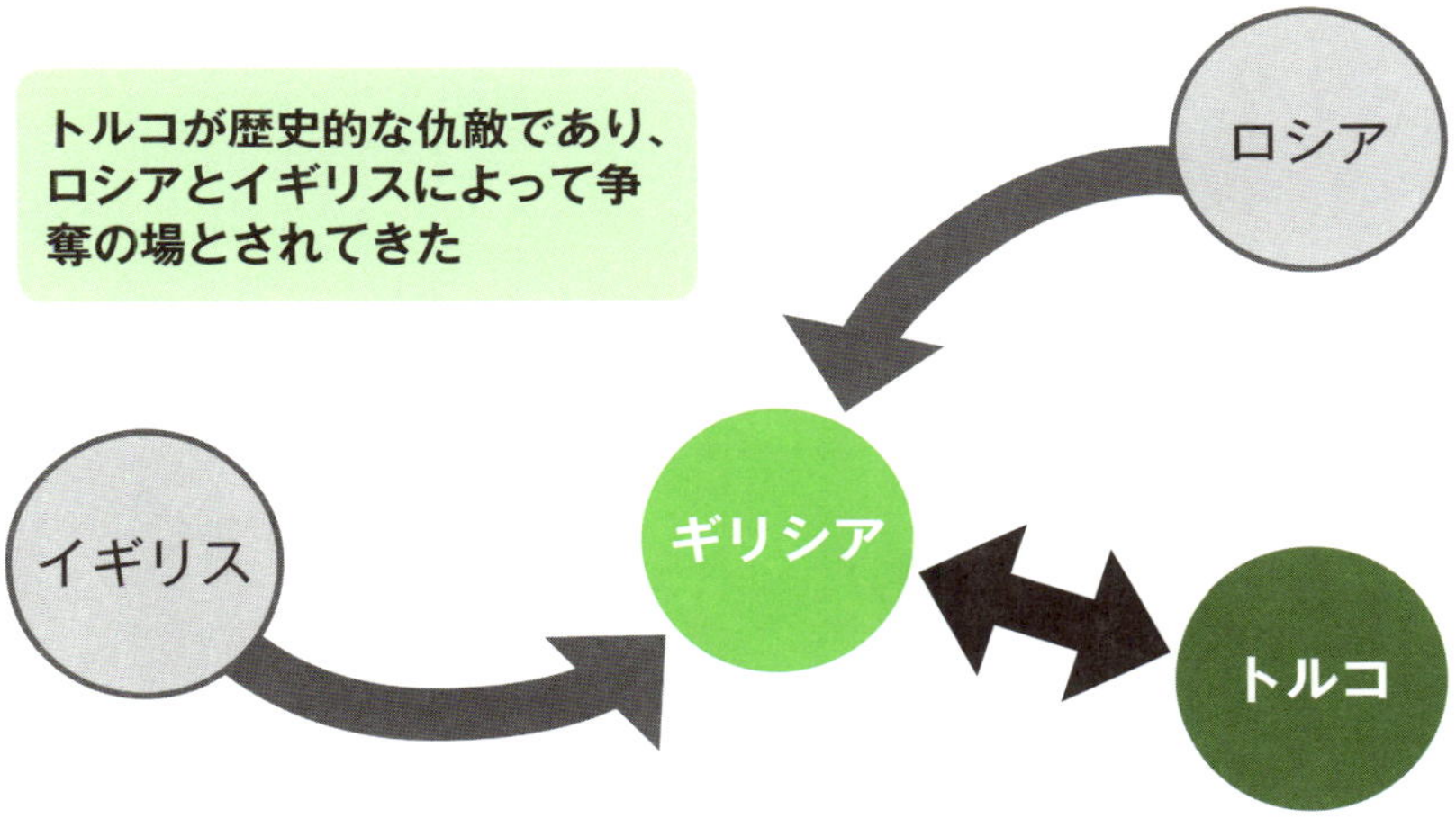

キプロス問題 —— ギリシアとトルコは犬猿の仲

イギリスから独立したキプロス島では、ギリシア系住民とトルコ系住民との衝突にトルコ軍が介入した。トルコは島の北部を分離して「北キプロス・トルコ共和国」を建国させるが、国際的な承認は受けていない。いまも両国軍とイギリス軍、国連軍が駐留し、紛争は継続中である

Plate.13 ヨーロッパ①

大きすぎる半島の付け根

ヨーロッパは地政学上の「半島」である。大陸との「付け根」部分は、古来、東方から襲来する遊牧民の侵略にさらされてきた。近代にはロシアが東欧をおびやかし、ヨーロッパ人の意識には、東方に対する恐怖心が植えつけられることとなった。

大陸、島、半島

ユーラシア大陸は、ヨーロッパ、ロシア、インド、中央アジア、中国を擁《よう》する、文字どおりの「大陸」です。ヨーロッパはユーラシア大陸の西の端に突きだすようにして位置し、「亜大陸」とも呼ばれています。

また、「島国」であるイギリスに対し、ドイツやフランスを中心とするヨーロッパを「大陸」と呼ぶことがあります。

イギリスの地政学者マッキンダーは、**ユーラシア大陸とアフリカ大陸を合わせたものをひとつの巨大な島**と見なし、「**世界島**」と名づけています。そして、その世界島の西側に突きだして、三方を海に囲まれたヨーロッパは「半島」にすぎないと考えました。このスケールの大きな地理感覚は、地球儀を見てはじめて実感できるのではないでしょうか。

ヨーロッパは世界地図の中では小さくても、大航海時代に始まる近代以降は世界の中心でありつづけました。英語、国際法など、この地で形成された文明が世界基準となったことで強大な影響力が生まれ、その軍事力は世界を支配してきました。

その後の世界史は西欧諸国間の覇権争いの歴史であり、西欧人が建国したアメリカ合衆国が勝者になったのです。

バルト海と黒海を結ぶ線

半島には必ず「**付け根**」があります。「ヨーロッパ半島」の付け根は、**バルト海と黒海《こっかい》を結ぶ線**で、これは同時に**ヨーロッパとロシアの境**にもなっています。

半島の付け根は、大陸からの侵入者にとって、それさえ制圧してしまえば、半島全体の攻略も容易になるという、軍事上の要地でもあったわけです。この付け根を押さえられた半島の住人たちは、まさに袋の中のネズミでした。

ウクライナの東側には、南ロシアからモンゴルまで広大な草原地帯が続いています。この草原地帯を拠点とする遊牧民がたびたび西進して、ヨーロッパを蹂躙《じゅうりん》してきました。5世紀に**フン人**の侵攻がローマ帝国の崩壊をもたらすと、9世紀には**アヴァール人**、10世紀には**マジャール人**が続きます。

いずれも、ウクライナを横断して**ハンガリーの草原地帯**を新たな拠点にすると、ここからヨーロッパ各地を襲ったのでした。ハンガリーにはいまもマジャール人の末裔《まつえい》が多くいます。

なんといっても強烈だったのが、13世紀の**モンゴル人の侵攻**でした。フビライ・ハンの従兄《いとこ》にあたるバトゥ将軍に率いられた大軍によって、東ヨーロッパはなすすべなく破壊しつくされました。

1241年、西進するバトゥの軍隊は、ポーランド西部のワールシュタットでポーランドとドイツの連合軍と対決し壊滅させた。ワールシュタットはドイツ語の「死体の場所」で、戦場を意味する

モンゴル人たちは、ウクライナから南ロシアまでを支配する**キプチャク・ハン国**を建て、2世紀ものあいだ居座ります。タルタルソースやタルタルステーキの「タルタル」とは、材料を細かく刻む調理法のことですが、このタルタルがタタール人、つまりモンゴル人のことをさしています。ロシア史ではこの時代のことを、「タタールのくびき」と呼びます。

同時代、13世紀の日本でも、フビライ・ハンによる2度の蒙古《もうこ》襲来がありましたが、鎌倉武士の奮戦と、台風の襲来によって失敗しています。「神風」が助けになったのも、彼らが船で海を渡ってきたからです。もし、日本が大陸と陸続きだったら、モンゴル騎馬軍

フビライ・ハン（1215 – 1294）　バトゥ（1207 – 1256）
ナポレオン・ボナパルト（1769 – 1821）

団は容易に進軍したでしょう。奈良や京都の神社仏閣は跡形《あとかた》もなく破壊されていたかもしれません。

脅威はモンゴルから ロシアへ

15世紀になり、モンゴル支配を脱して建国されたのが、**ロシア帝国**です。コサックと呼ばれる強力な騎馬軍団を持つロシア帝国が、**モンゴルに代わる新たな東方の脅威**となりました。ロシアは18世紀までに、ベラルーシ、ウクライナ、ポーランド東部を併合して、強大化していきます。

1789年、フランスで市民革命が起こり、ブルボン王朝が倒されると、革命の波及を恐れたヨーロッパ諸国は戦争をしかけます。それに対するフランス革命軍を率いたのが、**ナポレオン・ボナパルト**でした。彼の軍は連戦連勝し、ドイツを占領すると、抵抗を続けるロシアになだれこみました。

ところがロシアの地はあまりにも広大で、補給が追いつきません。ロシア軍は戦略的退却を繰りかえしてフランス軍を内陸のモスクワへと誘導し、寒波の襲来を待ちます。極寒の中でナポレオン軍は退却し、この敗戦がもとで彼は失脚しました。

ロシアは、ナポレオンを破った「ヨーロッパの救世主」として、欧州5大列強（イギリス・フランス・プロイセン・オーストリア・ロシア）の仲間入りを果たします。しかし、それは同時にロシアが新たな警戒の対象となったことを意味していました。

マッキンダーの「世界島」

イギリスや日本などの島国は、世界島には含まれない。マッキンダーはこの世界島を支配したものが、世界の覇権を握ると考えた。シーパワー帝国イギリスをおびやかす、ランドパワー帝国ロシアの台頭を警戒したのである

ヨーロッパ半島の「付け根」

バルト海と黒海を結ぶ線は、現在のバルト3国（エストニア、ラトビア、リトアニア）、ベラルーシ、ウクライナが位置する部分である。この線は、モンゴル帝国と、それに代わるロシアによって突破された。

Plate.14 ヨーロッパ②

「欧州統合の夢」を破壊する厳しい現実

第二次世界大戦で大きなダメージを受け、植民地を失ったヨーロッパは戦後、地域の連帯を模索してきた。その結晶がＥＵである。しかしヨーロッパはひとつになるには大きすぎた。ＥＵ機関と加盟各国の政府、双方の思惑は噛《か》みあわない。

統一ドイツへの警戒心

1989年、ソ連に改革派のミハイル・ゴルバチョフ政権が誕生すると、冷戦は突然の終わりを告げます。ソ連軍が東欧諸国から撤退し、東欧の共産党政権も次々に崩壊します。ソ連に東欧が加わった「共産圏」は、巨大なランドパワーでした。その当面の脅威が消滅すると、もはや西欧の軍事的同盟ＮＡＴＯの役割も小さくなります。

さらに、米ソ対立により東西に分割されていたドイツが統一されることで、ヨーロッパの中央に再び強大なランドパワーが出現することになりました。

あわてたのが、ドイツと歴史的なライバル関係にあったフランスでした。あえてドイツとの協調関係を演出し、統一ドイツを「ヨーロッパ」の中に封じこめることで、これを制御しようとしたのです。統一ドイツもまた政治的孤立を避けるために、フランスとの協調路線を選びます。両国の思惑が形となって現われたのが、1993年に誕生した「ヨーロッパ連合（EU）」でした。

移民流入が最大のネック

ヨーロッパ統合という考え方自体は19世紀からありましたが、具体化されたのは第二次世界大戦後です。長らくドイツとフランスの対立を象徴してきた国境地帯の石炭鉄鋼産業の共同管理から始まり、1957年、西ドイツ・フランス両国にイタリア、ベネルクス3国（オランダ、ベルギー、ルクセンブルク）が加わった6カ国が「ヨーロッパ経済共同体（EEC）」を結成し、これがEUの母体となったのです。

EUでは原則として、ヨーロッパ統一通貨「ユーロ」を用い、域内の関税を撤廃し、人・モノ・資本の行き来を自由化することで統一市場を実現しています。また、共通の価値観が求められているため、たとえば死刑制度がある国はEU加盟が認められません。

まさに理想の政治システムとして、日本でも持ちあげる人が多くいました。そういえば鳩山由紀夫《はとやまゆきお》元首相も、EUを参考に「東アジア共同体構想」を提唱していました。

ところが、近年は問題点ばかりが聞こえています。ヨーロッパが連合する当初の目的は、ドイツとフランスの2国間の協調関係をアピールするための消極的連合でした。それが超国家機関の形成にとって代わられ、その機関も官僚化が進んでいきます。

ドイツとフランス以外の多くの国は、EUに加盟していれば、経済的恩恵を受けられるかもしれないと考えるでしょう。EU設立当初は12カ国だった加盟国も、2013年のクロアチアの加盟で、28カ国の大連合となりました。

ところが、北海油田を擁《よう》するノルウェーはEUに加盟していません。金融立国スイスでもEU加盟を問う国民投票はくりかえし否決されています。これらの国は、ひとり当たりのGDPが域内でもとくに高く、EUに加盟することで多くの移民が流入し、自分たちの利益が損《そこ》なわれることを危惧《きぐ》しているからです。また加盟国は、欧州中央銀行（ECB）の決定に従わなくてはなりません。むしろ豊かな国は加盟にデメリットを感じているのです。

ヨーロッパへ押しよせる移民の波。トルコはその陸の玄関口になっている

逆に、トルコは正式加盟を拒否されています。2001年に加盟準備国になってから15年経っても実現せず、このことがトルコ人を苛立《いらだ》たせてきました。理由はいくつも考えられていますが、いちばん大きな理由は、この国が中東や西アジアからの「移民の玄関口」になっているからでしょう。

2015年以降、大量のシリア難民がトルコ・ギリシア国境を不法に越境してEU圏内になだれこみ、各地で混乱を引きおこしました。地中海を渡ろうとする移民たちが水難事故で亡くなったというニュースもよく聞きます。トルコがEUに加盟すれば、この人たちが危険の少ない陸地を通って、大勢やってくるのです。さらに、トルコ自体が労働力輸出国です。

結局、移民問題が大きなネックとなって、EUの弱いつながりには、深い亀裂が入っているのです。

独自路線の島国イギリス

２０１６年６月、イギリスの国民投票でEU離脱が可決されました。やはり移民流入に対する危機感からです。この国の社会保障は手厚いので、年間30万人の移民が流入してきました。これ以上の移民を受けいれたら、社会保障制度が崩壊し、若年層の失業が拡大するというのです。

もとよりイギリス国民は、自分たちがヨーロッパの一部だとは考えていません。「陸地でつながっていない」ということは、それほど決定的な要素です。

ドイツとフランスの側からみれば、金融大国イギリスをとりこむことに大きなメリットはありました。その代わり、イギリスがユーロではなく自国通貨ポンドを用いることを認めてきたのです。この特例により、イギリスは独自の金融政策を選択でき、ロンドンは世界的な金融市場の地位を維持できました。

ほかにもスウェーデン、デンマーク、ポーランド、チェコなどがユーロを導入していません。このような特例によるバラつきがある時点で、すでに経済共同体の理想は形骸《けいがい》化しているというべきでしょう。イギリスのEU離脱への決意は、ヨーロッパへの訣別《けつべつ》表明であると同時に、はからずも「欧州統合は幻想である」ことを世界に広めてしまったといえます。

欧州統合の現実

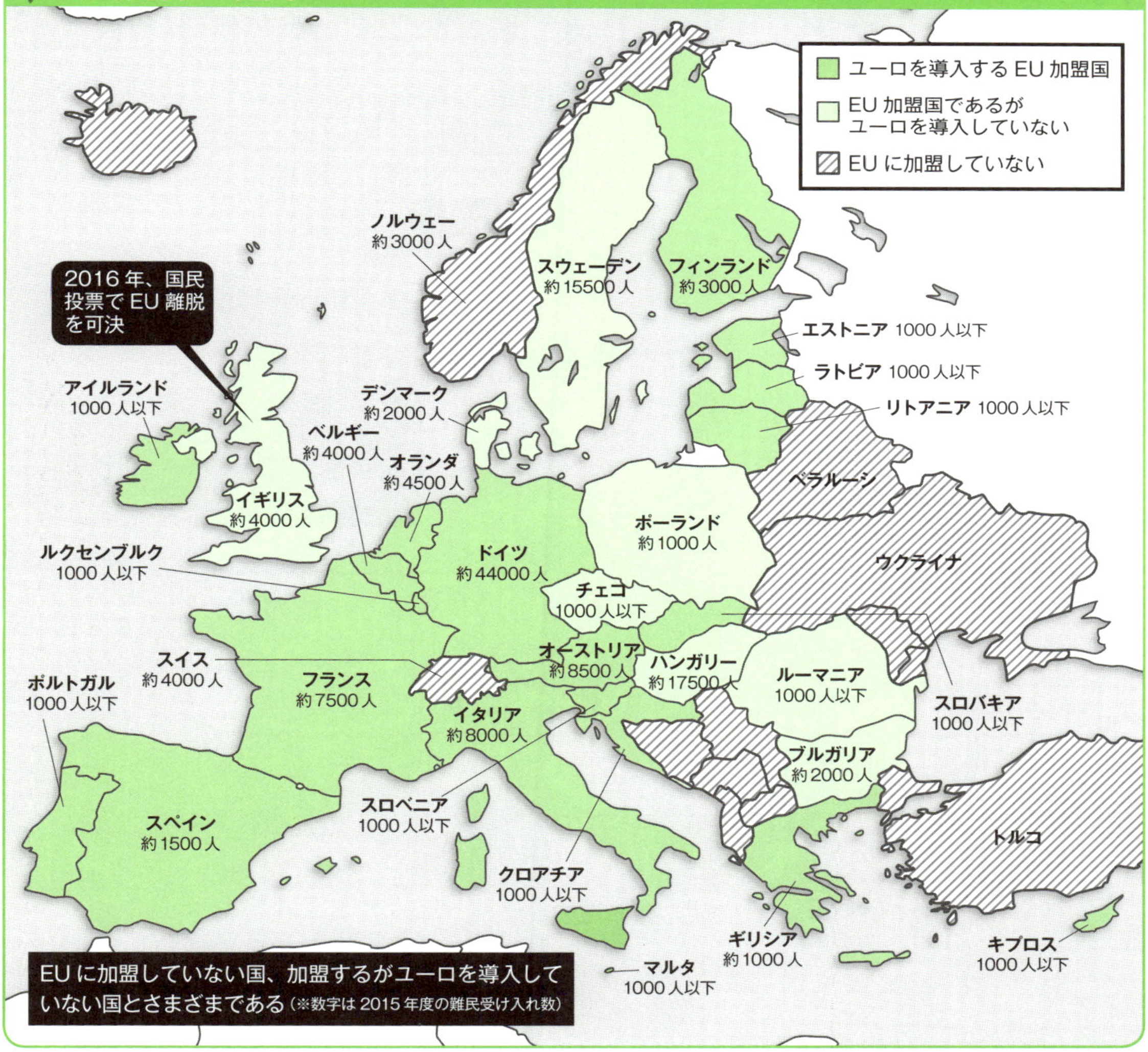

EUに加盟していない国、加盟するがユーロを導入していない国とさまざまである（※数字は2015年度の難民受け入れ数）

第2編

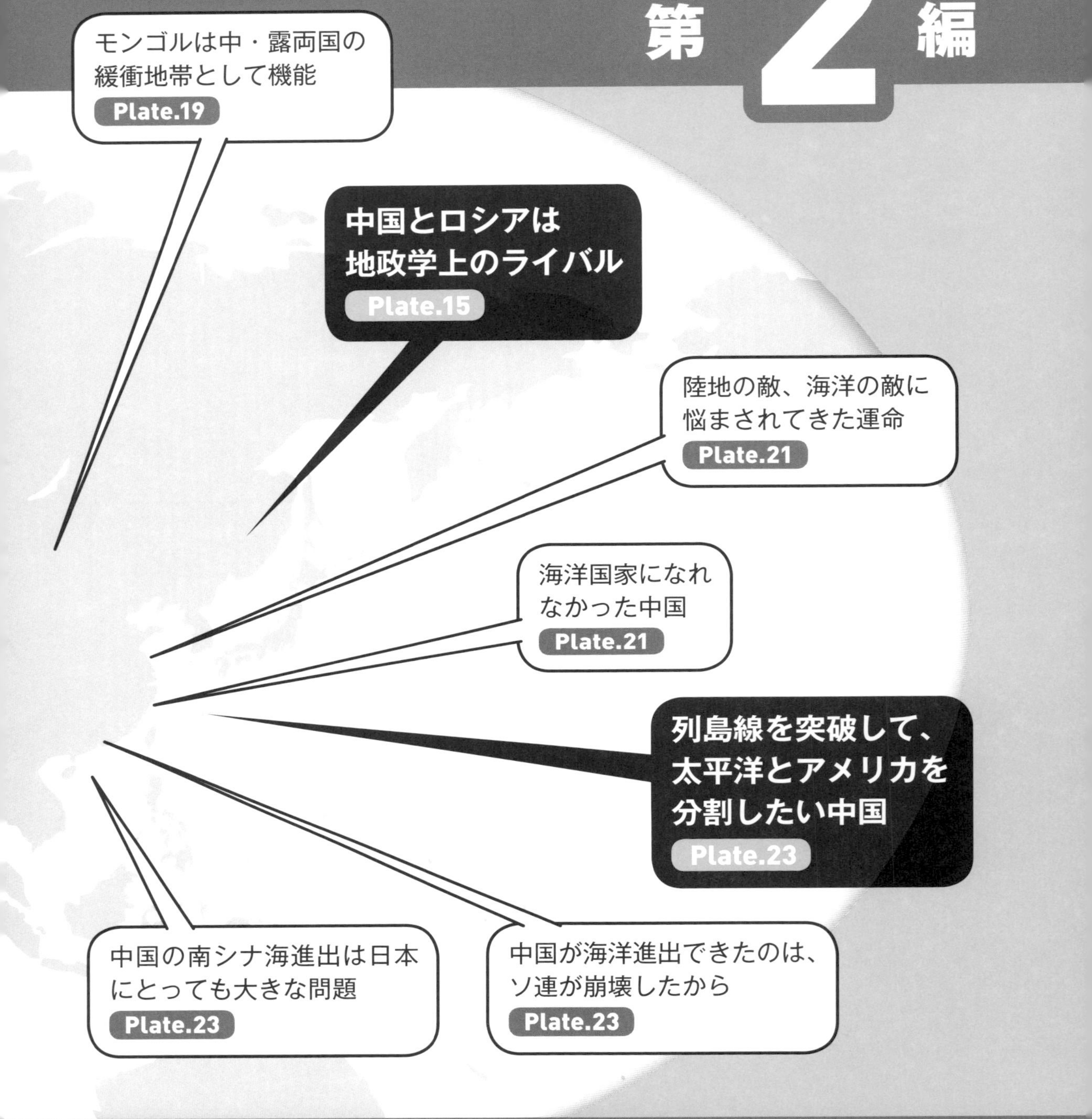

ユーラシア大陸の巨大国——ロシアと中国は長大な陸上の国境を接する隣国であり、たがいに牽制《けんせい》してきた。ともにランドパワー大国だが、海上進出の野心も持ち、隣国の日本にとって大きな脅威となっている。日本は、イギリスのオフショア・バランシングに学び、対岸の脅威に対処する必要がある。

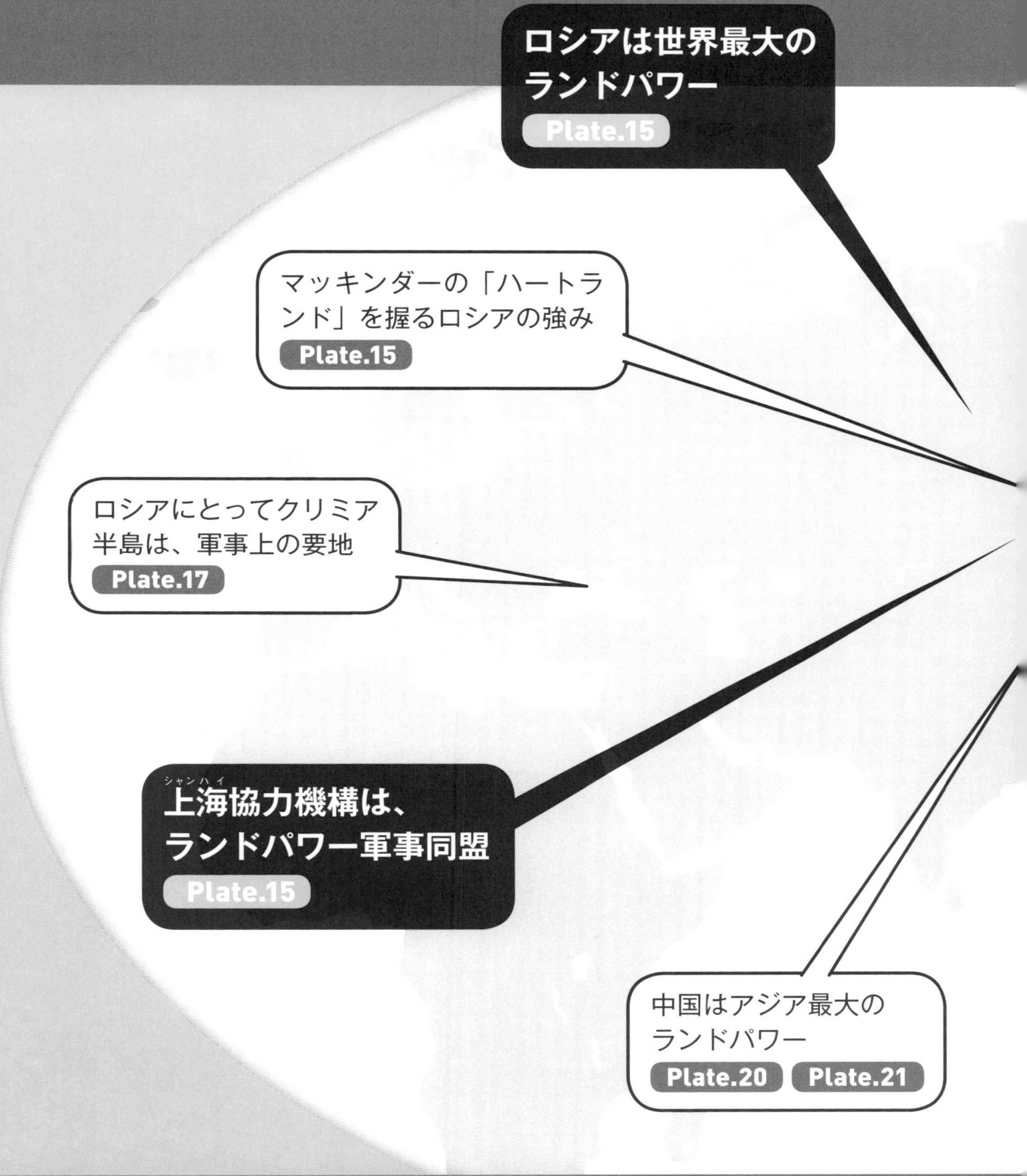

ロシアは世界最大のランドパワー
Plate.15
マッキンダーの「ハートランド」を握るロシアの強み
Plate.15
ロシアにとってクリミア半島は、軍事上の要地
Plate.17
上海《シャンハイ》協力機構は、ランドパワー軍事同盟
Plate.15
中国はアジア最大のランドパワー
Plate.20 Plate.21

世界覇権の奪取を狙う2つの大国

Plate.15 ロシア①

世界最大のランドパワー

広い国土を持つランドパワーは、周辺国の陸上攻撃に対して持久戦で耐えられる。その一方で、過剰な防衛意識のため、つねに周辺諸国を影響下に置こうとする。このことが逆に周辺諸国との軋轢《あつれき》を生む。

けっして奪われることのない陸地

いかなる侵略者も、ロシア全土を支配下におくことはできません。ユーラシア大陸の北半分を占める広大さに加えて、冬期の極寒。ナポレオンのフランス軍やナチスのドイツ軍を追いはらった「冬将軍」です。敵国がロシアで大規模な陸上部隊を維持することなど、とうてい不可能なのです。

海上戦力を用いるのにも限界があります。ロシアの大河は、ほとんどが北極海へ注いでいますが、北極海はつねに凍《こお》っていたので、海から川をさかのぼって侵入することができませんでした。

こうしてユーラシア大陸の最深部に、難攻《なんこう》不落《ふらく》の安全地帯が形成されます。**マッキンダー**はこのエリアを「**ハートランド**」と呼び、「ハートランドを制する国がユーラシア大陸を制する」と説きました。

地政学上の大敵

しかし、このエリアのすぐ南には、もうひとつのランドパワー大国・中国が位置しています。マッキンダーの理論をあてはめてみたとき、ハートランドの支配をめぐってロシアと牽制《けんせい》しあう位置にあるのが中国です。

強大な軍事力を持つ2つの大国が長大な陸上の国境を接していることの脅威を考えてみてください。それは、島国に住む日本人には想像もつかない苦労です。

地政学的にみるかぎり、ロシアと中国が真の友好国になることはありません。現時点で両国は、シーパワー大国のアメリカに対抗して上海協力機構という名の同盟関係を結んでいますが、いつまで続くかわかりません。

ロシアにとって中国は武器やエネルギーの最大の顧客ですし、その資本を極東開発に呼びこみたいという思惑があります。また、ウクライナの問題で欧米諸国と対立を続けたため、中国とのいさかいはいったん横においておきたいのです。南シナ海で強権的な手法をとる中国は、その点において仲間です。

この中露ランドパワー同盟を築くため、懸案だった国境問題でロシアは大きな譲歩をしています。しかし、長大な国境線で接する両国間の領土問題は、すべて片づいたわけではありません。つねに過剰人口をかかえる中国が、かつて清朝の領土であったロシア極東地域への野心をあらわにするとき、現在の同盟は決裂するでしょう。

シーパワーへの渇望《かつぼう》

世界最大のランドパワーであることには、デメリットもあります。その広大すぎる領土の東西で、同時に陸上戦力を展開するのは不可能だからです。大きく外に打って出るのに不利でした。

日本海に面した軍港ウラジヴォストーク

ヨーロッパ方面へ陸上勢力を集中させれば、シベリア方面や中国との国境線の軍備はどうしても手薄になります。その機に乗じて、傘下《さんか》の少数民族が反乱を起こすかもしれません。

帝政ロシアは、西のクリミア戦争で敗れると極東に進出し、日露戦争に敗れると西に戻ってバルカン紛争を引きおこす、というふうに東西で交互に紛争を起こしています。

本質的にランドパワー帝国であるロシアがはじめて海に目を向けたのは、17世紀後半。ロシア史上最高の名君とされる**ピョートル大帝**のとき、スウェーデンを破って、バルト海を拠点にした**バルチック艦隊**を建設します。女帝**エカチェリーナ2世**は、オスマン帝国（トルコ）を破って**黒海艦隊**を建設しました。

しかし、黒海の出口ボスフォラス海峡はイギリスに塞《ふさ》がれ、バルト海は冬期氷結します。いつでも自由に大洋へ進出できるというわけではありません。そこで目をつけたのが、氷結することのない日本海でした。

19世紀後半、**アレクサンドル2世**はアロー戦争に乗じて、日本海に面する沿海州《えんかいしゅう》を清朝から奪い、そこにウラジヴォストークを母港とする**太平洋艦隊**を建設します。この沿海州

ピョートル大帝（1672 – 1725）　エカチェリーナ2世（1729 – 1796）
アレクサンドル2世（1818 – 1881）

の領土問題によって中国から怨《うら》みをかうことになりました。また、明治維新直後の日本と交渉して、樺太《からふと》全島をロシア領、千島全島を日本領とします。

しかし、ロシアのバルカン半島（黒海の西岸）進出のもくろみは、シーパワー大国だったイギリスによって阻止されます。太平洋進出の野望も、イギリスの支援を受けた、新興のシーパワー国家・日本によって絶たれてしまいます。

現代の海上戦力は、空母と並んで潜水艦が主力であり、潜水艦はぶ厚い氷の下でも自由に航行できます。この軍事戦略の大きな変化により、ロシアはシーパワー大国と互角にわたりあえるだけの海軍力を有するようになりました。**核ミサイル搭載の原子力潜水艦**が氷の下を潜航《せんこう》してアメリカ本土に接近し、「いつでもアメリカの中枢部《ちゅうすう》に核ミサイルを打ちこめる」と威嚇《いかく》することができるようになったのです。

ロシアと中国のあいだでくすぶる国境問題

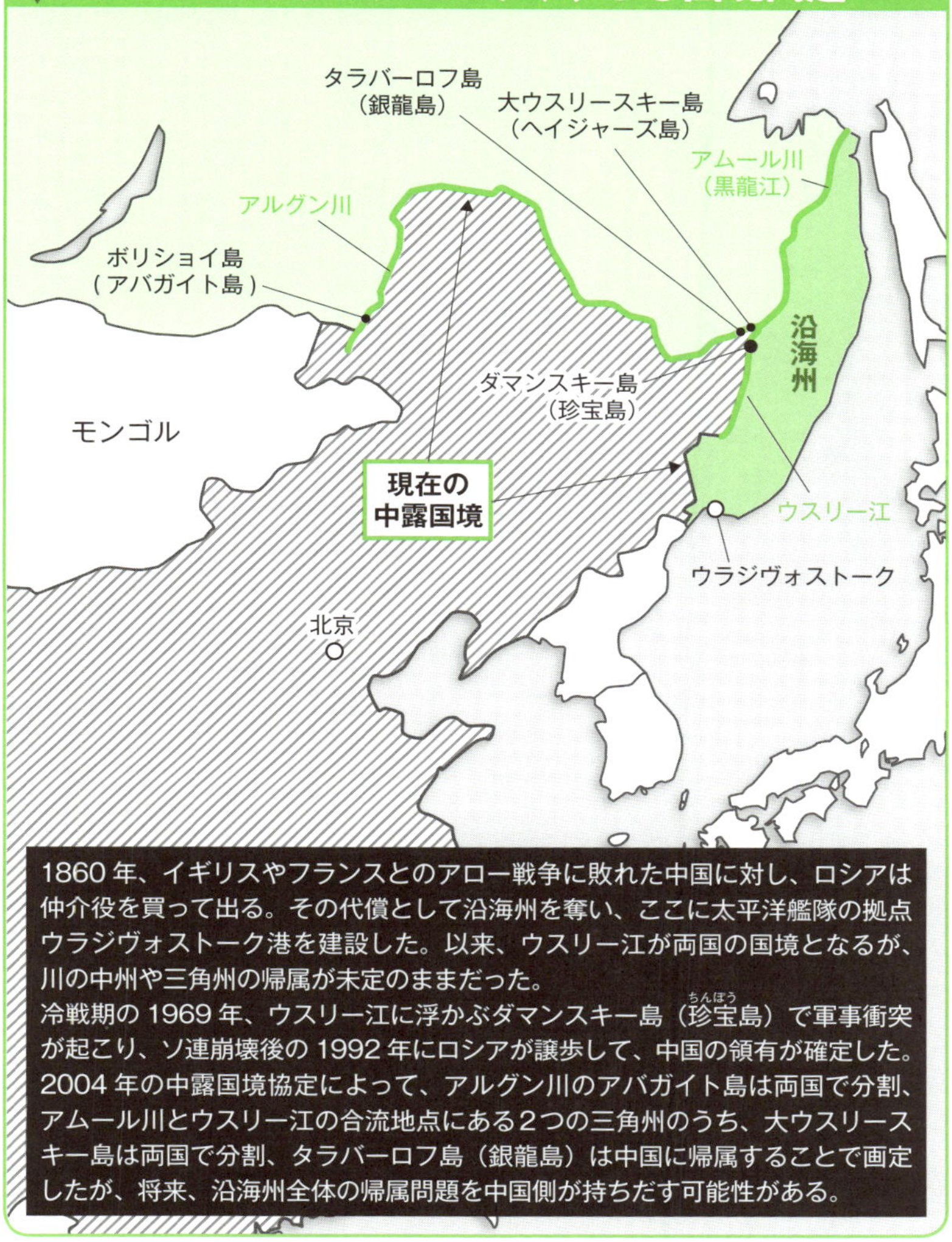

1860年、イギリスやフランスとのアロー戦争に敗れた中国に対し、ロシアは仲介役を買って出る。その代償として沿海州を奪い、ここに太平洋艦隊の拠点ウラジヴォストーク港を建設した。以来、ウスリー江が両国の国境となるが、川の中州や三角州の帰属が未定のままだった。
冷戦期の1969年、ウスリー江に浮かぶダマンスキー島（珍宝島《ちんぽう》）で軍事衝突が起こり、ソ連崩壊後の1992年にロシアが譲歩して、中国の領有が確定した。2004年の中露国境協定によって、アルグン川のアバガイト島は両国で分割、アムール川とウスリー江の合流地点にある２つの三角州のうち、大ウスリースキー島は両国で分割、タラバーロフ島（銀龍島）は中国に帰属することで画定したが、将来、沿海州全体の帰属問題を中国側が持ちだす可能性がある。

ロシアの海上勢力

34ページの写真　©Iain Masterton／AGB Fotostock／JTB Photo

Plate.16 # ロシア②

西欧と東欧のあいだを揺れ動く

大国ロシアも、もとは都市キエフを治める小国だった。北欧からの移民が建設したというルーツの上に、スラヴ文化、ビザンツ文化、モンゴル文化が重なって、ロシア人の複雑な民族文化が形成されていく。

北欧のヴァイキングが建てた国

ロシアの最初の建国は、9世紀にさかのぼります。北欧を拠点とする海賊集団ヴァイキングとして暴れていた**ノルマン人**の首長リューリクがバルト海を渡って上陸し、この地域の先住民である**スラヴ人**を征服して、**ノヴゴロド国**を建てました。

　リューリクの息子イーゴリは、**ドニエプル川**を下って、ウクライナの**キエフ**に都をおきます。これがキエフ公国です。

　北欧のデンマーク、ノルウェー、スウェーデンはいずれもノルマン人の国家ですし、イギリスに渡って現在のイギリス王室につながるノルマン朝を築いたウィリアム1世もノルマン人です。ロシア人の中には、「ロシアを建てたのはノルマン人だから、**われわれもヨーロッパ諸国の一員だ**」という心情があります。

ビザンツの継承者

　ドニエプル川をさらに南下すると、黒海に出ます。黒海から地中海へと抜ける**ボスフォラス海峡**沿いにあるのが**コンスタンティノープル**（現在のイスタンブル）です。当時、ヨーロッパ最大の文化都市で、**ビザンツ帝国（東ローマ帝国）**の首都でした。

　東ローマ帝国は、トルコからシリア、エジプトに及ぶ広大な支配地を持っていましたが、イスラム教徒によって少しずつ侵食されていき、最後にはコンスタンティノープルの周辺を領有するだけとなりました。

　キエフ（当時のロシア）は農作物やスラヴ人奴隷をビザンツ帝国に輸出し、代わりに工業製品を手に入れました。このため、「スラヴ」が英語で「奴隷」を意味するスレイヴ（slave）の語源となります。

　2回目の建国は10世紀です。マジャール人など遊牧民の度重なる侵入に対抗するため、**キエフ大公ウラディミル1世**はビザンツ帝国と軍事同盟を結び、皇帝の妹を妃《きさき》に迎えます。このときビザンツ皇帝がキエフ大公に求めたのが、多神教から**キリスト教（ギリシア正教）への改宗**でした。

　ローマ帝国が東西に分裂したとき、教会も東西に分裂しました。西がローマ教皇（法王）の権威に従う**カトリック教会**で、東がビザンツ皇帝に服属する**ギリシア正教会**となります。

ドニエプル川岸に広がるキエフの街並み。写真手前はペチェルスカヤ大修道院

ボスフォラス海峡の西岸に栄えたコンスタンティノープル。黒海から地中海に出るにはこの海峡を通るしかない

　西欧諸国の皇帝や王たちは、「神の代理人」と称して超越的な権威を持つローマ教皇との争いを続けました。その長い闘いの中から生みだされた概念が**政教分離**です。

　一方のギリシア正教会では、皇帝が聖職者を任命し、教会を支配していました。このように**国家が宗教の上にあるビザンツ式の政教一致体制が、ロシアにも継承された**のです。

　ノルマン人が建国したロシアは、スラヴ文化とビザンツ文化をミックスさせて、独自の文化を築きます。**ロシア人の民族的アイデンティティは、西欧（ヨーロッパ）と東欧（スラヴとビザンツ）のあいだを揺れ動いてきた**のです。

キエフ公国とノルマン人の流入

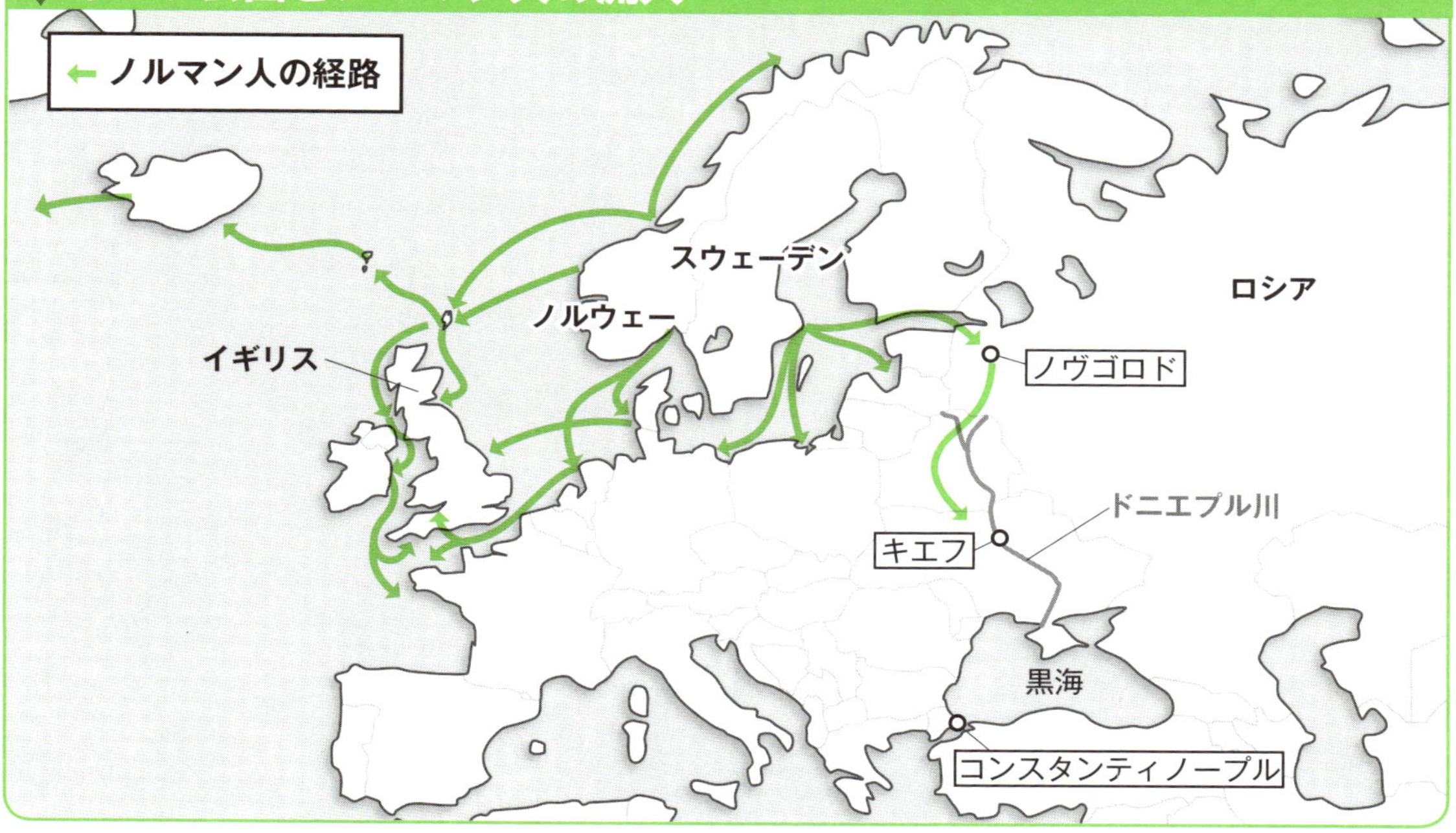

政教分離と政教一致

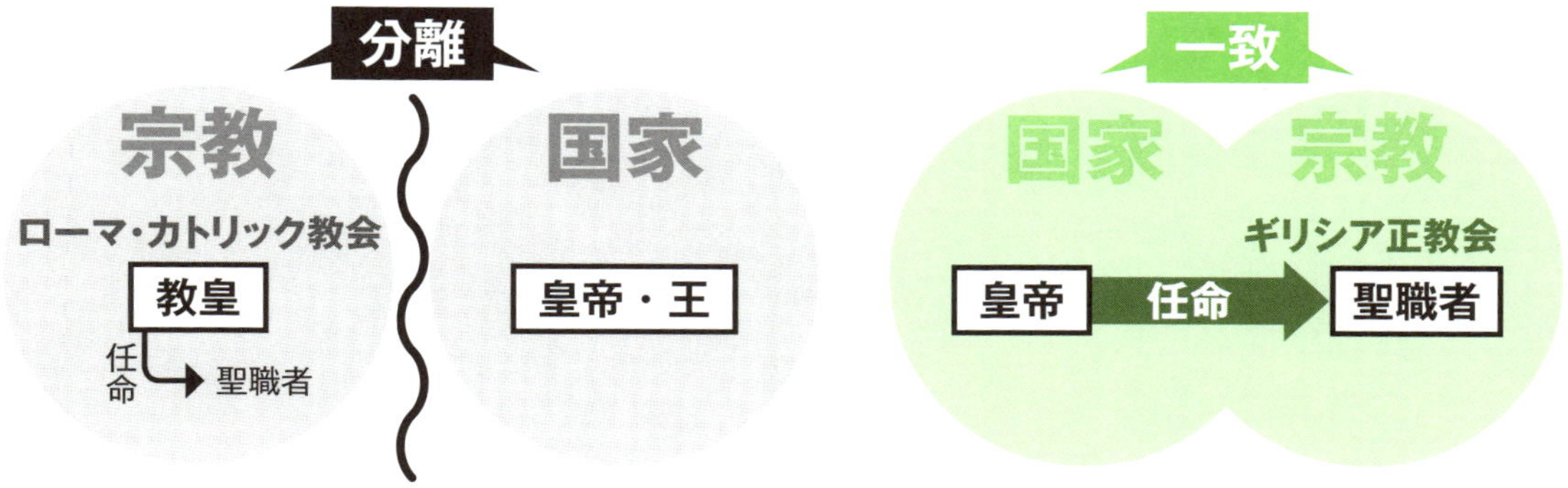

ロシア人の民族的精神のベース

36ページの写真 ©HAGA LIBRARY／JTB Photo（ペチェルスカヤ修道院）

Plate.17 ロシア③

なぜウクライナを手放せないのか

ウクライナはロシア発祥の地である。その民族的感情に加え、軍港セヴァストーポリを擁《よう》するクリミア半島は、軍事上の要地。プーチンにとって、この地だけは西側世界に明け渡すことができない。

ロシア人の故地

キエフは、のちにウクライナの首都となり、住人はウクライナ人です。日本人にはなかなかピンとこないのですが、現代のロシアがウクライナに執着するのは、たんに傲慢《ごうまん》で帝国主義的な拡大主義によるものだけではありません。キエフ公国のあったこの地は、ロシア人にとっても民族発祥の地なのです。

13世紀半《なか》ばになってモンゴル軍がヨーロッパを席捲《せっけん》すると、キエフ公国はモンゴルに滅ぼされます。そのあと2世紀に及ぶモンゴル支配（ロシアでは「**タタールのくびき**」と呼ぶ）の時代にモンゴルの代理人として台頭したのが、北方の**モスクワ大公**でした。

対ヨーロッパ戦略の要地

モンゴルが去ったこの地に手を伸ばしてきたのは、カトリックの大国ポーランドでした。ポーランド史上最大の領土を築いたヤゲウォ朝は、北はバルト海から南は黒海北岸のウクライナにいたる「ヨーロッパ半島の付け根」（29ページ）を支配しました。

その後、モンゴルから独立したモスクワ大公国（のちのロシア帝国）も勢力を拡大してきたため、ウクライナの地でポーランドと衝突することになりました。そこで、キエフを流れるドニエプル川を境にしてウクライナを東西に分割し、東側をロシア領、西側をポーランド領とします。ポーランドの影響を受けたウクライナ西部はいまも親西欧感情が強く、逆にウクライナ東部は親ロシア感情が強い。つまり、ウクライナ国内の東西対立はすでにここから始まっていたのです。

18世紀、女帝エカチェリーナのもとでロシア帝国がさらに拡大すると、ウクライナ東部だけでなく、ポーランド本体をも呑《の》みこみます。ロシアは黒海北岸の全域を手に入れ、黒海に突きだす**クリミア半島**に**軍港セヴァストーポリ**を建設し、西部ウクライナにも多くのロシア人が流れこんできたのです。この地域のロシア化が一気に進みました。

20世紀初頭、ロシア帝国が革命で崩壊するとポーランドは独立を回復しましたが、ウクライナには共産党の赤軍が侵入し、ソ連の一部にされてしまいます。ソ連の崩壊（１９９１年）まで、ウクライナは実質的にロシアの支配下におかれました。

ソ連共産党政権が狙っていたのは、穀倉《こくそう》地帯ウクライナの農作物と鉄鉱石採掘の利権です。１９３０年代にスターリンによって行なわれた農作物の強制徴発によって、ウクライナでは１０００万人以上の餓死者を出したといわれています。

ウクライナ人はこの強制徴発に強い憎悪を持ちつづけ、独立後にウクライナ国会は、「計画的な殺戮《さつりく》行為」との非難決議を採択しました。第二次世界大戦中には、侵攻してきたドイツ軍をソ連からの解放者として迎えたほど、ウクライナ人の反ロシア感情は根深いのです。

また、史上最悪の事故を起こしたチェルノブイリ原発は、ウクライナ北部にあります。ソ連は多くの負の遺産をウクライナに残しました。

国を二分する争い

ウクライナはいまだＥＵ加盟を果たしていません。これは二転三転する国内の政情不安が影響しています。

２００４年は、ポーランド、チェコ、スロバキア、ハンガリー、スロベニアといった旧共産圏諸国が正式にＥＵ加盟した年です。ウクライナでもＥＵ加盟とヨーロッパへの仲間入りを望む声が上がっていました。

この年の大統領選挙では**親欧米派のユーシェンコ**と**親ロシア派のヤヌコヴィッチ**が争い、いったんは親ロシア派ヤヌコヴィッチが勝利します。ところが選挙結果に不正があったということで騒乱が起こり、翌年の再投票では一転してユーシェンコが勝利、ＥＵ加盟の交渉を始めます。

この逆転勝利を西側メディアは「**オレンジ革命**」と称《たた》え、自由の勝利と喧伝《けんでん》しました。しかし「革命側」に資金を提供したのは、アメリカを代表するヘッジファンド（投資会社）のオーナーだったジョージ・ソロスの財

ヴィクトル・ユーシェンコ（1954－）　ヴィクトル・ヤヌコヴィッチ（1950－）
ジョージ・ソロス（1930－）　ウラジミル・プーチン（1952－）

ウクライナの分裂

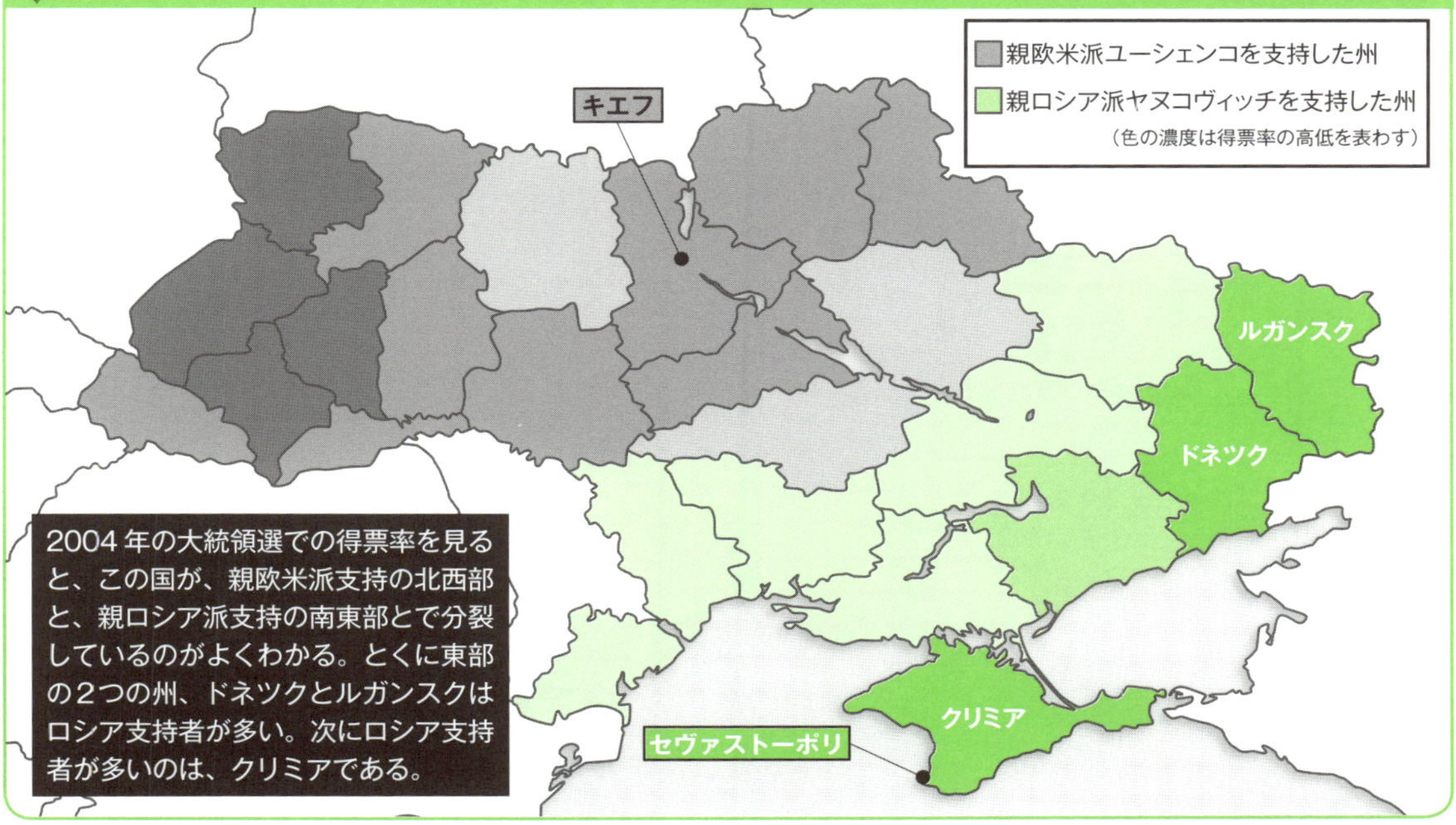
親欧米派ユーシェンコを支持した州
親ロシア派ヤヌコヴィッチを支持した州
（色の濃度は得票率の高低を表わす）
キエフ
ルガンスク
ドネツク
クリミア
セヴァストーポリ
2004年の大統領選での得票率を見ると、この国が、親欧米派支持の北西部と、親ロシア派支持の南東部とで分裂しているのがよくわかる。とくに東部の2つの州、ドネツクとルガンスクはロシア支持者が多い。次にロシア支持者が多いのは、クリミアである。

団だったことが明らかになっています。

ロシア大統領**プーチン**は反撃に出ます。ウクライナへの天然ガスの供給停止という経済制裁を発動したのです。その結果、２０１０年の大統領選挙では再びヤヌコヴィッチが勝利し、ＥＵ加盟の手続きを中断しました。これに抗議する親欧米派勢力が暴徒化し、ヤヌコヴィッチはロシアに亡命します。

親欧米派の政権が発足すると、**ロシア系住民が多いクリミアが住民投票を行ない、ウクライナからの独立とロシア連邦への加盟を宣言**しました。

キエフで会議するユーシェンコ（左）とソロス

クリミア半島駐留のウクライナ軍基地にロシア軍の特殊部隊と思《おぼ》しき武装勢力が現われ、ウクライナ軍を武装解除しています。

クリミアの先端に位置するセヴァストーポリを、黒海艦隊の拠点という軍事上の重要性からロシアがウクライナから有償で借りていましたが、ウクライナの親欧米政権はセヴァストーポリ軍港の返還をロシアに要求していたのです。

将来、**ウクライナがＮＡＴＯに加盟すれば、セヴァストーポリにアメリカ軍が駐留し、ロシアにとって重大な脅威**になります。これを阻止するため、プーチンが強硬手段に出たのが、「**クリミア併合**」の真相です。

街頭ビジョンに集まるセヴァストーポリ市民。プーチンが画面を通じてクリミア併合を説明した

Plate.18 ロシア④

皇帝プーチンの思惑こそすべて

ロシアは大統領個人の考えが政治的決断に直結する独裁国家である。日本にとって、独裁国家との交渉は危険をともなうが、その個人的心情を活用できるというメリットもある。さらにロシアとの関係改善は、中国へ対する強い外交カードとなる。

西欧への拒否感と強いユーラシア志向

現在のロシアの政策決定には、プーチンという最高権力者の思想が大きく影響しています。彼は冷徹な現実主義の政治家でありながら、民族主義的ロマンチストの一面を持ちあわせています。

そういった意味で、現在のロシアは**19世紀的な「帝国」と見てよい**でしょう。この国の本質を知るには、その「皇帝」の頭の中を知る必要があります。

ソ連末期のゴルバチョフやエリツィンといった指導者が「西欧派」であったのに対し、プーチンは「スラヴ派」に属するといわれてきました。彼は明らかに、ヨーロッパやイギリス、アメリカといった**西欧文明に対して敵対した姿勢**をとっており、西欧の資本主義や新自由主義がロシア民族の精神を堕落《だらく》させると考えているようです。

プーチンの理想とする世界は、**自由より秩序と公正を重視する「ユーラシア国家」**です。これは個人主義的な価値観を重視する「西欧」に対立する軸として位置づけられているのでしょう。彼の目標は、**ユーラシア大陸を代表する指導者となる**ことです。ですから、西欧以上に個人主義で、弱肉強食の社会である中国とは、価値観においても一致することはないのです。

ドイツとの蜜月《みつげつ》

プーチンが描く世界地図の中で、「ユーラシアの西の端」に位置するのがドイツです。1972年に西ドイツとの国交が回復して、本格的な経済交流が生まれます。1991年のソ連崩壊後、ドイツはロシアから大量の天然ガスと石油を輸入し、工業製品を輸出するようになりました。東西統一後の**ドイツの繁栄を地下資源で支えたのはロシア**といっても過言ではありません。

ドイツのシュレーダー首相は、NATOの同盟国であるアメリカが始めたイラク戦争に反対の意をとなえ、プーチンとの関係をいっそう深めました。彼は退任後、ロシア国営ガス会社ガスプロムの子会社に役員として「天下り」しています。

石油パイプラインはドイツ経済の生命線

このような異例の蜜月がもたらす両国の繁栄を、アメリカが指をくわえて眺めているはずもありません。「かつての戦犯国とかつての社会主義国が結託《けったく》するとは何ごとか」というわけです。

さて、**ロシアからドイツへエネルギーを運ぶパイプラインが通過しているのがウクライナ**です。ウクライナはパイプラインを自国に通す代わりに安価でガス供給を受けていました。ところが、ウクライナの欧米接近に反発したプーチンは、料金の大幅改定を通告。ウクライナが拒否すると、ガスの供給を停止しました。国内を通るパイプラインにはEU諸国向けのガスが供給されていますから、ウクライナはこれを引き抜きます。EU諸国への供給分は目減りし、EUでは、エネルギー価格が高騰してEU経済に大きな影響が出ました。ロシアとウクライナのいさかいは継続中で、ヨーロッパの火種となっているのです。

日本への接触は本気か

日本とロシアはいまだ第二次世界大戦後の平和条約を結んでいません。1956年に国交を回復した**日ソ共同宣言**では、平和条約を締結した際に「**2島（歯舞《はぼまい》諸島と色丹《しこたん》島）を引き渡す**」と謳《うた》われています。しかし日本は「**4島一括返還**」にこだわり、交渉を先に進めませんでした。

背後には、日本を従属国と見なすアメリカからの圧力があったと考えられます。日本が

ミハイル・ゴルバチョフ（1931 − ）　ボリス・エリツィン（1931 − 2007）
ゲアハルト・シュレーダー（1944 − ）　ドミトリー・メドヴェージェフ（1965 − ）

プーチンが描く世界地図

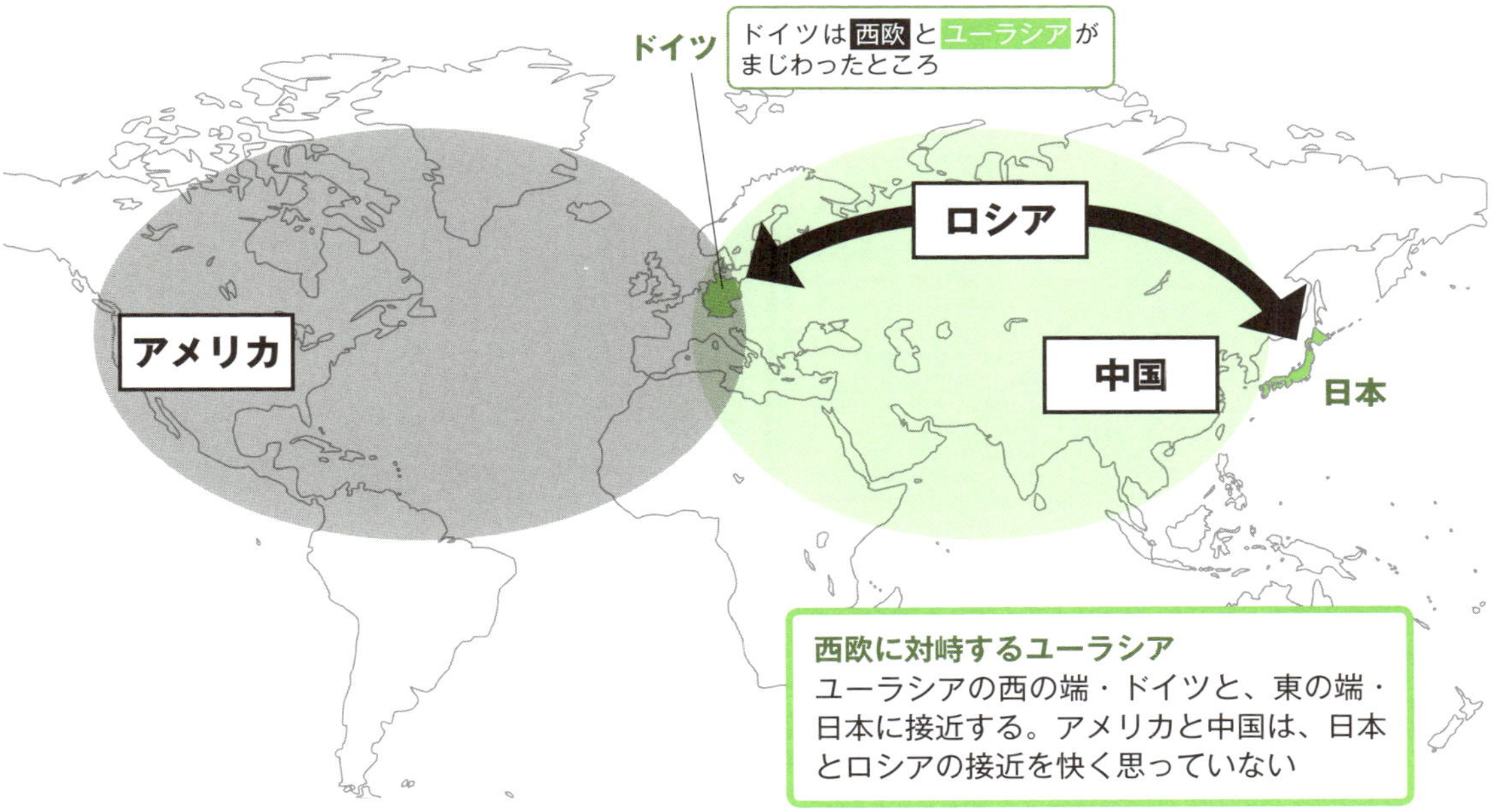
ドイツ
ドイツは西欧とユーラシアがまじわったところ
ロシア
アメリカ
中国
日本
西欧に対峙するユーラシア
ユーラシアの西の端・ドイツと、東の端・日本に接近する。アメリカと中国は、日本とロシアの接近を快く思っていない

ロシアと対等に自由な交渉をするには、なにより日本国の自主独立が確立されていなければなりません。それにはアメリカとの対等な関係が前提になります。

アメリカは日本をがっちりと抱えこんで手放しません。日本の国土はアメリカにとって太平洋戦略の要地だからです。日本とロシアの接近を恐れるもうひとつの国が中国ですが、この点でアメリカと中国の利害は一致しています。

ロシアから見れば、北方領土の一括返還に応じたら、そこに米軍基地をおかれてしまったというのでは、元《もと》も子もありません。交渉には用心に用心を重ねることになります。日本が対米従属を続けるかぎり、無条件の一括返還は難しいでしょう。

ロシアとの地道な交渉を続けていくには、日本の政権の強い姿勢が重要です。相手が弱体化したとみると、交渉ではなく実力行使で向かってくるのがロシアだからです。とくにプーチンは、相手国の政権担当者の資質をつぶさに観察しています。

たとえば、民主党の菅直人《かんなおと》政権が尖閣《せんかく》中国漁船衝突事件の事後処理で中国に配慮して船長を解放するや、プーチンの子飼いのメドヴェージェフ大統領が国後島《くなしり》に上陸しました。ロシア政権指導者による歴史上はじめての北方領土上陸です。北方領土返還がもっとも遠ざかった瞬間でもありました。

第二次安倍晋三政権になって、両国の距離は縮まっています。この機会をのがすと、進展はずっと先になるかもしれません。プーチンは独裁者ですが、それゆえ国内の反対を押さえこんで国家の重要事項を決めることができる人物なのです。

いまこそ日本へたびたび送られてきたラブコールの真意をしっかりと吟味する必要があります。ロシアとの関係をうまく利用することで、中国に対する牽制《けんせい》にもなりますし、アメリカに対等な関係を求める姿勢の表明にもなります。

柔道着姿のプーチン。柔道家・山下泰裕と親交を重ね、次女は日本史を専攻

40ページの写真 Pipeline Technology Journal より転載
41ページの写真 ©photoXpress／アフロ

Plate.19 モンゴル・中央アジア

権力の空白地は地政学上の中心

マッキンダーは、ユーラシア大陸の奥部を「ハートランド」と名づけ、世界の要地とした。この要地に含まれるのがモンゴルと中央アジア諸国である。とくにモンゴルは、ロシアと中国の双方と付かず離れずの絶妙なポジションをとっている。

ロシアはモンゴルの継承者？

プーチンの頭の中にあるのは、ユーラシア大陸の覇者の姿です。

この広大な大陸を最初に統一した民族は、モンゴル人です。モスクワもキプチャク・ハン国の支配下におかれ、フビライ・ハンをいただく元朝《げんちょう》は中国を支配し、中央アジアとイランの全域までもがモンゴル人によって支配されます。歴史上最大の帝国が13世紀のユーラシア大陸に現出したのでした。

ここからのちにロシア帝国が独立し、モンゴル支配は200年と少しで終わりますが、ロシアの地からモンゴル人がいなくなったわけではありません。残されたモンゴル人を統率するためにロシア皇帝は「ハンの継承者」であることを演出しました。クレムリン宮殿の名は、モンゴル語で「砦《とりで》」をあらわす「クリム」に由来し、イヴァン雷帝《らいてい》はモンゴル人のハンから譲位されるという演出をします。

また、ロシア皇帝に忠誠を誓い、ユーラシア大陸を横断して、シベリアにいたるその版《はん》図《と》を拡げた騎馬軍団（コサック）はモンゴル化したロシアの逃亡農民で構成されていました。ロシア発展の礎《いしずえ》は、モンゴル帝国だったのです。

ロシア帝国の版図拡大に活躍したコサック騎兵

中・露の緩衝《かんしょう》地帯となるモンゴル

かつてのモンゴル帝国は、中国とロシアに侵食され、モンゴル高原だけの国家になりました。1924年、ソ連に次ぐ社会主義国として建設されたのがモンゴル人民共和国です。南モンゴル（内モンゴル）は中華民国に呑みこまれましたが、北モンゴル（外モンゴル）がソ連の支援を受けて独立したのです。

地図を見てのとおり、モンゴルは中国とロシアの2大国に挟まれた内陸国家です。しかし、モンゴルの人口は300万人ほどしかありません。中国がその気になって中国人をどんどん送りこんできたら、モンゴル人の人口比はたちまち過半数を割るでしょう。この国が移民の受け入れを認めた瞬間、モンゴルはモンゴルでなくなります。

ただ現実には、中国とロシアの両国がこれ以上の対立を避けるための緩衝地帯の役目を果たしています。モンゴルは、みずからの地政学的条件をよく理解して、うまく立ちまわっているのです。

NATOをおびやかすランドパワー同盟

ロシアはいま、かつて東欧諸国と結んでいたワルシャワ条約機構に代わる同盟関係をアジア諸国と結んでいます。それが上海協力機構（SCO）です。ロシアの戦略対象はヨーロッパからアジアにシフトしています。

SCOは2001年、中国、ロシア、カザフスタン、キルギス、タジキスタンの上海ファイブにウズベキスタンが加わって結成されました。ランドパワー2大国に中央アジアの4カ国が加わった本格的なランドパワー同盟です。これら加盟国の領域は、マッキンダーのいう「ハートランド」を完全に含んでいます。

日本のメディアはSCOを過小評価してきましたが、この「反欧米同盟（反NATO同盟）」は明らかな軍事同盟で、共同軍事演習も行なっています。

そして近年になって、驚くべき拡大を見せています。犬猿の仲とされるインドとパキスタンが2015年にそろって加盟に向けた調整を行なうことが決まり、さらにイランとトルコが正式加盟を求めているところです。

上海協力機構は新たなランドパワー同盟

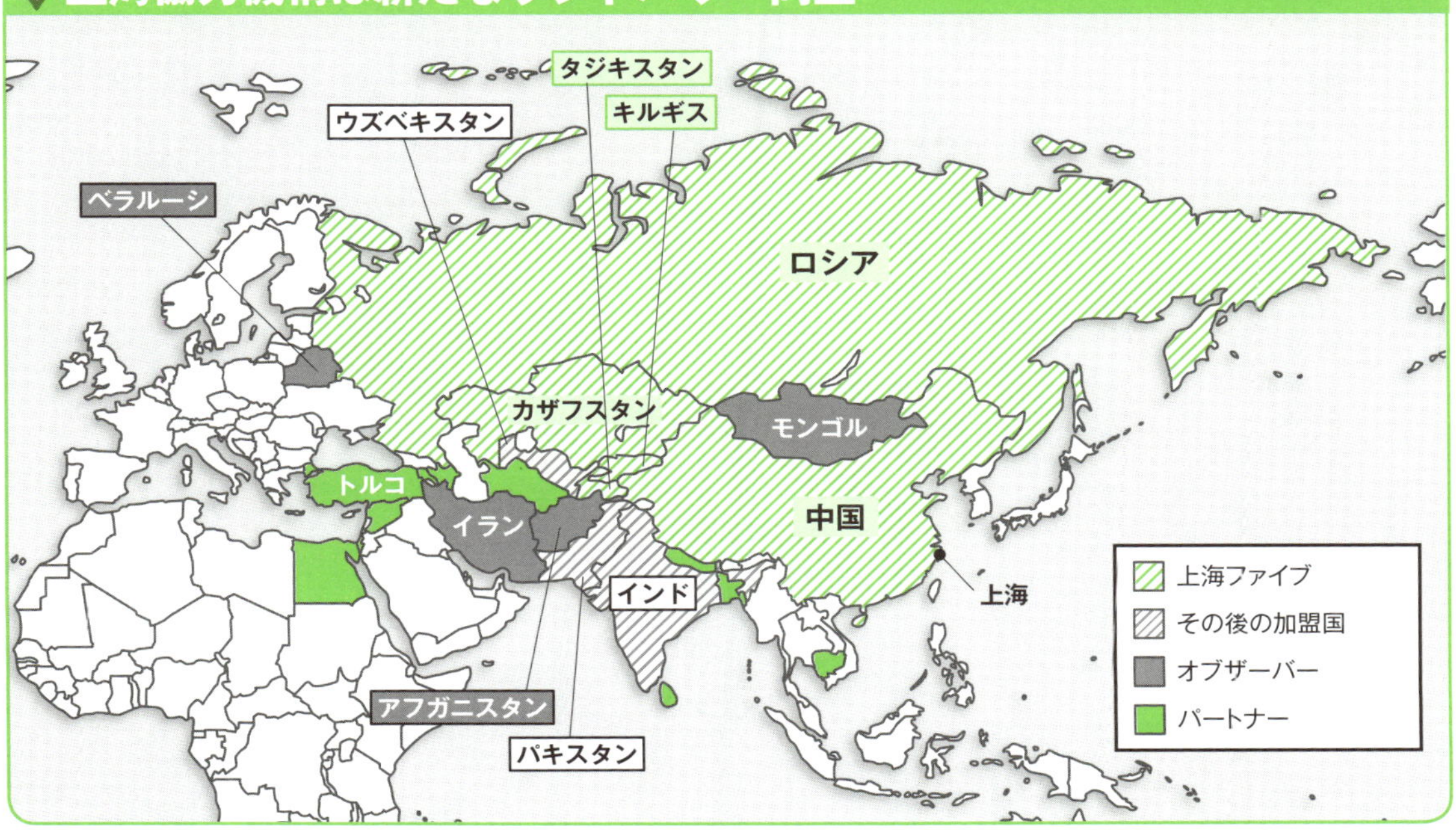

インド洋・太平洋の権益を守れ

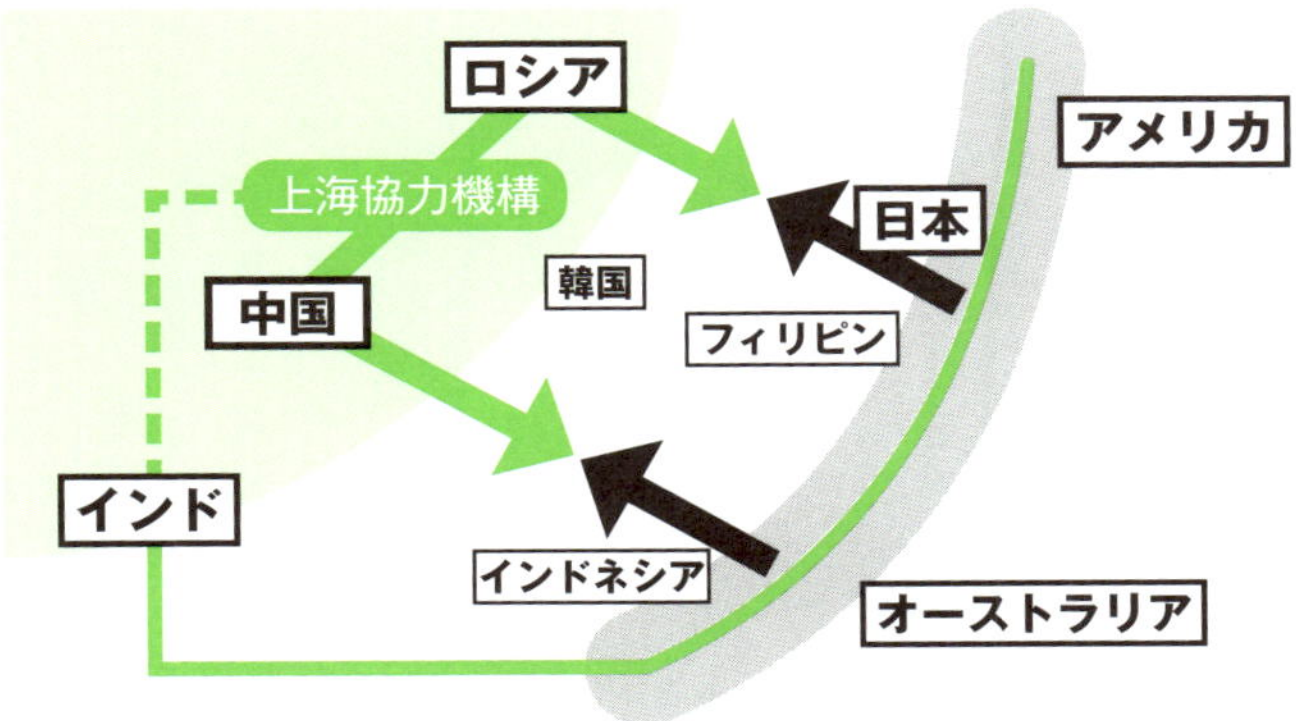

上海協力機構は、反ＮＡＴＯ同盟であると同時に、インド洋・太平洋上のシーパワー諸国とも対立する存在である。強大化するランドパワー同盟に対するシーパワー同盟の再構築が必要

の４カ国が加わって10カ国の同盟が形成されたら、西側諸国にとって大きな脅威になるでしょう。

もっとも、それだけ大所帯になると加盟国のあいだで綱引きが行なわれるようになります。イランのあつかいをめぐってロシアと中国の対立が起こったと報道されています。

中央アジア諸国の地政学上の重要性を認知しているのは、アメリカも同じです。９・11以降は、この地域を対テロ戦争の軍事拠点にするということで、キルギスとウズベキスタンが米軍駐留を認めました。これは、ロシアと中国にとって「**裏庭**」に踏みこまれたようなものでした。

２０１６年９月２日に、ウズベキスタンで25年にわたる独裁政権を強いた**カリモフ**大統領が病死しました。中央アジアの指導者は旧共産党系の独裁者が多く、強権でイスラム過激派を押さえこんできました。独裁政権の崩壊と民主化がイスラム過激派の台頭をまねきやすいのは、アラブ諸国と同じです。

一方、モンゴルはオブザーバー参加のままで、ＳＣＯへの正式加盟に踏みきっていません。日本やアメリカなどとも関係を深めてバランスをとっているのです。

安倍首相は、モンゴルのエルベグドルジ大統領とすでに９回も会談しています（２０１６年７月時点）。この国の地政学的重要性をよく認知した政策として高く評価できます。

42ページの写真 ©The Granger Collection ／ amanaimages

Plate.20 中国①

中華というランドパワーの限界

中国の歴史は、北方民族による侵略が繰りかえされた歴史でもある。その度重なる戦いを経験してランドパワー大国となったが、北方の脅威は遊牧民からロシアへと変わった。これが中国の地政学的条件である。

「中華民族」の正体

「中国」とは、世界の中心地の意を表わしています。また「中華」は、この地域で生みだされた文明世界に対する美称です。具体的には漢字・漢文が用いられる地域であり、その中核にあるのが「漢人《かんじん》（狭い意味での中国人）」です。

北方の蛮族（北狄《ほくてき》）や西方の蛮族（西戎《せいじゅう》）がたびたびこの地を征服し、王朝を築いてきました。しかし、文化的には中華文明に圧倒され、彼らも「中華」になっていったのです。とくに秦《しん》の始皇《しこう》帝から清朝最後の宣統《せんとう》帝まで約2000年続いた中華帝国のうち、約半分の期間が、鮮卑《せんぴ》人、モンゴル人、女真《じょしん》人（満《まん》州《しゅう》人）など異民族による支配でした。

中国共産党政権は、この「中華」概念を「民族」概念にすり替えました。漢族・モンゴル族・チベット族・ウイグル族・満州族・朝鮮族などのすべてが「中華民族」だというのです。中国の学校では、「元《げん》のフビライ・ハンも、清のヌルハチも、中国人」と教えています。

「四夷《しい》（東西南北の蛮族）を開化（文明化）させる」のが中華思想の本質です。この思想が、帝国主義的な野望と結びつくとき、際限なき膨張と少数民族への抑圧を正当化することになります。つまり、「ザ・ランドパワー」帝国のイデオロギーに転化するのです。

万里の長城。現在残るのは明代のもの

遊牧民との果てしない戦い

古代の中国をおびやかしていたのは、もっぱら北方から侵攻してくる遊牧民族でした。彼らは牧羊だけでは人口を維持できず、収穫期になると、南の農耕地帯で略奪を繰りかえしたのです。

遊牧民族国家は「ハートランド」を拠点とするランドパワーです。中国がランドパワー大国へと至る歴史は、北方民族との果てしない戦いの中で形づくられていったと考えてよいでしょう。

中国にとって最初の大きな敵が、匈奴《きょうど》でした。紀元前3世紀、秦は匈奴の攻撃から国土を守るために防護壁を建設しました。万里《ばんり》の長城《ちょうじょう》です。すでに部分的な城壁は存在していましたが、始皇帝がこれを一本につなげて長大なものとします。

しかし、8000キロ以上に及ぶといわれる城壁の全面に訓練された軍隊を貼りつかせるわけにもいきません。敵がその気になれば、やすやすと突破されます。土木事業と度重なる戦闘が王朝の財政を悪化させました。対匈奴政策が財政的な疲弊《ひへい》をまねいた秦は、国内で起こった反乱がもととなって、匈奴よりも先に滅んでしまいました。

次の漢王朝がやはり財政難で崩壊したあと、北中国を遊牧民の鮮卑《せんぴ》が支配します。隋・唐王朝も実は鮮卑系の王朝で、のちの金、元、清はいずれも北方民族による征服王朝でした。

周辺民族を買収して、懐柔《かいじゅう》する

漢人は、周辺民族を懐柔する方法を編《あ》みだしました。ひとつは、中国皇帝の皇女を相手の妃《きさき》として与えるやり方です。もうひとつは、朝貢《ちょうこう》させ、見返りに臣下として任命（冊封《さくほう》）し、将軍の称号や下賜《かし》品（お返し）を与えるやり方です。

「冊封《さくほう》」をわかりやすくいえば「買収」です。かつての朝鮮や琉球《りゅうきゅう》、日本の室町幕府も中華皇帝の臣下でしたが、頭さえ下げていれば、権力のお墨つきが得られ、大きな経済的恩恵を受けることができました。

中国はいまも、アフリカ、東南アジア、中央アジアなどの発展途上国の指導者へ賄賂《わいろ》や経済的援助、あるいは軍事援助を与えることで影響力の拡大を試みています。その姿は、古代から何も変わっていないのを痛感させられます。日本がＯＤＡ（政府開発援助）で途上国に援助するときは、このような「下心」

始皇帝（前259－前210）

古代の「中華」

古代の「中華」の領域は中華人民共和国よりずっと小さかった。秦の始皇帝が統一したときの領土はいまの4分の1である。以後、周辺民族を征服、同化して中国は膨張した

中国をおびやかす周辺民族

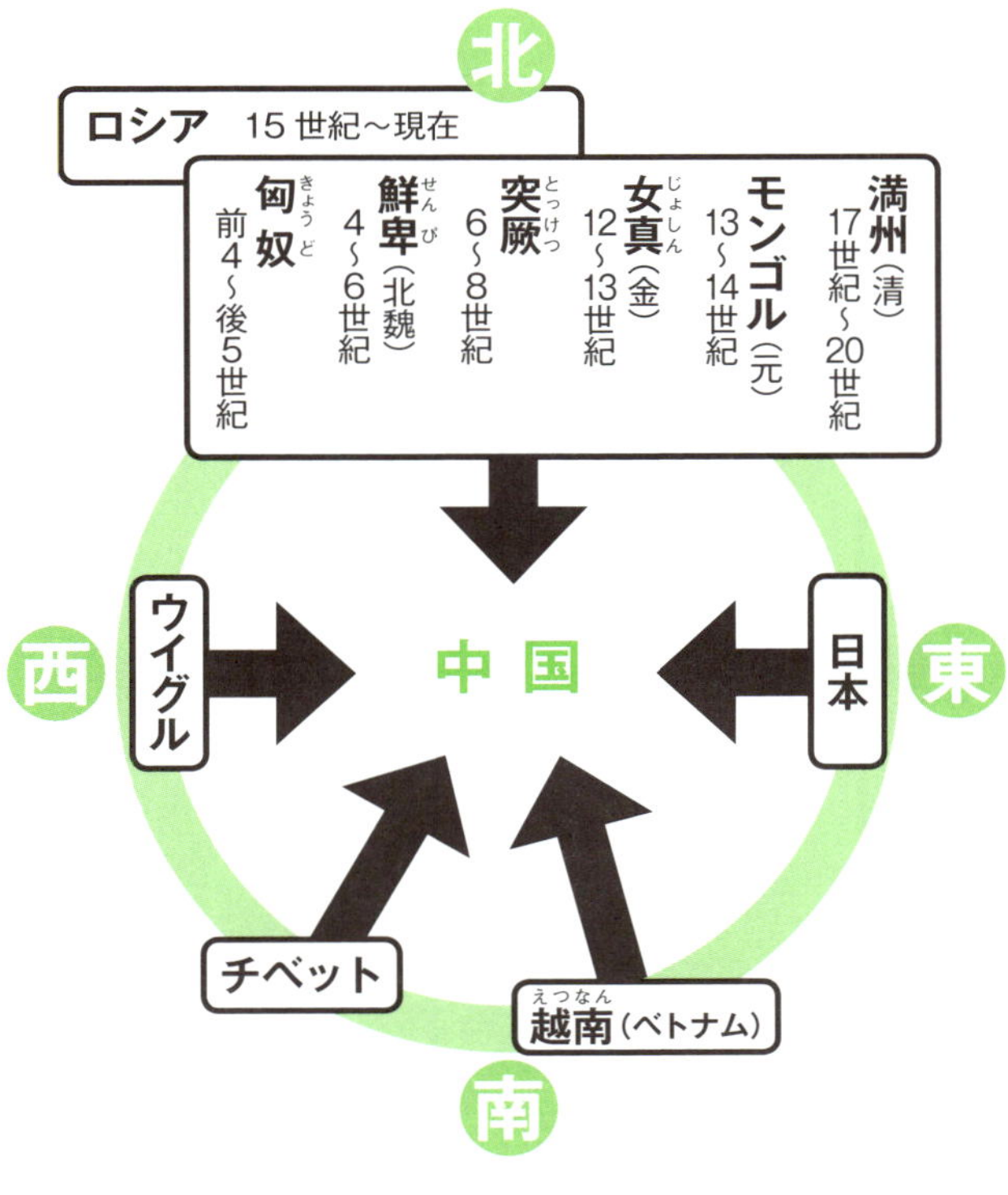

中華をとりまく「四夷《しい》」：北狄《ほくてき》、西戎《せいじゅう》、南蛮《なんばん》、東夷《とうい》
とくに北からの脅威はとぎれることがない

はほとんどありません。「中国式」のひも付き援助は、北京《ぺきん》に本部を置く**アジアインフラ投資銀行（AIIB）**の設立により、今後さらに拡大しそうです。

永遠に続く「北狄《ほくてき》」と「西戎《せいじゅう》」の脅威

中国が北方からの侵入を受けるのは構造的な問題、つまり地政学上の問題です。ロシアもそうですが、ランドパワーの大国は、辺境の敵がもたらす脅威から解放されることがありません。

同じ問題は、現代の中国にも引きつがれています。海上進出を進めたい中国にとって、背後にひかえる**プーチンのロシアは最大の潜在的脅威**ですし、西方では**チベット人やウイグル人の反抗**が続いています。これらの地域は、中国が領土的野心にかられて膨張しすぎた結果、抱えこんだもので、「自業自得」ともいえます。

Plate.21 中国②

北虜南倭《ほくりょなんわ》の猛威にさらされる

中国ほど長大な防衛線を持つ国は他にないだろう。北方の国境は遊牧民やロシアと接し、国土の西部ではウイグル系の民族が抵抗を続けている。19世紀以降は、東南部の海岸線がシーパワー大国イギリスのターゲットとなった。

海洋は眼中になかった

長江流域（江南《こうなん》）の**越人《えつじん》**と呼ばれた稲作民族は、古代より海に親しみ、日本列島に稲作を伝えたりしました。しかし、中華帝国を建設したのは、遊牧民の騎馬戦法をとりいれた黄河《こうが》流域の畑作民族でした。秦の始皇帝が越人たちを制圧したことで、この国はランドパワー帝国になったのです。

あの孫子《そんし》の兵法にも、海戦は論じられていません。日本列島に侵攻したのは、異民族王朝の元だけでした。台湾は17世紀に清朝に併合されたあとも、「**化外《けがい》の地（文明化された中華の外にある地）**」として放置されていましたし、**ランドパワーの中華帝国は、ほとんど海洋に無関心**でした。

明《みん》を建てた洪武《こうぶ》帝が出した政策が**海禁令《かいきんれい》**でした。「小さな板一枚、浮かべるな」と命じます。反対勢力の資金源である密貿易を絶つためです。中国はあくまでもシーパワーを無視しました。

漢民族をおびやかす海洋の敵

漢人の王朝である明の時代になって、新たな敵が現われます。東シナ海沿岸部を席捲《けん》した「**倭寇《わこう》**」です。倭寇といっても日本人は少数で、むしろその多くが中国江南の沿岸部に住み、日本などとの密貿易に従事する武装商人たちでした。

明は元朝の子孫であるモンゴル人との戦いに忙殺され、沿海部まで完全に掌握しきれなかったのです。このころ、「**北虜南倭《ほくりょなんわ》**」という語が出てきます。**漢民族をおびやかす2つの敵は北のモンゴルと南の倭寇**だという意です。

モンゴルとチベットを征服する

清の時代にもシーパワー江南の反乱は続きます（鄭成功《せいこう》の反乱、三藩《さんぱん》の乱）。清朝の大軍がその平定に向かった隙《すき》を突いて、北方から満州へ入ってきたのがロシアでした。隣国の窮地につけこんで領土を広げるのがロシアの習性です。**ネルチンスク条約**（1689年）で、清朝はロシアとはじめて国境の画定を行ないます。

さらに清は、最後の遊牧帝国と呼ばれる**ジュンガル**との戦いを繰りかえし、しだいにその領土を奪っていきました。1696年に**外モンゴル**、1720年には**チベット**を保護国（藩部）として編入し、1755年、ついにジュンガルを滅ぼし、その旧地を「**新疆《しんきょう》（新しい領土）**」と名づけます（現在の新疆ウイグル自治区）。

しかし皮肉なことに、**ジュンガルという緩衝地帯を失ったことで、清は世界最大のランドパワーであるロシアと長大な国境を接する**ことになりました。

「鎮遠《ちんえん》」の勇姿。清の最新鋭戦艦だったが、日清戦争に敗れ、日本海軍に奪われた

海外のシーパワーに圧倒される

ランドパワーの覇者の地位を謳歌《おうか》していた清の国運を傾けたのは、南シナ海に来航したシーパワーの列強たちでした。1840年からの**アヘン戦争**でイギリス軍、1856年からの**アロー戦争**でイギリスとフランスの連合軍に大敗します。

ここでもロシアは、清朝の窮地に乗じて領土を奪っています。アロー戦争の後始末である**北京条約**を仲介し、「手数料」として日本

明代と清代、そして現在の「北虜南倭」

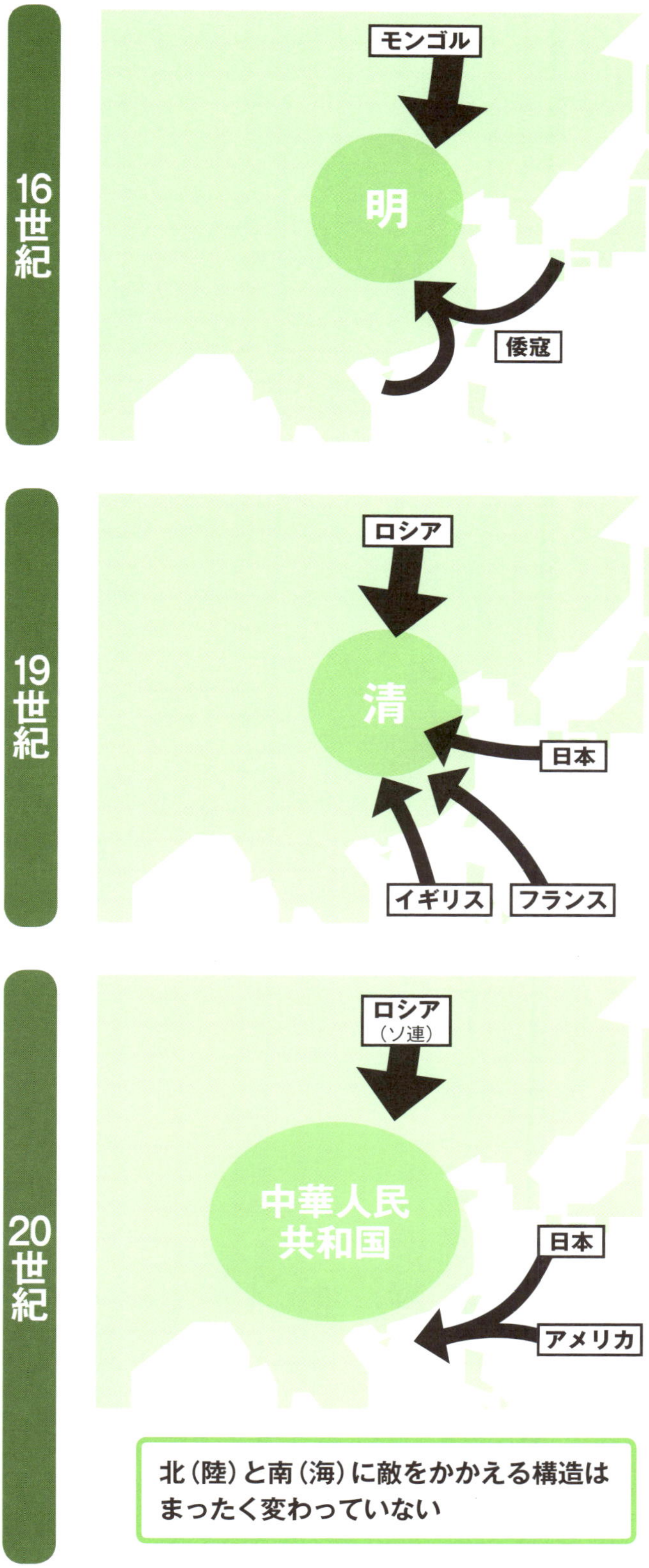

中国海軍を近代化した李鴻章

海に面する**沿海州**《えんかいしゅう》を手に入れ、ウラジヴォストークを建設したのです。中国人は、このときのロシアのふるまいをいまも忘れていません。

こうして、明代の「北虜《ほくりょ》」はロシアに替《か》わり、「南《なん》倭《わ》」がイギリスなどの西欧のシーパワーに替わりましたが、中国をめぐる陸と海の敵対関係は同じです。地政学的条件というものは、時代を超えて不変だからです。これが地政学のおもしろいところです。

イギリスの次に登場した新興のシーパワーが日本です。日本は１８６８年に明治維新を断行すると、イギリスをモデルに海軍力を増強し、台湾出兵（１８７４年）、朝鮮を開国させた江華島《こうかとう》事件（１８７５年）と存在感を示してきます。

危機感をおぼえた清朝では、「**海防派**《かいほう》**（シーパワー派）**」の**李鴻章**《りこうしょう》を中心に**北洋艦隊**《ほくよう》を組織し、ドイツから最新鋭の戦艦を導入しますが、日清戦争（１８９４−９５年）で潰滅《かいめつ》してしまいます。清朝は、国力だけでなく、その威信をもすっかり喪失しました。

Plate.22 中国③

毛沢東《もうたくとう》のランドパワー至上主義

第二次世界大戦後、共産党が国民党との内戦に勝利すると、ウイグル、チベットなど清朝の版図《はんと》を回復した。毛沢東は典型的なランドパワー型の政治家であり、その「主敵」はソ連だった。しかし、その巧みな外交手腕とは逆に、内政は心もとないものだった。

結局、ランドパワーはランドパワー

清の時代、海防派（シーパワー派）と勢力を二分したのが、「塞防《さいぼう》派（ランドパワー派）」でした。

新疆《しんきょう》を手に入れたことで、この地に住むウイグル人などイスラム教徒の反乱に直面することとなりました。また、これに乗じてロシアが隙をうかがっていました。このような西北方面の脅威への対応が先決であって、遠路はるばるやってくるシーパワーに対応する余裕などない、というのが彼らの考えでした。

その後、第二次世界大戦によって、日本の軍事力は完全に破壊され、イギリスやフランスも植民地独立で急速に衰退していました。世界でシーパワー大国といえるのはアメリカだけという状態になりましたが、脆弱《ぜいじゃく》な中国海軍がアメリカ第7艦隊に対抗するのは不可能でした。

ランドパワー至上主義をつらぬくという選択は、大きなデメリットをともないます。それは、積極的な貿易によって得られる経済的メリットを放棄することを意味していたからです。

1949年、中華人民共和国を建国、仇敵《きゅうてき》である蔣介石《しょうかいせき》を追いやった毛沢東は、ソ連型のランドパワー政権を樹立します。米・英の資本と結託して懐《ふところ》を肥やしてきた蔣介石の国民党政権は、中国農民の支持を得られず、共産党との内戦に敗れて島国台湾にのがれ、シーパワー政権を細々と維持します。

農本《のうほん》主義の現実

毛沢東は、それでもランドパワー政権の基礎である農本主義をつらぬこうとしました。「耕す者にその田あり」というのは孟子《もうし》以来の伝統的な考え方で、近代では太平天国《たいへいてんごく》の指導者・洪秀全《こうしゅうぜん》や孫文《そんぶん》が提唱した理想社会の実現をめざします。

ところが、中国経済の現実を無視した「大躍進政策」は無残な失敗に終わり、中ソ論争の結果、唯一の支援国であったソ連からの援助も停止します。毛沢東の理想はもろくも崩れ、数千万人もの餓死者を出したうえ、責任問題から中国共産党は分裂し、「文化大革命」と称するすさまじい権力闘争を引きおこします。

毛沢東は、統制経済で資本の循環を押さえつけました。そのため、国内で中央や地方になう共産党幹部にとって、彼らが握っている許認可権そのものが財をもたらします。すなわち、横領や賄賂《わいろ》などの不正手段による蓄財が横行したのです。中国共産党政権の経済統制が、内側に「公権力の腐敗」という大きなテーマをかかえこむこととなったのです。この問題は次の鄧小平《とうしょうへい》の時代に、ますます深刻化していきます。

大躍進政策に駆りだされる農民たち

すべての隣接国と戦争を起こしている

食糧政策の失敗から目をそむけるようにして引きおこされたのが、多くの戦争でした。1911年に清で辛亥《しんがい》革命が起こり、孫文らによって漢人国家中華民国が建国されたとき、異民族である外モンゴルとチベットも独立しました。外モンゴルは、ソ連の保護のもと、モンゴル人民共和国を建設します。チベットは事実上、イギリスの保護下にありましたが、英領インドの独立（1947年）にともないイギリスがチベットからも手を引いたことで、軍事的空白が生まれていました。

チベットの北の新疆は、さらに混迷を深めます。清朝末期から何度もイスラム教徒が反乱を起こしており、中華民国建国後は、この地をめぐって中国やソ連と暗闘を繰りひろげます。1930—40年代には、ウイグル人

毛沢東（1893 － 1976）　蔣介石（1887 － 1975）
孫文（1886 － 1925）

ランドパワー大国の伝統的な拡大

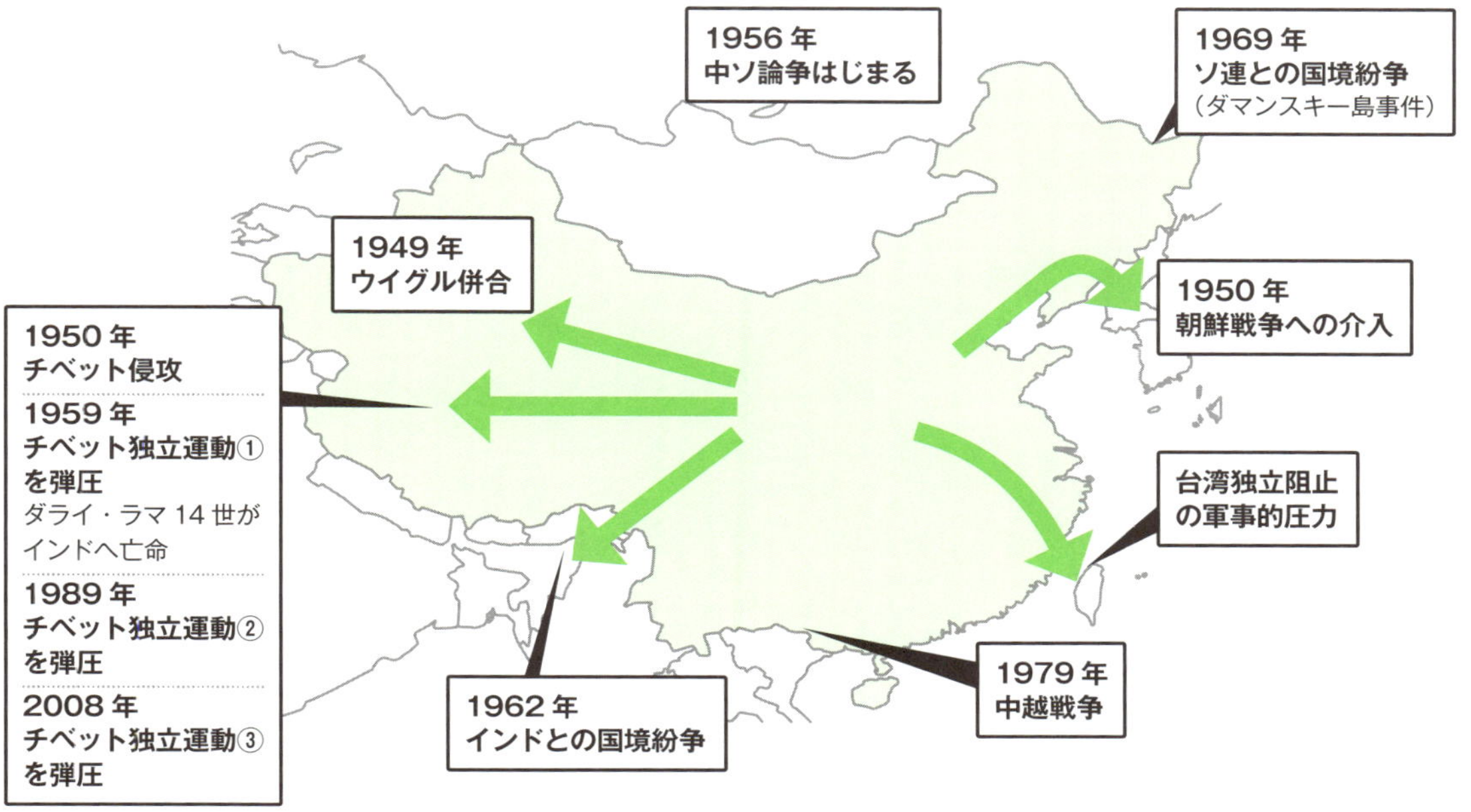

北京オリンピック反対のデモ。5つの輪を手錠で表現している。オリンピックが開催された2008年に中国はチベット独立運動を弾圧した

の独立国家である**東トルキスタン共和国**が2度にわたって独立宣言しましたが、ソ連の了解を得た中国共産党軍の攻撃によって征服されてしまいます。

中国共産党政権はチベットにも軍を送り、はじめて領土に加えます。これにより、**外モンゴルを除いて清の時代の最大版図を再現した**のです。チベットの指導者**ダライ・ラマ14世**の亡命を受けいれたインドに対しては、イギリスが引いた国境線の無効を宣言して攻めこみ（1962年、中印国境紛争）、この問題はいまも未解決のままです。

中国共産党は、**本来の敵であるソ連と対立**するようになりました。ソ連の核軍備に対抗するため、1964年に原爆実験、1967に水爆実験を成功させます。中ソ国境では数十万人規模の軍隊がにらみあい、国境が未確定であったウスリー江の中州「珍宝《ちんぽう》島（ダマンスキー島）」で武力衝突が起こります（35ページ）。

さらに1979年には、ベトナム軍がカンボジアに介入したことを口実に、**中越《ちゅうえつ》戦争**を引きおこします。ベトナム戦争中はアメリカと戦うベトナムを支援していた中国ですが、勝利したベトナムがソ連に接近すると、攻撃に転じたのでした。もっともベトナム人の粘り強い抵抗にあい、退却させられてしまいます。

中国の脅威はいまに始まったわけではありません。彼らは近年急激に変質したのではなく、**建国当初より領土拡大の野心を必ず実現に移しており、地域覇権へ向けて邁進《まいしん》するランドパワー大国の伝統的な姿を見せつづけてきました**。国際政治のリアリズムを見失った戦後の日本人は、「日中友好」の甘い言葉に踊らされ、その真の姿を直視できていなかったにすぎません。

中越戦争。ベトナム軍の抵抗

Plate.23 中国④

シーパワー大国化へ舵《かじ》を切る

ロシアとの対立関係が一段落したことで、中国の野心は本格的に海洋へと向きはじめた。いよいよシーパワー諸国と対峙《たいじ》するのである。本丸はアメリカだ。彼らの目的が実現される過程では、日本の安全も大きな危機に晒《さら》される。

アメリカと日本への接近

ソ連の脅威に対抗するために晩年の毛沢東がとった選択は、シーパワー諸国との連携でした。ベトナム戦争の泥沼化に苦しんでいたアメリカのニクソン政権は、中国と手を結ぶことでベトナムに圧力をかけようと画策します。米・中の急接近を背景に、1971年、中華人民共和国が国連代表権承認され、中華民国（台湾）は国連を脱退します。

翌年のニクソン訪中を後押ししたのは、アメリカの財界でした。アメリカは中国の巨大市場を狙っていました。日中戦争に首をつっこんできたのも同じ理由です。共産党政権による中国統一でアメリカの野望は挫《くじ》かれたままでしたが、ニクソン訪中により、ようやく念願の中国本土進出にありつけたわけです。

ニクソンのあとを追うように、日本の田中角栄首相も北京を訪問し、日中国交正常化の共同声明を行ないます。こうして中国は、アメリカや日本といったシーパワーの大国からの承認をとりつけたのでした。

鄧小平《とうしょうへい》は、アメリカや日本から資本を誘致し、経済発展を最優先させて、ソ連の脅威に対抗しようと考えます。ソ連でも80年代末にゴルバチョフ政権が同じことを試みますが、急激な市場経済導入が社会不安をまねき、1991年にソ連は解体してしまいます。

国際関係の激変は、中国共産党内部の力関係を一変させました。主敵をアメリカとする毛沢東夫人の江青《こうせい》ら「文革派（ランドパワー派）」が失脚し、主敵をソ連とする鄧小平《とうしょうへい》ら「実権派（シーパワー派）」が権力を握ったのです。

南シナ海から、次のターゲットへ

1990年代、ソ連の解体と新生ロシア（エリツィン政権）の混乱で、「北の脅威」は軽減されました。外資導入で驚異的な経済成長を続ける中国は、海洋進出に乗りだすのです。

このとき、清の北洋艦隊以来の遠洋艦隊創設を鄧小平に提案したのが、海軍司令官の劉《りゅう》華清《かせい》です。「列島線」の概念を創案した人物でもあります。

東シナ海は、日本の九州、沖縄を含む南西《なんせい》諸島、台湾などによって完全に閉じられています。尖閣《せんかく》諸島沿海に何度も中国漁船が侵犯し、また「沖ノ鳥島《おきのとりしま》は島ではなく岩礁《がんしょう》だ」と主張してきたのも、ただ反日感情からくる嫌がらせではなく、壮大な野望を実現するための地固《じがた》めなのです。

南シナ海の南沙《なんさ》諸島の占拠と要塞化ばかりがとりあげられていますが、中国海軍の次なる目的は、劉華清が論じたように「第一列島線を防衛ラインとして太平洋に進出する」ことです。そして、アメリカと対等な関係をつくるための足がかりをつくることです。

沖縄の重要な地政学上位置

中国の「列島線」構想は、沖縄とグアムに基地を持つ覇権国家アメリカの世界戦略とぶつかります。アメリカは、日中間の領土問題には一貫して不介入の立場です。しかし日米安保条約は、「日本国の施政の下にある領域は防衛対象」と定めています。日本政府からの度重なる要請を受けたオバマ政権は、ようやく「尖閣は日米安保条約の適用範囲である」と明言しました。これは「日中紛争は米中戦争になりうる」というメッセージです。中国の覇権奪取の野望をはっきりと認識したからでしょう。

中国があらためて沖縄の米軍基地をターゲットにしたことで、ロシア、インド、日本といった地政学上の中国包囲網に、アメリカが加わることになりました。国内に火種をくすぶらせながら周囲にこれだけの敵をつくってしまったのが、習近平《しゅうきんぺい》です。

ドイツがいい例ですが、伝統的なランドパワーが、海洋に打って出て成功した例はありません。

沖縄の米軍基地反対運動

鄧小平（1904 − 1997）　劉華清（1916 − 2011）　習近平（1953 − ）

中国の次の一手に注視する必要があります。

中国からすれば直接軍事行動に出ても勝ち目がありませんから、機が熟すまでは敵を分断する作戦に出てくるでしょう。

たとえば、「日本軍が中国大陸でいかに残虐な行為をしたか」を喧伝して日本国民の国防への熱意を挫き、「米軍基地がいかに不当か」と訴えて沖縄県民の反基地感情に火をつけることなどが考えられます。

独立国家は自国の防衛に責任を持つべきで、外国の軍事基地の存在をいつまでも許している現状は変えるべきです。しかし、**日米安保と沖縄米軍基地の存在が、中国軍の行動を自制させる最大の抑止力となっている**のも事実です。感情的な反米、反基地運動に踊らされることなく、リアリズムにもとづく基地問題への取り組みが必要です。

西太平洋の覇権を握るため、中国が狙う3つのこと

1. 台湾を領有し、軍港をつくる。
2. 日本から米軍第7艦隊を撤収させる。
3. 沖縄を独立させて、中国軍を駐留させる。

日本がとるべきもうひとつの対処法は、**南シナ海の問題を座視せず、あらゆる場面で中国の不当性を訴えつづける**ことです。

一方の紛争状態を長引かせ、終着させなければ、もう一方のターゲットに容易に集中させないという当面の予防策となります。

南シナ海はまた、中東から石油を積んで日本へ向かうタンカーが航行するシーレーンです。この海域を中国海軍が遊弋《ゆうよく》して航行の自由を制限することは、日本の安全を直接おびやかします。

さらに、水深の深い南シナ海に中国海軍の原子力潜水艦が潜航すれば、米軍の対潜哨戒機《たいせんしょうかいき》でも探知できません。中国が潜水艦発射弾道ミサイルを大量に配備すれば、アメリカ本土が危険に晒されます。よって**日・米は、南シナ海問題でも連携できる**のです。

日本は、中国側の心理を読み、その手の内を想定し、毅然《きぜん》とした対応策を準備しておかなくてはなりません。

中国の「九段線《きゅうだん》」「第一列島線」「第二列島線」

九段線は、南シナ海を領有するための9本の破線で、第一列島線の一部とほぼ重なっている

第3編

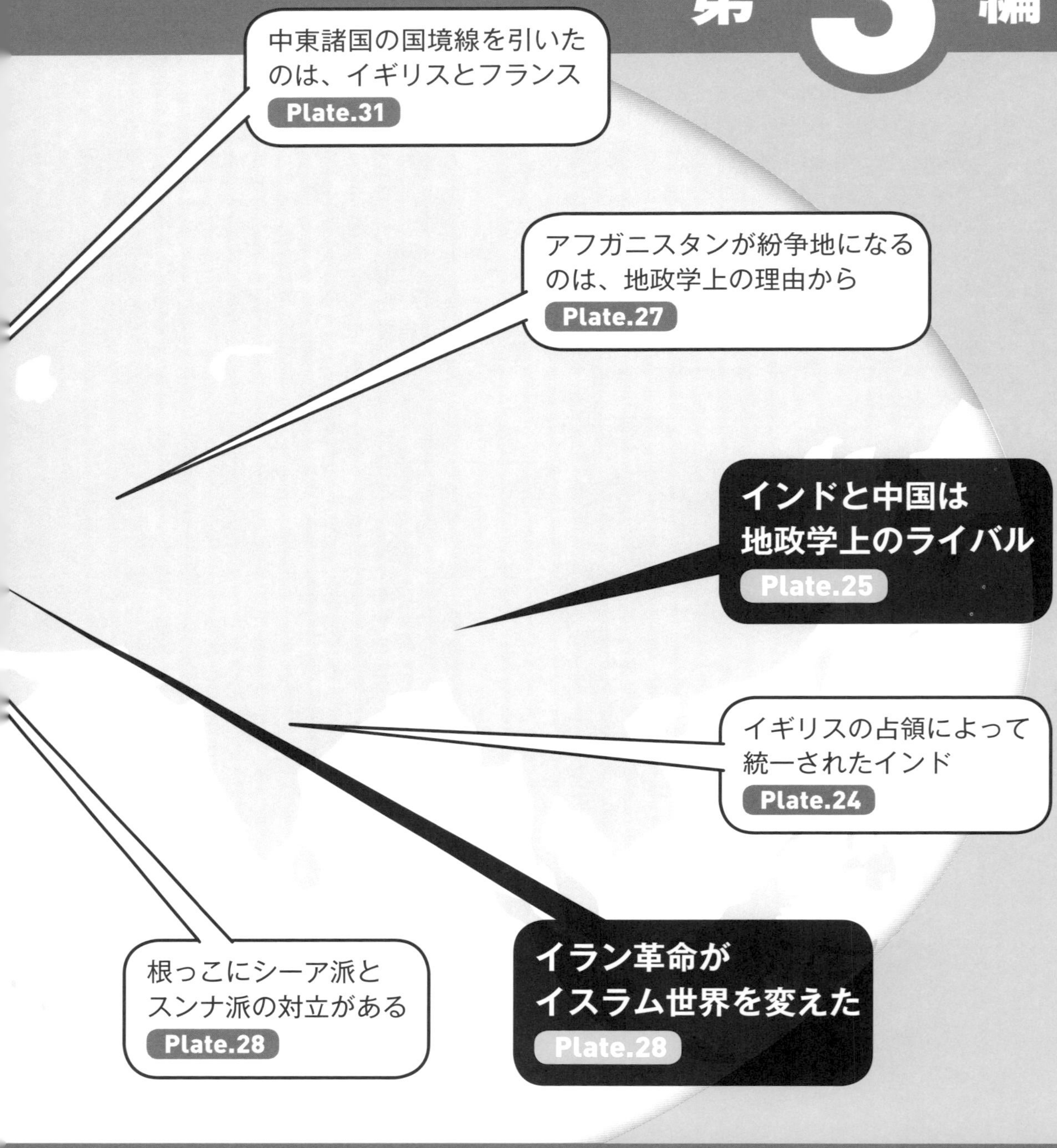

インドと中東は、欧米やロシアなどの大国によって争奪の場とされてきた。大国の支配が残した爪あとによって、いまも縛られている。その呪縛に抵抗する光として登場したのが、イスラム原理主義である。

西欧化を進めても、西欧に入れないトルコ
Plate.30

欧米の脅威となるトルコとロシアの接近
Plate.30

イギリスはユダヤ系金融資本と結び、イスラエル建国を約束した
Plate.34

アメリカは政権によって、イスラエル支持・不支持を変えている
Plate.35

ソ連の力を借りて、イギリスを追いだす
Plate.32

サダム・フセインが倒れて IS が生まれた
Plate.33

アラブ民族主義は、イスラム原理主義と対立する
Plate.33

欧米による覇権の歴史を揺るがすアジア

Plate.24 インド①

分裂国家に生まれたナショナリズム

さまざまな宗教や地域性の利害が対立し、億単位の人口をかかえるインドは、「国」ではなく、ひとつの「世界」だった。それがイギリスの植民地を経てはじめてひとつになったのである。

イギリス支配によって誕生した「インド人」

インドはユーラシア大陸から南に突きだした大きな半島です。これはヨーロッパがユーラシア大陸の西に突きだした大きな半島であるのによく似ています。そして、「ヨーロッパ人」という民族が存在しないように、本来は「インド人」という民族も存在せず、さまざまな民族、さまざまな宗教の国々が分立していました。

17世紀の初頭には、イギリス、オランダ、フランス各国が「東インド会社」を設立し、インド産の香辛料や綿布の輸入をめぐって競いあいます。とくにインド支配に余念のない**イギリス東インド会社**は、**マドラス**、**ボンベイ**、**カルカッタ**などの重要拠点を手に入れると、フランス東インド会社と衝突します。

フランスとの戦争に勝利したイギリス東インド会社は、インドの分裂状態に目をつけます。北部インドを支配していた**イスラム教徒のムガル帝国**はすでに衰え、18世紀の時点で首都**デリー**周辺のわずかな地域を支配するのみとなっていました。ムガル帝国から独立した**ヒンドゥー教徒の諸国**も抗争を続け、それぞれがイギリスと協定を結んだり、軍事援助を得たりしたのです。

カルカッタを含む**ベンガル**（現在のバングラデシュ）の地方政権を打ち破ったイギリス東インド会社は、弱体化したムガル帝国にとりいって徴税権を獲得します。

実際の徴税は各地の地主階級に任せ、彼らに甘い汁を吸わせてやり、そこからピンハネする方法で利益を得ました。こうやって搾取《さくしゅ》すれば、被支配層からイギリスの姿は見えません。また、自分の権益を守りたい地主階級にとっては、支配層がムガル皇帝であっても、イギリス人であっても、大した違いはなかったのです。植民地の内部に対立関係をつくりあげ、これを巧《たく》みに操作しながら統治する、イギリス得意の **Divide and Rule（分割して、治めよ）** です。

イギリス東インド会社の商売は、インドから綿布を輸入し本国で売ることでした。産業革命によってイギリス産の綿布が安くなると、逆にインドへ輸出されるようになります。そのため、インドの綿織物職人から多くの失業者が出ます。

こうした社会不安の中で、**シパーヒーの反乱**が起こります。シパーヒー（セポイ）とはイギリス東インド会社の傭兵《ようへい》です。反旗をひるがえした傭兵たちがムガル帝国のデリーに侵入すると、イギリスの傀儡《かいらい》だったムガル皇帝が反乱軍に寝返りました。

ここから予想外の展開が起こります。逆に、ヒンドゥー教徒の諸国がイギリス側に寝返ったのです。イスラム教徒の帝国が復興するのを恐れたためでした。イギリスは反撃に転じ、ムガル帝国を滅ぼします（１８５８年）。

そのころ、バルカン半島を経て地中海へ進出するという野望を妨《さまた》げられたロシアは、目標をインド洋に切りかえようとしていました。カスピ海東岸のウズベキスタンを併合すると、そのすぐ南のアフガニスタン侵入をうかがうようになります。アフガニスタンがロシアの手に落ちれば、次に狙われるのはインドです。

あわてたイギリスがインドの直接統治を決め、**英領インド帝国**を建国します（１８７７年）。皇帝はイギリスのヴィクトリア女王、実際の統治はイギリス軍人のインド総督が行ない、名目は独立国でも実態は植民地でした。日本がのちに建国する「満州国」と同じでしたが、皮肉なことに、英語が公用語となったことでインドの一体化が進み、「インド人」という国民意識も誕生したのです。

日本とともに戦う

イギリス支配に協力的な上流階級のインド人は、英語の高等教育を受け、帝国の官僚などに採用されていきました。それは「準イギリス人」ともいうべきインド人の姿でした。のちにインドの主要政党となり、初代インド首相ネルーを出した**国民会議派**も、最初はインド総督のアドバイザーとしてイギリス統治に協力するヒンドゥー教徒の組織でした。ところが、インド人としての民族意識が発揚されるにつれ、反英・民族主義的な性格が強くなっていきます。

国民会議派の**カルカッタ大会**が開かれた

１９０６年は、日露戦争の翌年でした。アジア人国家が白人の大国との戦争で勝利したことが、インドの独立運動を勇気づけました。この大会では、インドの自治獲得（スワラージ）、国産品の愛用（スワデーシ）、イギリス製品のボイコット、民族教育の４つの綱領が決議されます。

インド独立をちらつかせる国民会議派に対し、イギリスは、イスラム教徒の政治団体である**全インド・ムスリム同盟**の結成を支援しました。ここでも、イギリスが得意とする「分割して、治めよ」です。イギリスが利用した「**ヒンドゥー教徒⇔イスラム教徒**」の構図は、独立後の印パ戦争につながっていきます。

第二次世界大戦の初期、日本軍はイギリス海軍の拠点だったシンガポールを攻略すると、マレー沖海戦でイギリス東洋艦隊が誇る戦艦プリンス・オブ・ウェールズを撃沈しました。**イギリスの東南アジア支配は日本軍によって崩壊**し、インド支配にも致命的な影響が及びます。

インド独立の好機と考えたのが、国民会議派の**チャンドラ・ボース**でした。はじめヒトラーに援軍を求めて相手にされなかったボースは、東條英機《とうじょうひでき》首相に援軍要請をするため、ドイツと日本の潜水艦を乗りついで来日を果たし、東南アジア在住のインド人で編制した**インド国民軍**の司令官となります。

インド国民軍は日本軍とともにイギリス軍と戦い、英領ビルマ（ミャンマー）を奪取しました。さらにベンガル解放をめざして進軍を続けますが、国境のアラカン山脈で食糧と弾薬が尽き、数万人もの餓死者を出して作戦は大失敗に終わりました。**インパール作戦**です。ソ連への亡命をはかったボースは飛行機事故にあい、志《こころざし》半ばで亡くなっています。

戦後、イギリスによるインド国民軍将校らへの裁判が始まると、彼らを英雄視する民衆のデモが広がりました。裁判は継続できなくなり、被告人たちは釈放されます。

１９４７年８月15日、インドはイギリスの長い支配からようやく独立し、**インド連邦**が誕生します。戦争で疲弊したイギリスにはもはや植民地を維持する力がありませんでした。

インド独立の英雄チャンドラ・ボース

ムガル皇帝に謁見《えっけん》するロバート・クライヴ。クライヴは東インド会社の将校でベンガル知事となった

18世紀のインド

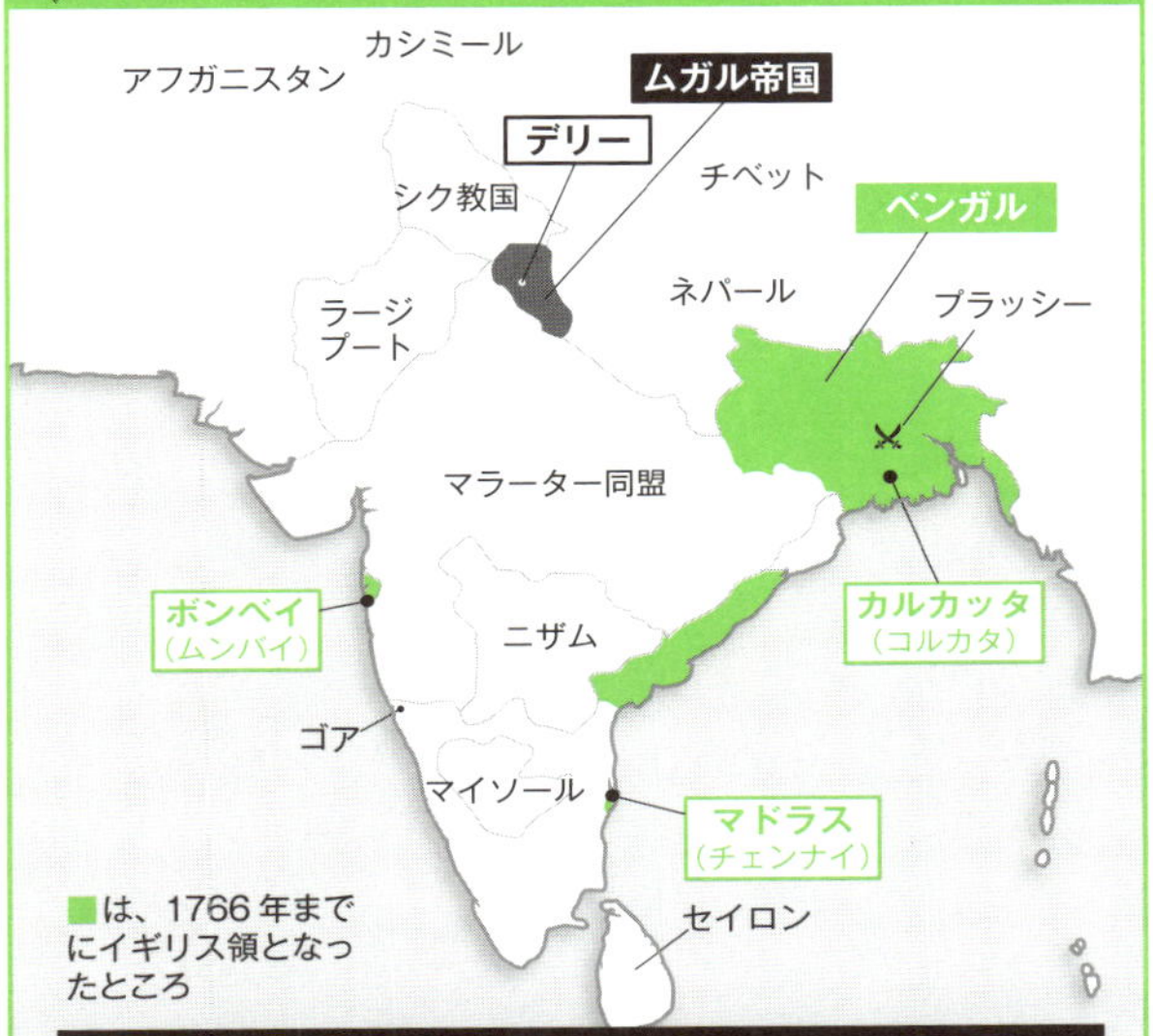

1757年、プラッシーの戦いでベンガル太守軍を破ると、この地を実質的に支配し、インド進出の足がかりとした。ムガル帝国の支配はデリー周辺にとどまり、多くの国が分立している

広大な英領インド

現在のインド、パキスタン、バングラデシュ、スリランカ、ミャンマーに及ぶ広大な領土である

Plate.25 インド②

大国も警戒する潜在能力

独立後のインドは「非同盟・中立」を外交の柱としたが、隣国パキスタンや中国との対立から、その理想も続かなかった。まずソ連と同盟を組み、現在は日本を含むシーパワー諸国と積極的な軍事協力を進めている。

空文に終わった平和への誓い

1955年、アジアの歴史に刻まれる重要な会議が**インドネシアのバンドン**で開催されました。**アジア・アフリカ会議**です。帝国主義による植民地支配から独立した29カ国が参加し、インド国民会議派の**ネルー**首相、中国の周恩来《しゅうおんらい》首相らも出席しました。

前年にもネルーは周恩来と会談し、「領土・主権の相互尊重」「相互不可侵」「相互内政不干渉」「平等互恵《ごけい》」「平和共存」の**平和5原則**を発表しています。

しかし、その言葉はむなしいものでした。「相互不可侵」を謳《うた》う中国の軍隊がチベットに侵攻していたからです。インドは亡命してきた**ダライ・ラマ14世**をかくまい、中国からの引き渡し要求を拒否したことで両国関係は決定的に悪化しました。

バンドンのアジア・アフリカ会議。日本代表として経済企画庁長官高崎《たかさき》達之助も出席し、歓迎された

チベットが中国領となったことで、インドと中国が国境を接することになりました。この国境線は、イギリス領インドとチベットとのあいだに引かれたものです。交渉にあたったイギリス外交官の名をとって「**マクマホン・ライン**」と呼ばれています。

ネルー（右）と周恩来

ところが中国は「この線は、イギリス帝国主義者が引いたものだから無効だ」と主張し、インド領内（東北辺境地区アンナーチャル・プラデーシュ州）に侵攻したばかりか、パキスタンと国境紛争状態にある**カシミール**にも軍を進めてきたのです。パキスタンは中国軍の介入を歓迎しました。「**敵の敵は味方**」の理屈から中国と同盟したパキスタンは、インドと戦火を交《まじ》えます。

国内での立場を失った親中派のネルー首相が失脚し、インド初の女性首相となったのが**インディラ・ガンディー**です。彼女はネルーの娘であり、非暴力で知られる理想主義者マハトマ・ガンディーの養子と結婚し、ガンディーの姓を名乗っていますが、彼女自身は**現実主義**の政治家でした。

当時のインドにとって、頼れる軍事大国はソ連しかありませんでした。アメリカはパキスタンと同盟を結び、中国とは国境紛争をかかえていたからです。インディラ・ガンディー政権はソ連のブレジネフ政権と軍事同盟を結ぶと、すでに5番目の核保有国となっていた中国に対抗するために核開発を進め、**6番目の核保有国**になりました。

高まる国際的地位

インドの台頭を強く警戒しているのが中国です。中国にとって、北方にある地政学上の敵がロシアなら、南方の敵はインドです。中国は、友好国のパキスタンをはじめ、バングラデシュ、スリランカ、ミャンマーに対し、積極的なインフラ投資を行なっています。インドをとり囲む4カ国を利用して、まるでインドの首を締めつけているようなので、「**真珠の首飾り**」と呼ばれます。

インドは、中国とロシアのランドパワー軍事同盟である上海協力機構に参加して中国との緊張を和らげつつ、アメリカ、日本、オーストラリアなど西側のシーパワー諸国との合同軍事演習にも積極的に参加しています。インド外交は柔軟でしたたかです。

中国がインドを警戒するのは、軍事力だけではありません。将来的な経済成長の可能性が大きな脅威となっています。経済学者でもある**シン**首相は外資導入を実現すると、世界に通用するIT産業を成長させました。その経済成長を支えるのが人口です。2020年代後半、インドの人口は14億人に達し、中国を抜いて世界最大となることが予想されています。人口過剰が失業などマイナスの問題を生みかねませんが、低賃金の労働者が多くいることで海外企業の進出を呼びこめますし、巨大な消費地として新たな投資の対象にもな

ジャワハルラール・ネルー（1889 － 1964）　ダライ・ラマ14世（1935 －）　インディラ・ガンディー（1917 － 1984）
マンモハン・シン（1932 －）　ラダビノード・パル（1886 － 1967）　ナレンドラ・モディ（1950 －）

インドの地政学上の条件

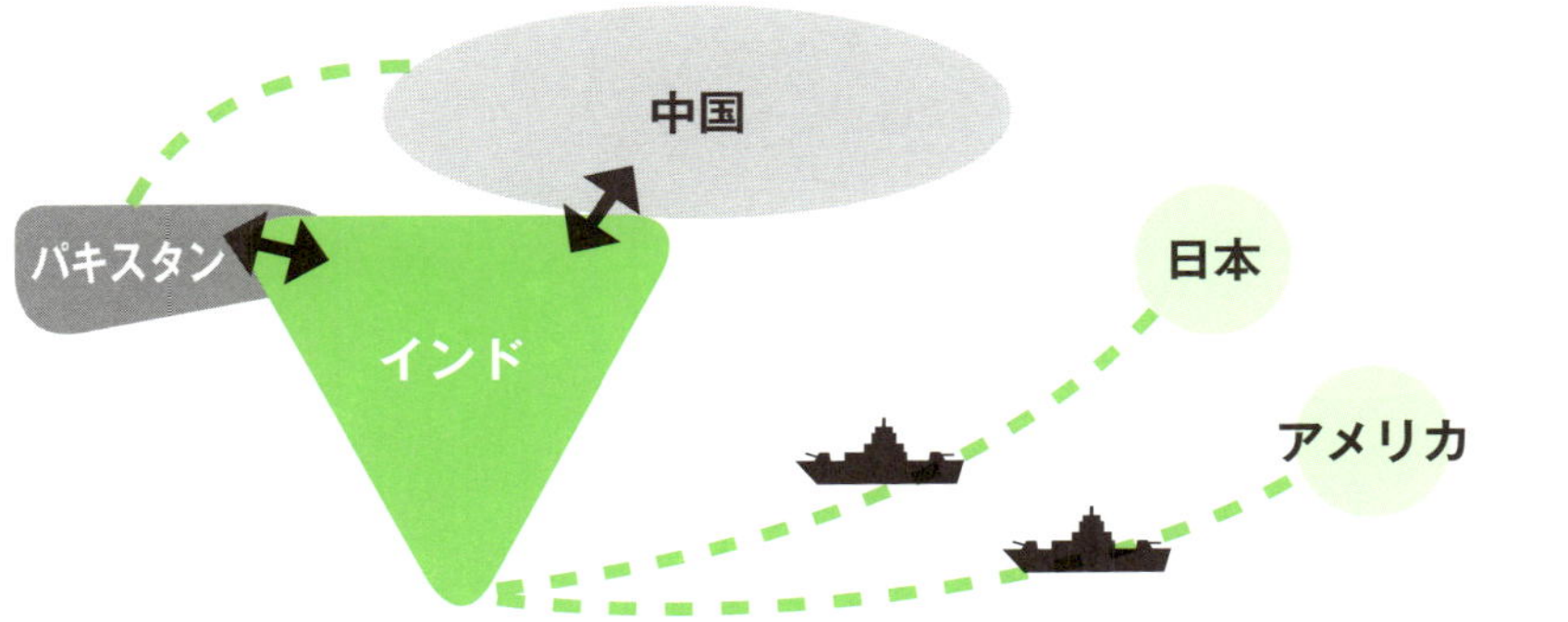

北では、パキスタンや中国といった地政学上の敵と国境を接している。その一方で、南に大きく突きだす半島でもあることから、海洋国の側面も持つ。アメリカや日本などと積極的な軍事協力を行なうようになった

真珠の首飾り

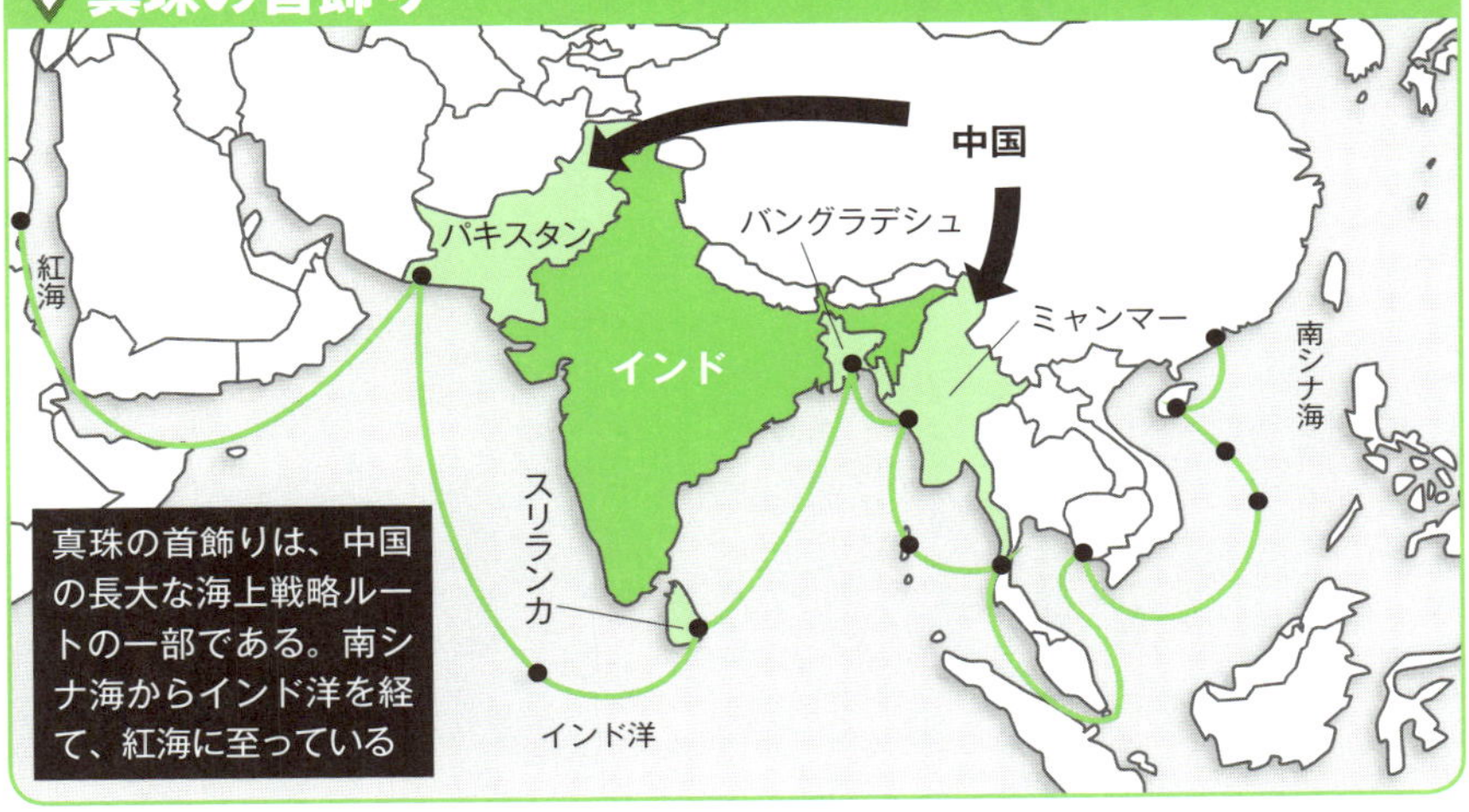

真珠の首飾りは、中国の長大な海上戦略ルートの一部である。南シナ海からインド洋を経て、紅海に至っている

インドの人口ピラミッド

（2012年の米国勢調査局資料より）

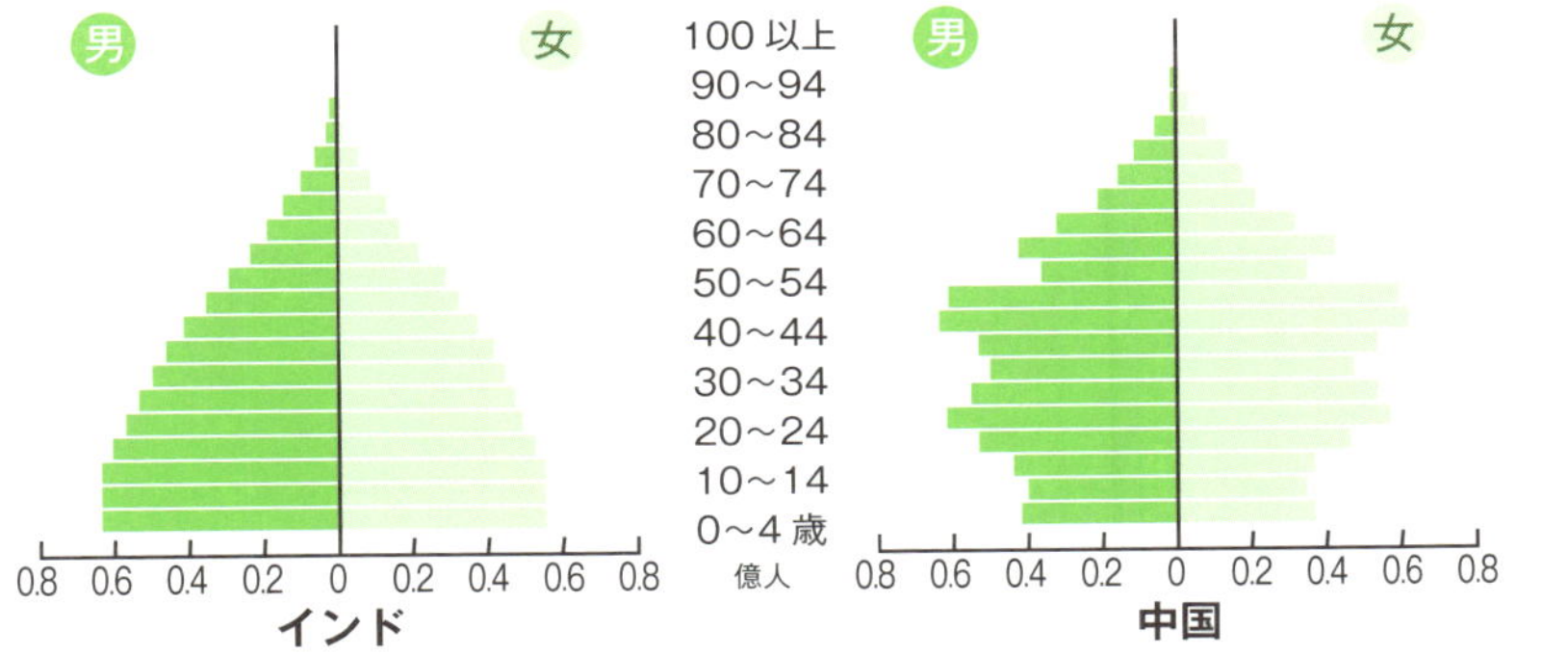

中国の人口ピラミッドの下がすぼまっているのに対し、インドのそれは下まで広がっている。中国がやがて人口減に転じるのに対し、インドの人口増はとまらない

ります。中国が享受してきた世界経済の牽引《けんいん》役を、今後はインドが引きつぐ可能性があるのです。

日本にとって有効なカード

チャンドラ・ボースと同じベンガル出身のパル判事は、日本の戦争責任を一方的に断罪した東京裁判においてただひとり「連合国に日本を裁く権利はない」と被告人全員の無罪を主張した人物です。

モディ首相は、就任直後の2014年に来日、安倍首相と京都で会談したのち、インド国民軍と共闘した元日本兵に面会し、その感激をツイッターで世界に伝えました。彼の心の中には「インドは日本とともに戦い、独立を得た」という思いが刻まれていたのです。

日本の軍事的自立や国連安保理入りを阻止するため、中国や韓国がしかけてくる歴史認識をめぐるプロパガンダ――いわゆる「歴史戦」に日本が対抗するためにも、インドは有効なカードになるのです。

Plate.26 パキスタン・バングラデシュ

もうひとつの「インド」

英領インド帝国から分離独立してできたパキスタンは、東西２つの地域に分かれた飛び地国家として出発したが、さらに東パキスタンがバングラデシュとして独立する。両国は地政学的にインドを包囲できる場所にあるため、中国が触手を伸ばしている。

インドを挟《はさ》みこむ2つのイスラム国家

インドの西にはパキスタン、東にはバングラデシュというイスラム国家があります。パキスタンは約1億8802万人（世界6位）、バングラデシュは約1億5940万人（世界7位）と、この2カ国もたいへん人口が多いです。

インドとこの2カ国は、もともと英領インド帝国としてイギリスの支配下にありました。それが独立後、宗教的理由から分離独立しました。イギリスがこの地を支配する前、北インドを支配していたムガル帝国はイスラム王朝でした。この時代にイスラム教に改宗した人々が、北西部の**パンジャーブ州**や東部の**ベンガル州**に多かったのです。

イギリスは「分割して、治めよ」を実践していましたが、第一次世界大戦後に**マハトマ・ガンディー**が指導する独立運動が高揚したため、妥協案として「州レベルの選挙」を認めます。その結果、ネルーが率いるヒンドゥー教徒の国民会議派が圧倒的勝利しましたが、イスラム教徒の多い諸州では全インド・ムスリム連盟の地方政府が成立します。

ムスリム連盟の指導者**ジンナー**は考えました。「インド全体で独立した日が来たとしても、少数派のイスラム教徒が中央政府で多数派を占めることはできないだろう。今回、ムスリム連盟が政権をとった諸州は、インドから分離独立しなくてはならない」。

一方で、国民会議派のガンディーは分離独立に猛反対します。「ヒンドゥー教徒の支配地域にもイスラム教徒はいるし、イスラム教徒の支配地域にもヒンドゥー教徒がいる。宗教融和なしの単純な線引きは、新たな衝突を生むだろう」。この予言は的中します。

新たに引かれた国境地帯では大混乱が起こります。インドからはイスラム教徒が、パキスタンからはヒンドゥー教徒が追放され、難民同士が衝突したのです。イスラム教徒に融和的だったガンディーは、同じヒンドゥー教徒の過激派に暗殺されてしまいます。

英領インド帝国最後の総督マウントバッテンは、国民会議派のネルー、ムスリム連盟のジンナーと協議の結果、イスラム教徒の居住地の分離独立ということで決着し、ヒンドゥー国家インドとイスラム国家パキスタンが分離独立したのです。

1971年には、さらにベンガル州のパキスタンが分離独立しました。これがバングラデシュです。それまで24年のあいだ、この地は「東パキスタン」と呼ばれていました。新たに建国されたバングラデシュは「ベンガル人国家」を意味します。宗教より民族が前面に出ています。

パキスタンとインドは犬猿の仲

東西に分かれていたパキスタンは、同じイスラム教徒の国という以外に共通点がありませんでした。地政学上の条件もまったく異なるため、その後の両国の運命を大きく変えていきます。

西パキスタンは、**カシミール**の領有をめぐってインドとの紛争をかかえることになりました。この地域はイスラム教徒が多数派を占めていますが、独立当時の藩王がヒンドゥー教徒だったため、インドへの帰属を選択しました。たちまち内乱が発生し、印・パ両軍が介入して3度にわたる戦争を引きおこします。カシミールでは現在もなお、両軍が軍事境界線を挟んでにらみあっています。

パキスタンの首都は「西」におかれ、言葉の通じない東パキスタン（ベンガル）は予算配分も後回しにされて不満が高まります。ベンガル人国家バングラデシュの独立をめざすアワミ同盟が選挙で勝利するも、パキスタン政府は選挙結果を認めず、独立戦争がはじま

緊張が続くカシミールの軍事境界線

マハトマ・ガンディー（1869 – 1948）　ムハンマド・アリー・ジンナー（1876 – 1948）
ルイス・マウントバッテン（1900 – 1979）

ります。パキスタン弱体化の好機と考えたインドの支援を受け、バングラデシュは独立を達成しました。

アメリカにとってパキスタンの地政学的意味は、**「ソ連（ロシア）に対する防波堤」**です。隣国のアフガニスタンにはソ連の影響力が及び、王政が倒されたあとに社会主義政権が成立しました。ソ連軍のインド洋進出を阻止すべく、アメリカは「ＮＡＴＯ（ナトー）の中東版」である**METO（メトー）**を組織し、パキスタンを加盟させます。パキスタンという強烈なイスラム国家が、アメリカの支援で軍事大国にのし上がっていくのです。

中国にとってパキスタンの地政学的意味は、**「インド包囲網の一角」**です。ダライ・ラマ問題、国境問題でインドと対立する中国もまた、パキスタンを強力に支援しました。追いつめられたインドは、ソ連と結んで核保有に踏みきります（56ページ）。

最初の核実験から24年後の1998年5月11日に、インドは2度目の核実験を実施します。すると同月の28日、今度はパキスタンが核実験を行ない、世界を驚かせました。**イスラム世界初の核保有国の誕生**でした。この核実験には中国がかかわっているといわれています。

1979年に始まるソ連軍のアフガニスタン侵攻を受け、パキスタン軍はアフガニスタンのイスラム・ゲリラを支援しました。その過程で**オサマ・ビンラーディン**らの過激イスラム思想に影響を受けたパキスタン軍人も多く、ビンラーディンがアメリカ軍の特殊部隊に捕殺されたのもパキスタン領内の隠れ家でした。将来、**イスラム過激派がパキスタンの政権を掌握した場合、彼らは核の発射ボタンを持つことになる**のです。

パキスタンは多民族国家

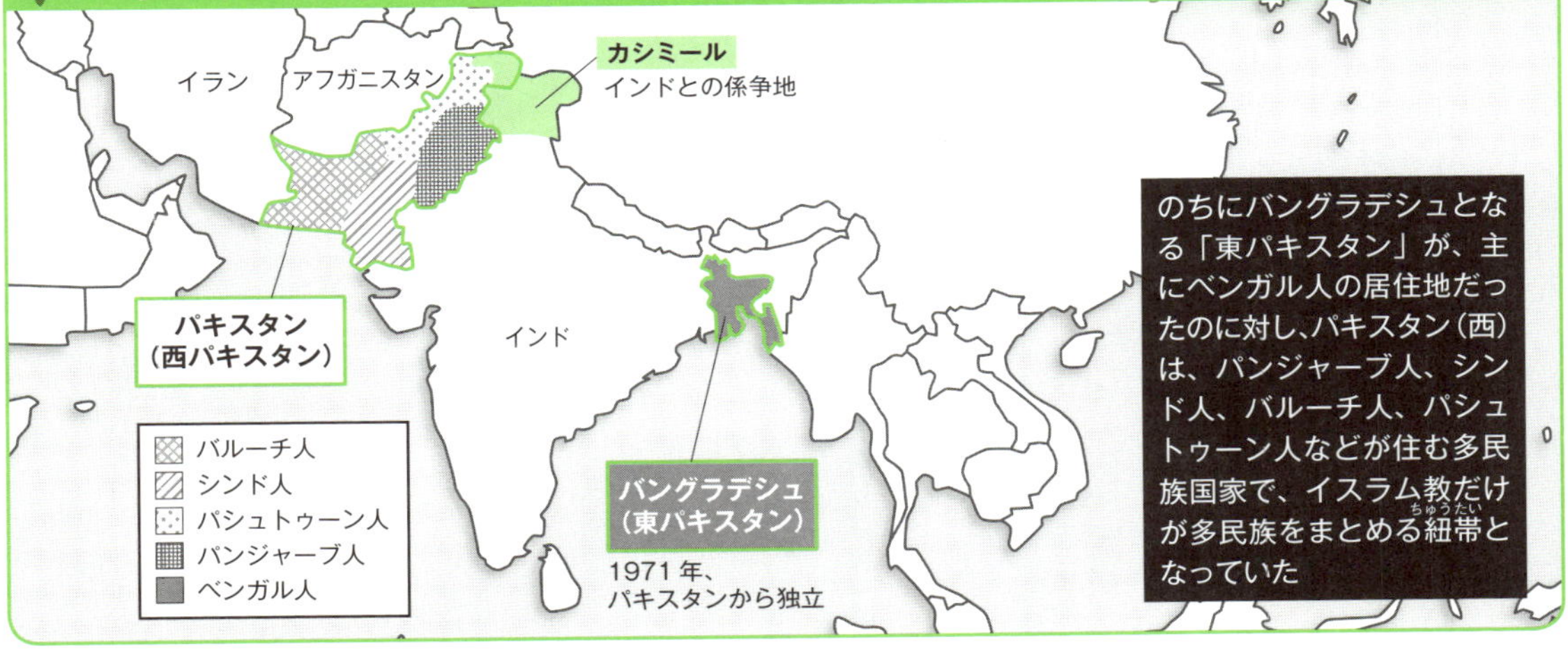
イラン
アフガニスタン
カシミール
インドとの係争地
パキスタン（西パキスタン）
インド
バングラデシュ（東パキスタン）
1971年、パキスタンから独立
バルーチ人
シンド人
パシュトゥーン人
パンジャーブ人
ベンガル人
のちにバングラデシュとなる「東パキスタン」が、主にベンガル人の居住地だったのに対し、パキスタン（西）は、パンジャーブ人、シンド人、バルーチ人、パシュトゥーン人などが住む多民族国家で、イスラム教だけが多民族をまとめる紐帯《ちゅうたい》となっていた

パキスタンの地政学上の条件

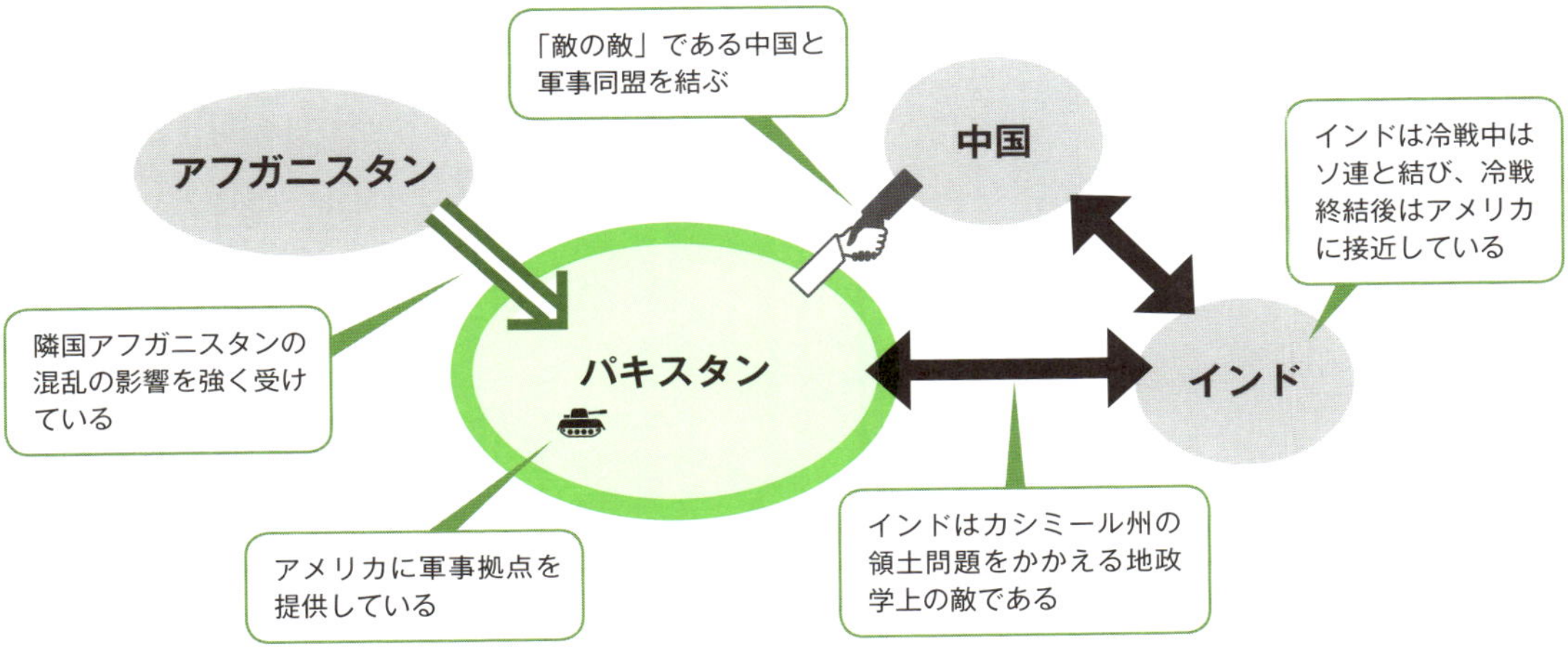
「敵の敵」である中国と軍事同盟を結ぶ
アフガニスタン
中国
インドは冷戦中はソ連と結び、冷戦終結後はアメリカに接近している
隣国アフガニスタンの混乱の影響を強く受けている
パキスタン
インド
アメリカに軍事拠点を提供している
インドはカシミール州の領土問題をかかえる地政学上の敵である

58ページの写真　© ＡＰ／アフロ

Plate.27 アフガニスタン

イスラム過激派の最前線

かつてイギリスとロシアの争奪の場となったこの内陸国は、第二次世界大戦後、ソ連とアメリカの争奪の場となる。イスラム過激派IS（イスラミック・ステイト）の「本家」ともいえるアルカイダはこの戦争の中で生みだされた。

なぜ、過激派が集結したのか

　アフガニスタンほど、大国の覇権争奪に翻《ほん》弄《ろう》された国はありません。その絶えることのない混乱の原因を、イスラム教への強い信仰だけに求めるのは間違いです。国民の意思とは関係のないところで、地政学的条件が戦火をまねくこともあるのです。

　アフガニスタンは、**ランドパワーがインド方面へ南下するときの「通路」**なのです。19世紀後半にはイギリスとロシアの対立の舞台となりました。**イギリスにとってはロシアの南下を食いとめる「防波堤」**です。

　アフガニスタンは内陸国です。インド洋に出るには、イランかパキスタン（当時は英領インドの一部）を通過しなくてはなりません。イギリスから見れば、国境に迫られてから対応したのでは手遅れです。「予防戦争」としてアフガニスタンに侵攻します（**第二次アフガン戦争**）。日本がロシアの南下に備えて朝鮮を支配下においたのと同じです。

　第一次世界大戦でイギリスが疲弊すると、アフガニスタン王国として独立、冷戦下では中立政策をとっていました。ところが1970年代に親ソ連の共産主義者がクーデタを起こし、国王を追放します。

　無神論の共産党政権がイスラム教を弾圧すると、国民の多数を占めるイスラム教徒は猛反発し、一部がゲリラ化して親ソ政権に対する「**ジハード（聖戦）**」を開始します。彼らには、同じ1979年に隣国で起こった**イラン革命の成功が大きな励《はげ》み**になっていました。

　焦《あせ》ったのはソ連です。現在、アフガニスタンの北にはウズベキスタンやトルクメニスタンなどの独立国がありますが、当時はまだソ連の一部でした。これらの国にはイスラム教徒が多いため、彼らがアフガニスタンのゲリラ活動に呼応して、いつソ連からの独立の戦いを始めるかもしれません。ソ連は先手を打って、アフガニスタン国内のイスラム・ゲリラを叩いておこうと考えました。

　しかし、**ソ連のアフガニスタン侵攻は世界のイスラム教徒を敵に回す結果となりました。**「無神論者（共産主義者）の暴力から信仰者を守れ」と叫ぶイスラム義勇兵の参戦をまねいてしまったのです。その中には過激な思想を持つ者も多く、ここから10年間、ソ連軍が撤退するまでアフガニスタンは泥沼の戦場となります。

パキスタンとの国境に広がる空白地帯

　アフガニスタンに集結したイスラム義勇兵のひとりが、若き日の**オサマ・ビンラーディン**でした。サウジアラビア最大のゼネコン経営者の息子に生まれた彼は、豊富な資金力を用いて「ジハード」を支援し、アフガニスタン国内にイスラム過激派組織を立ちあげます。これがアラビア語で「基地」を意味する**アルカイダ**です。

　ソ連を敵視するアメリカのレーガン政権は、**パキスタンを拠点にしてイスラム・ゲリラへの軍事援助**を積極的に行ないます。ビンラーディンたちも、アメリカ製の武器でソ連軍と戦いました。ソ連崩壊で「無神論者」に勝利したビンラーディンは、**湾岸戦争を始めた「異教徒」アメリカを次のターゲット**にします。

　ソ連軍が敗走すると、今度は残されたゲリラたちが軍閥をつくって権力闘争を始めます。内戦が侵略戦争を呼びこみ、それが終わったらまた内戦。アフガニスタン民衆の嘆きの声が聞こえてきそうです。

　アフガニスタンの東の隣国パキスタンも、多民族国家です。そのうちアフガニスタンの国境近くに居住する**パシュトゥーン人**は、アフガニスタンの主要民族です。つまりパシュトゥーン人の居住地は、アフガニスタンとパキスタンの国境にまたがって広く分布しているのです。

　パキスタン領内のパシュトゥーン人居住地は「**部族地域（トライバル・エリア）**」と呼ばれてきました。**パキスタン中央政府の力がほとんど及ばない国家権力の空白地帯です。**繰りかえされる戦争に苦しめられたアフガニスタン民衆が難民となってこのエリアに流れこんできました。

　難民の子供たちに教育を与えたのは、イスラム神学校でした。ここで学んだ生徒たちが大きくなって義勇兵となり、アフガニスタンの腐敗した軍閥と戦います。彼らは、アラビア語の「生徒たち」を意味する**タリバン**と呼ばれるようになりました。清廉《せいれん》さからアフガニスタン民衆の支持を集めたタリバンは、やがて全土を掌握します。

9・11テロ事件が起こったとき、アメリカのブッシュ・ジュニア政権はこれをアルカイダの指示による犯行と断定しました。かつて「友」として支援したアルカイダは、その20年後、叩きつぶすべき「敵」となっていたのです。

ビンラーディンらの引き渡し要求をタリバン政権が拒否すると、米・英は「**テロリストをかくまう国はテロ支援国家**」という理屈を持ちだし、アフガニスタンに侵攻しました。タリバンはパキスタン国境のトライバル・エリアに拠点を移してゲリラ戦を続けます。疲弊したアメリカはNATO諸国に負担を求め、NATO軍が駐留することになりましたが、秩序の回復には程遠いのが現状です。

アフガニスタンとパキスタンは、切っても切れない関係です。アフガニスタンのイスラム・ゲリラやタリバンの後援者だったパキスタン軍部には、イスラム過激派の思想に同調する人たちが多くいます。彼らは母国の政府がキリスト教国であるアメリカの手先となったことに強い不満を持っており、これが独自の核武装にもつながっているのです。

タリバンの創設者ムハンマド・オマル。公式に発表された写真はない。パキスタンで病死していたことがわかった

終わりのないアフガニスタンの戦争

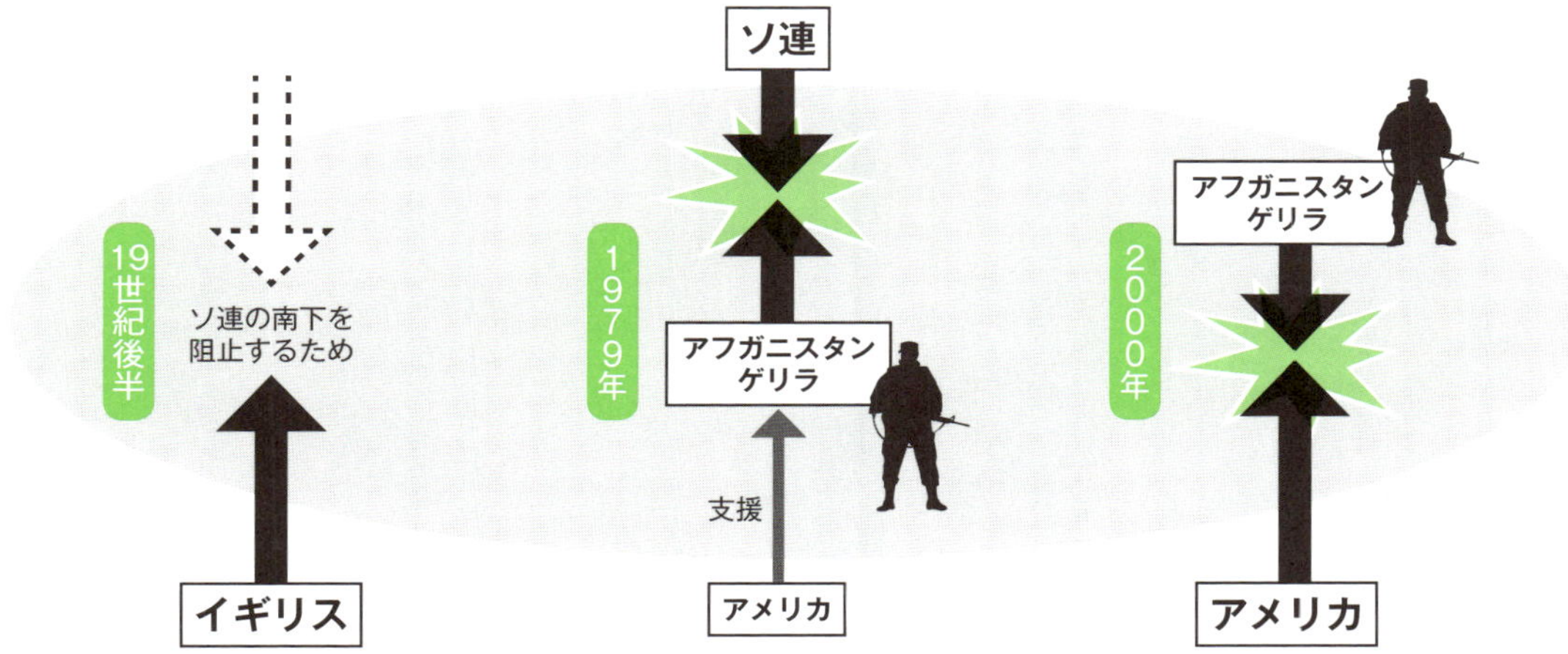

パシュトゥーン人の居住地

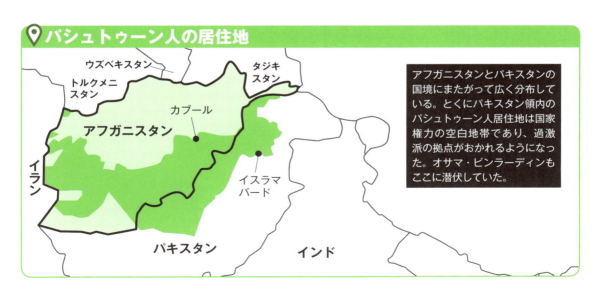

アフガニスタンとパキスタンの国境にまたがって広く分布している。とくにパキスタン領内のパシュトゥーン人居住地は国家権力の空白地帯であり、過激派の拠点がおかれるようになった。オサマ・ビンラーディンもここに潜伏していた。

Plate.28 イラン

イスラム教シーア派の盟主

大国の争奪戦に悩まされたイランは、イスラム革命の成功によって外国の介入を排除した。しかし、少数派であるシーア派の盟主・イランの台頭は、多数派であるスンナ派諸国との軋轢《あつれき》を引きおこす。

ロシアとイギリスの狭間《はざま》

イランの地政学的な条件もアフガニスタンやパキスタンと同様、**インド洋へのロシアの南下ルート**です。海洋に出たいランドパワー大国ロシアと、それを阻止したいシーパワー大国イギリスが、イランを争奪したのです。

ロシアからイランへ入るルートは2つあります。ひとつは、**黒海とカスピ海に挟まれたカフカース地方**です。中央にはカフカース山脈が走っており、古来、多くの少数民族が混在していました。その南麓《なんろく》がグルジア、アルメニア、アゼルバイジャンのある地域で、ソ連崩壊後に独立国となりました。一方で北麓《ほくろく》にあるチェチェンなどのトルコ系民族はロシア軍によって制圧され、独立できていません。山脈が民族の運命を分けたのです。

もうひとつのルートは、**カスピ海の東側**です。現在、カザフスタン、ウズベキスタン、トルクメニスタンがある地域です。いずれもトルコ系民族で、19世紀末までにロシアに併合されますが、やはりソ連崩壊後に独立しました。

ロシアが占領したウズベキスタンのすぐ南がアフガニスタンです。その南がパキスタン、つまり英領インド帝国でした。インドの権益を守りたいイギリスは、アフガニスタンを保護国化すると、今度はイランをめぐってロシアと対立します。

日露戦争に敗北した直後のロシアは、イギリスとの全面対決を避けるため、**英露協商**を結び、**イランを両国で分割すること**で同意します。このときイギリス系の**アングロ・イラニアン石油**が、イランでの石油採掘権を独占しました。

イラン革命から世界の構図が変わった

ロシア革命でロシア軍が撤収したのちのイランでは、民族主義者のレザー・ハーンが**パフレヴィー朝**を開き、イギリスからの自立を図ってヒトラーに接近します。第二次世界大戦が始まると、イギリスはイランを占領して、レザー・ハーンの息子**パフレヴィー2世**を傀《かい》儡《らい》（操り人形）とし、石油採掘権を握りつづけました。

1950年代、イラン王国の首相に選ばれた**モサデグ**は、聖域であるアングロ・イラニアン石油の国有化に手をつけようとします。彼は、エジプトでの親英王政の打倒から広まった**アラブ民族主義**の影響も受けていました。

しかし、アメリカのCIA（中央情報局）やイギリスのMI6（秘密情報部）が介入し、モサデグ政権打倒のクーデタが演出され、イランの石油利権は、BP（ブリティッシュ・ペトロリアム）とアメリカ系の石油大手によって分割されてしまいます。パフレヴィー2世は外資導入でイランの近代化をはかりますが、恩恵を受けたのは外国企業と王族周辺だけでした。民衆の不満は増大していきます。

イランはイスラム教シーア派の盟主です。その法学者**ホメイニ**師は諸悪の根源が王政にあることを訴え、民衆が国王打倒の抗議行動に出ます。1979年、国王は国外へ脱出し、**イスラム共和国が成立**しました。これが**イラン革命**です。

それまでのアラブ諸国の革命は、ソ連の支援をあてにした社会主義革命でしたが、イラン革命は**イスラム回帰**をめざした最初のもので、**世界のイスラム教徒に大きな影響**を与えます。

東の隣国アフガニスタンでは内戦を引きおこした結果、**ソ連軍のアフガニスタン侵攻**をまねき、さらにはソ連の崩壊を早める役割を果たします。また、**アルカイダ**の結成にもつながり、のちのIS（イスラミック・ステイト）につながるイスラム過激主義に影響を与えました。

西の隣国イラクでは、国内の少数派であるスンナ派の**サダム・フセイン**政権が、65パー

シーア派の法学者としてイラン革命を指導したホメイニ師（中央）

パフレヴィー2世(1919 – 1980)　モハンマド・モサデグ(1882 – 1967)
ルーホッラー・ホメイニ(1902 – 1989)

セントを占めるシーア派を強権的に支配していました。彼らが同じシーア派によるイラン革命の影響を受け、分離運動を起こすことを危惧《きぐ》したフセインは、ホメイニ政権に打撃を与えるべくイランに攻めこみ、8年間も続く**イラン・イラク戦争**を引きおこしました。この戦争で産油国イランに敗北したフセインは、油田地帯確保のためクウェート併合を試み、**湾岸戦争**の発端をつくります。

このようにイラン革命の余波によって、これまでアメリカとソ連（ロシア）という2つの超大国の覇権争いで語られてきた現代史に、イスラムという新たなベクトルが加わることになりました。

スンナ派との暗闘

イランは、**古代のペルシア帝国**という栄華の歴史を持っています。東の雄としてギリシアやローマ帝国とわたりあってきた歴史です。現在のイランは、そのペルシア帝国の復興をめざしています。具体的には、イスラム世界の代表として国際的に認められ、インドがめざしているような地域覇権国家の地位を得ることです。

それには、欧米諸国などから受けていた経済制裁の解除が不可欠でした。スンナ派の過激派集団ISとの戦いにイランの革命防衛隊が参戦したことで、対米関係を劇的に好転させました。オバマ政権はついにイランに対する経済制裁を解除します。

残された最大の障害は、イランがシーア派教国だということでしょう。シーア派は世界のイスラム教全体から見れば、10パーセントほどでしかありません。多数派はスンナ派です。スンナ派の盟主であり、国内にシーア派住民をかかえるサウジアラビアは、イランの影響力が大きくなるのを警戒しています。イランとアメリカの接近は、必然的にアメリカとサウジアラビアの関係を悪化させ、中東に新たな紛争の種をまくことになるのです。

イラン革命の余波

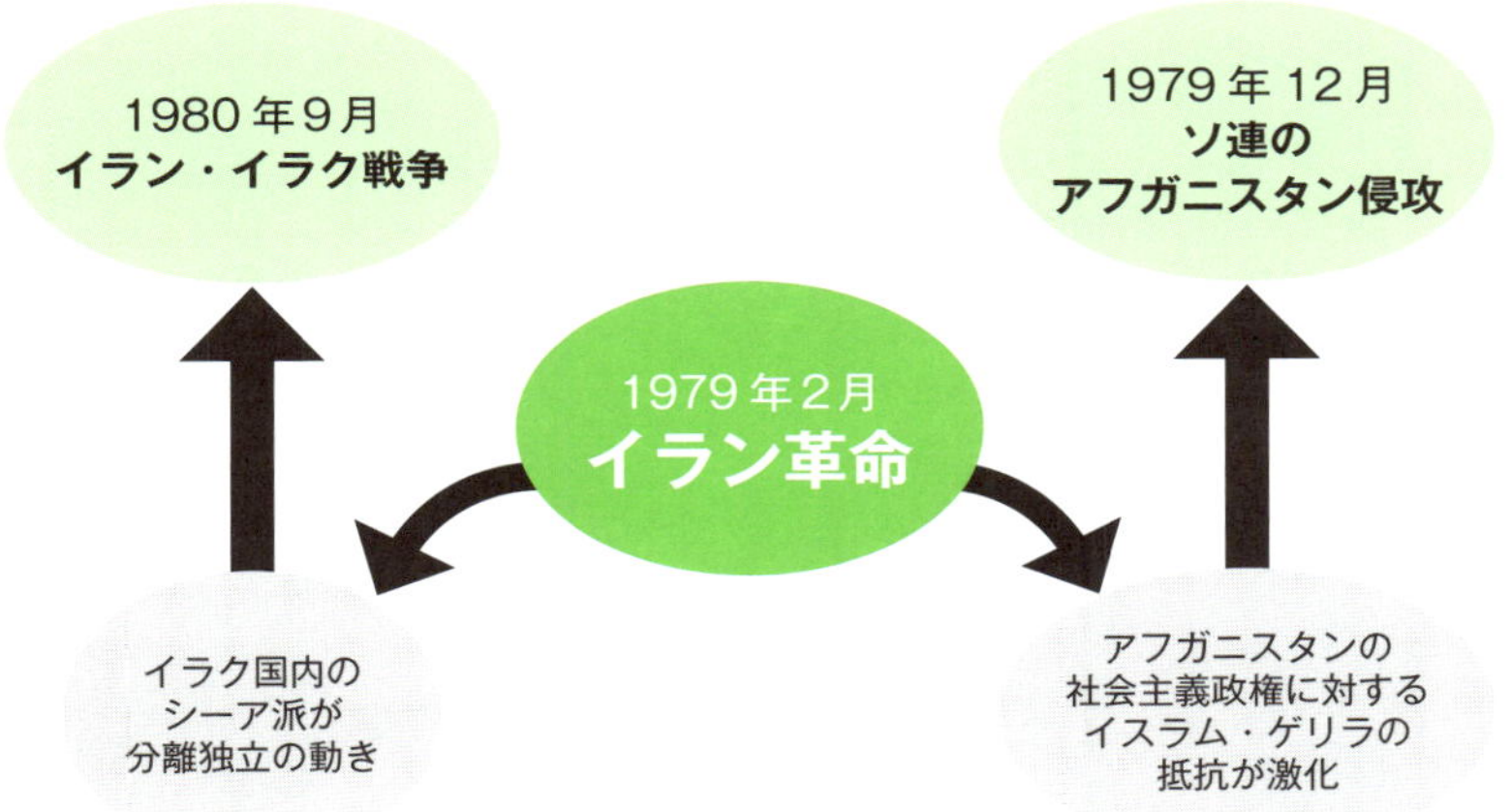

シーア派とスンナ派

教団指導者の資格に対する認識が異なる

少数派

シーア派

ムハンマドの血統の者だけを指導者（イマーム）として認める

➡最後のイマームは「お隠れ」になっており、その再臨の日まで法学者が代理人をつとめる

イランを中心とし、イラク、レバノンなど

多数派

スンナ派（スンニ派）

ムハンマドの言行（スンナ）を重視する

➡『コーラン』（神の言葉）とスンナ（ムハンマドの言行）に従う者であれば誰でも指導者（カリフ）になれる

アラブ諸国、トルコ、アフリカ諸国、東南アジア諸国など

Plate.29 トルコ①

侵食されていった帝国

かつて中東アラブ諸国を支配していたオスマン帝国は、第一次世界大戦の敗戦によって現在の規模となった。少数民族クルド人はトルコからの分離独立を求めている。

中東諸国はひとつの帝国だった

現在、イラク、シリア、ヨルダン、レバノン、イスラエル、パレスチナ、サウジアラビアといった中東諸国は、20世紀初頭まで**オスマン帝国**によって支配されていました。

この巨大な帝国は、トルコ人の**スルタン（皇帝）**を君主とし、スンナ派を国教としていましたが、異教徒への迫害はほとんどなく、キリスト教徒も政府の要職に登用されていました。多宗教・多民族による自治が保障されていたのです。

中東全域をゆるやかに統治していたオスマン帝国が解体され、多くの国に切り刻まれてしまった結果、いまのような不安定な状態が生じることになりました。帝国解体の原因となったのは、ロシアやイギリスなど大国の野望です。

黒海から地中海に抜けるルートを渇望していたロシアは、オスマン帝国が支配する**ボスフォラス海峡**と**バルカン半島**を狙っていました。そこに横槍《よこやり》を入れてきたのが新興国のドイツです。ドイツはバルカン半島から中東の利権をうかがっていました。両国の野望が衝突します。

そこでロシアは、ドイツの隣国で地政学的な敵国であるフランスと同盟を結びました。これにイギリスが加わって成立したのが**三国協商**です。イギリスは、地中海とインド洋を結ぶ輸送ルートとして、いまのシリアとイラクにあたる地域に鉄道を敷き、**地中海東岸からペルシア湾に抜ける陸路**を開拓するというアイデアを持っていました。この地域もオスマン帝国の領内でした。

オスマン帝国はロシアとイギリスの野望に対抗するため、ドイツと手を組みました。しかし、第一次世界大戦でドイツは大敗し、ドイツ側に立ったオスマン帝国も敗戦国となります。

戦後処理の段階で、オスマン帝国政府が第一に求めたのは帝政の維持でした。**スルタンの地位が保障されれば、領土問題はあるていど妥協してもよい**というわけです。

一方、協商国（英・仏・露）は、大戦中に**サイクス・ピコ協定**を結び、オスマン帝国の分割を密約します。

国土を分割から守った英雄

１９２０年に調印された**セーヴル条約**では、イギリスとフランスを中心とした連合国によって、オスマン帝国の軍隊を武装解除することと、その**広大な勢力圏を分割する**ことが決められます。革命直後だったロシアは参加していません。このとき分割された領土は、シリア・イラクなどアラブ人居住区のみならず、**トルコ本土（アナトリア）**にまで及んでいました。

ところが、このセーヴル条約の無効を主張し、武装解除を断固拒絶した軍人が現れます。のちに「**アタチュルク（父なるトルコ人）**」と呼ばれる**ケマル**将軍です。彼は、首都イスタンブルに迫ったイギリス軍を撃退した戦功で国民の圧倒的支持を得ていました。

ケマル将軍は、保身のためイギリスの代理人となりさがったオスマン帝政のスルタンにもはや「アッラーの代理人」としての存在理由はないと見なし、クーデタを起こします。これが１９２２年の**トルコ革命**です。オスマン家を追いだすと、翌年、アンカラを新しい首都とする**トルコ共和国**を樹立しました。

新生トルコの大統領についたケマルは、セーヴル条約の破棄を通告します。「**アラブ人が住むシリアやイラクは放棄するが、トルコ人が住むアナトリアは渡さない！**」と主張したのです。

ケマルは巧みな交渉術を見せました。ロシアでは革命の結果、史上初の共産党政権ソヴィエト連邦が誕生していました。イギリスとフランスは、この新興国に強い警戒心をいだいていました。もし、トルコがソ連と結びついたら、ソ連は堂々と地中海に進出してくるでしょう。ケマルは、「**新たな交渉相手をソ連にする**」という選択肢を持ちだし、英・仏を揺

トルコの父ケマル

さぶったのです。

イギリスは妥協し、新たに**ローザンヌ条約**が結ばれて連合国軍はアナトリアから撤収しました。ケマルはトルコの地政学的条件を熟知していたのです。

アナトリアはトルコ人だけのものか

トルコ革命では、「アナトリアの死守」という強い意志がトルコ人のナショナリズムに火をつけました。しかし、オスマン帝国の拡大過程で、このアナトリアの領域それ自体が拡大されていたのも事実です。連合国の言い分にも一理はあります。

セーヴル条約でいったん分割が決められた「アナトリア東部」は、**クルド人**や**アルメニア人**など少数民族の居住地でした。それをトルコ共和国が再び呑みこんだのです。

いまもアナトリア東部からイラクとイラン、シリアの領内にかけて2000万人以上のクルド人が住んでいます。イラクのクルド人はサダム・フセイン政権崩壊後に自治権を得ましたが、**トルコのクルド人は自治を認められていません**。クルド愛国党による武装闘争がトルコの大きな不安定要因となっています。

一方のアルメニア人は、第一次世界大戦中と戦後の混乱期、東方の**カフカースに強制移住**させられました。キリスト教徒でもある彼らがロシアと結んで分離独立するのを危惧したのです。強制移住が実行される中で多くのアルメニア人が虐殺されたというのが、彼らの主張です。トルコ側は「内戦による犠牲者」と主張しますが、西側メディアが同じキリスト教徒の言い分を聞くのは当然のことかもしれません。カフカースのアルメニア人はソ連に併合され、ソ連崩壊でようやく**アルメニア**として独立を達成します。

また、エーゲ海の海岸部にはギリシア系住民が多く住んでいましたが、セーヴル条約に基づいて侵入してきたギリシア軍をケマルのトルコ革命軍が駆逐《くちく》する過程で、トルコ在住のギリシア系住民もギリシアへ根こそぎ追放されました。

トルコは、イギリスやロシアなど大国の覇権主義の犠牲者であると同時に、地域の覇権者として少数民族に犠牲を強いています。**歴史には、絶対的な加害者も被害者もありません**。立場が変われば、歴史の見方も変わります。

ロシアとイギリスが渇望したルート

分割されたクルディスタンとアルメニア

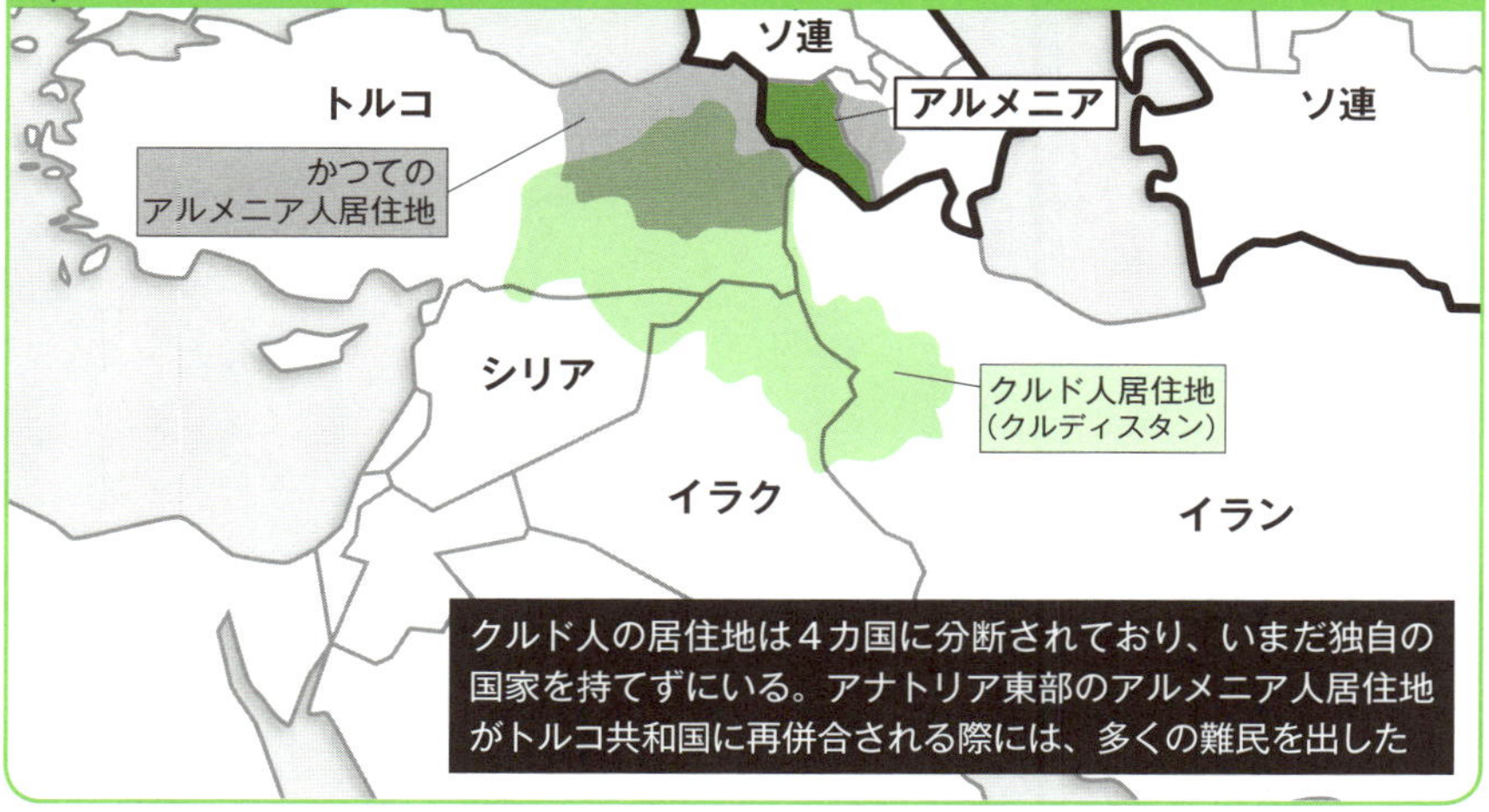

クルド人の居住地は4カ国に分断されており、いまだ独自の国家を持てずにいる。アナトリア東部のアルメニア人居住地がトルコ共和国に再併合される際には、多くの難民を出した

Plate.30 トルコ②

西洋化 VS 反西洋

オスマン帝国崩壊後のトルコは、西洋化に大きく舵《かじ》を切った。ところが西洋の一部になることはできず、反西洋への揺り戻しが起こる。その流れの中で、エルドアンは仇敵ロシアのプーチンを訪問した。

トルコはヨーロッパか

日本は、もと非西欧文化圏に属していながら、19世紀に欧米列強から度重なる圧力を受け、西欧文化を受けいれました。これと同じことがトルコでも起こりました。

西欧語（science や economy）を漢語（「科学」や「経済」）に翻訳することでその文化を移植した日本に対し、トルコの場合は、伝統的な**アラビア文字を廃止**し、ラテン文字（ローマ字）の使用を選択します。また、日本が君主制度を維持したのに対し、トルコはオスマン家の**君主を追放**しました。初代大統領のケマルは、トルコの近代化を推し進めるうえでイスラムの思想文化が障害になると考え、**政教分離**策をとり、公立学校での宗教の授業は禁止されました。国家神道を事実上の国教とした戦前の日本より、西欧化を徹底したのです。

第二次世界大戦後は、ソ連に対抗する西側同盟国の一員としてNATOに加盟し、多くのトルコ人が西欧諸国、とくにドイツに出稼ぎに行き、その復興を支えました。「欧州の先進国の一員になること」……これがトルコ人の夢だったのです。

しかし、この夢はいまも実現されていません。ヨーロッパ側の「**トルコは仲間ではない**」という強い差別意識に加え、「**トルコ人に雇用を奪われる**」という危機感がそれを妨げているからです。EUへの加盟を求めつづけてきたトルコが、いまだ加盟を果たせていないところにも、それが表われています。

「西欧への片思い」が実らなかったトルコ人のあいだで、**伝統への回帰、イスラム復興の風潮**が高まっていきます。そうした流れの中で登場したのが、イスラム神学校出身の**エルドアン**です。宗教扇動罪で服役したこともあるほどの熱心なイスラム主義者です。

2003年に首相に就任したエルドアンは、アメリカとイギリスが主導したイラク戦争やイスラエルによるガザ攻撃を激しく批判しました。そのまま10年間の政権を維持し、2014年には初の直接選挙で大統領に選ばれ、長期政権になると予測されています。

エルドアン大統領の独裁化によって「トルコの民主化は後退するだろう」というのが、欧米諸国の見方です。オスマン帝国の復興をめざしているのではないかとも見られています。彼は、2002年から廃止してきた死刑制度について、「国会や国民が求めるなら復活を承認する」と発言していますが、これが本音であれば、死刑制度を認めないEUへの加盟の可能性はますますなくなるでしょう。

エルドアンは訪問先のプーチンを「親愛なる友」と呼んだ

強まるユーラシア回帰

エルドアンが、それまでの欧米志向の外交態度を見直し、ユーラシア諸国との関係を重視してきたのは明白です。なかでもイランとの関係は深まり、2010年のテヘラン宣言で核エネルギーの交換までしています。

また、**歴史的に犬猿の仲だったロシアに急接近**しています。2016年7月に起こった親米派のクーデタが未遂に終わったのち、エルドアンが最初に訪問した要人がロシアのプーチン大統領でした。トルコはNATOの一員なので、欧米から見れば大問題です。とくにアメリカとの関係は、トルコがクーデタの首謀者と名指しする在米のギュレン師の引き渡しを拒否され、悪化の一途《いっと》です。

日本との良好な関係は健在です。東京オリンピック開催が決まったとき、安倍首相に真っ先に祝福の言葉を贈ったのは首相時代のエルドアンでした。彼の故郷であるイスタンブルが対立候補だったにもかかわらずです。2015年11月、トルコでのG20サミット

レジェップ・タイイップ・エルドアン（1954 −）
フェトフッラー・ギュレン（1941 −）

エルドアンの外交戦略

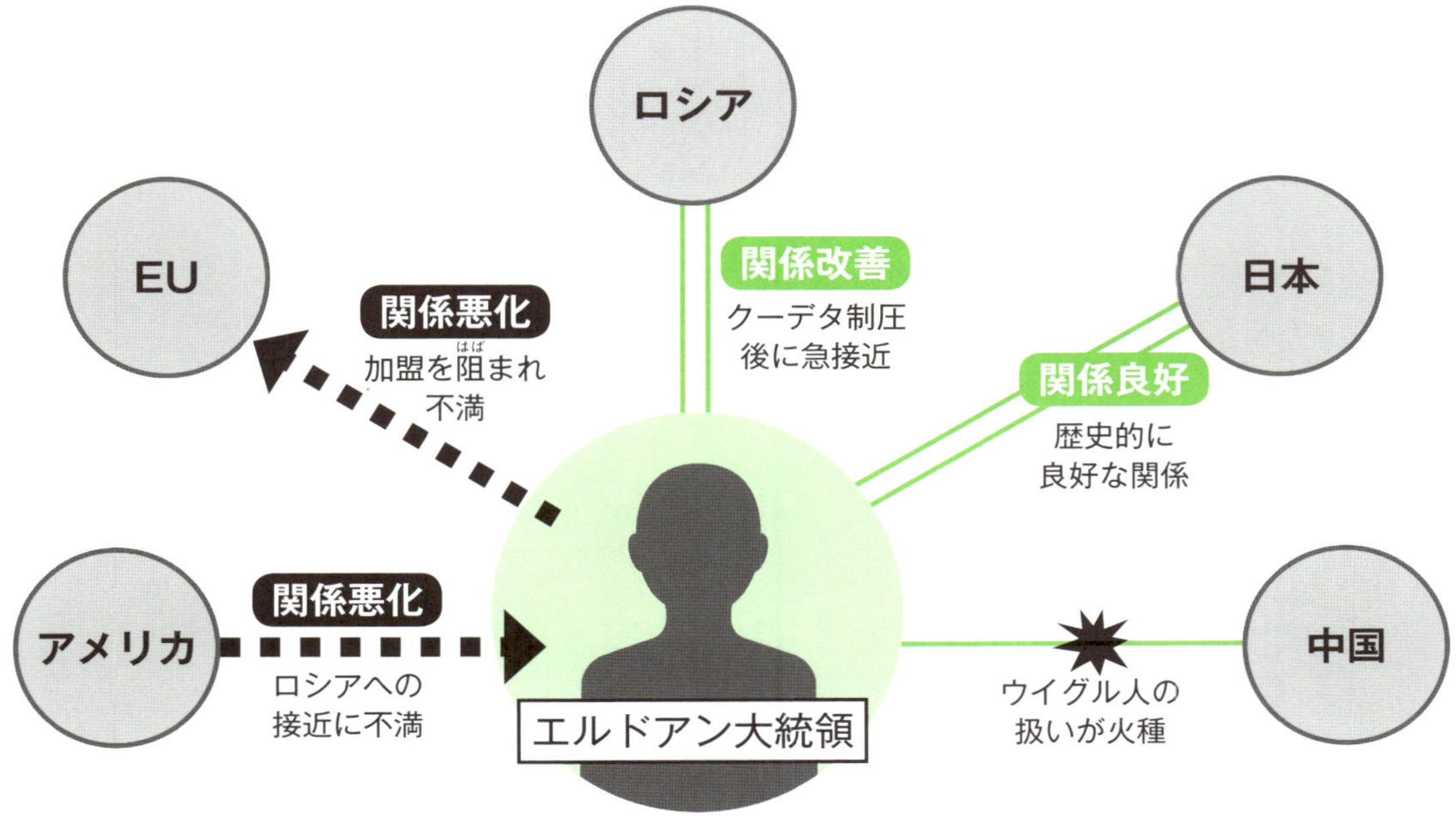

紀伊半島沖で沈没したエルトゥールル号

に参加した安倍首相は、エルドアン大統領とともに両国の合作映画『海難1890』を鑑賞しました。この映画は、1890年の**エルトゥールル号遭難者救出**と1985年の**テヘラン邦人救出**を描いたものです。

　エルトゥールル号はオスマン帝国海軍の軍艦で、日本への親善訪問から帰る途中、台風のため紀伊《きい》半島沖で沈没しました。500名以上の犠牲者を出す惨事でしたが、和歌山県串本《くしもと》の漁民たちが懸命の救出と介護を行ない、生存者96名が帰国しました。串本には、この事件を伝える碑と記念館があります。

　トルコ人はこのときの日本漁民の対応をたいへん恩義に感じ、のちに日露戦争で日本が勝利したときも、わが国のことのように喜びました。もちろん、トルコにとってのロシアが地政学上の敵だったということもあります。

　テヘラン邦人救出事件は、エルトゥールル号遭難の95年後に起こりました。イラクのサダム・フセイン大統領が、イランとの戦争が膠着《こうちゃく》するなか、イラン上空にある飛行機は軍用・民用を問わず、すべて撃墜すると通告します。猶予《ゆうよ》は48時間でした。各国政府があわててイランの首都テヘランに残された国民を救出しますが、日本は憲法の制約で自衛隊の輸送機を送れません。そのときトルコ航空の2機が自国民を後回しにして、すべての日本人を脱出させたのです。トルコ国民は陸路を使って帰国しました。彼らはエルトゥールル号の恩を返したのです。

　1999年のトルコ北西部大地震は、1万7千人以上が亡くなる大災害でした。日本は官民が団結して仮設住宅の提供など最大規模の援助を行ないました。

　トルコ人のルーツは、ユーラシア大陸の中央にあります。古代の中華王朝が恐れた北狄《ほくてき》の正体は、トルコ系（チュルク系）だったといわれています。丁零《ていれい》や鉄勒《てつろく》、6世紀に出現する突厥《とっけつ》はトルコ系の国家です。西へ移動していったトルコ系民族がアナトリアにたどりつき、いまのトルコが生まれました。一方、故地に残されたトルコ系がウイグル人です。彼らに対する中国政府の迫害が、トルコとの新たな火種になる可能性があります。

エルトゥールル号の生存乗組員の子孫と面会した安倍首相

Plate.31 中東①

紛争の種はイギリスとフランス

中東分割を狙うイギリスは、オスマン帝国の支配下にあったアラブ人の民族主義を利用する。帝国の崩壊後、イギリスがイラクとパレスチナを、フランスがシリアを支配下に入れた。

仕組まれたアラブの反乱

第一次世界大戦は、中東に進出したいイギリスやフランスなどの連合国が、ドイツと結んだオスマン帝国の解体をもくろんだという一面もありました。イギリスはこの戦争を「**トルコ人に支配されてきたアラブ人の解放のため**」と、正当化します。

かつては北アフリカからインドに至る大帝国を築いたアラブ人でしたが、しだいに領地を縮小していき、11世紀には中央アジアからやってきたトルコ騎馬軍団**セルジューク族**によって蹂躙《じゅうりん》されました。その後はモンゴル人の支配を経て、16世紀以降は**オスマン帝国**がアラブの支配者になりました。

イスラムの聖地メッカ。ハーシム家が拠点を置いていた

さらに、18世紀以降はオスマン家が「**カリフ**」を勝手に名乗るようになります。カリフは「預言者ムハンマドの代理人」を意味するイスラム教スンナ派の教団最高指導者で、アラブ人から選ばれてきました。その地位をトルコ人に奪われてしまったのでした。

こうしたアラブの屈辱の歴史を熟知したイギリス外交官**マクマホン**は、**ハーシム家の当主フサイン**と接触します。マクマホンは、インドとチベットの国境（マクマホン・ライン）の画定にかかわった人物です。ハーシム家は、預言者ムハンマドを出した家柄でしたが、聖地**メッカ**でオスマン帝国の地方長官の地位に甘んじていました。マクマホンはフサインに、「あなたこそカリフにふさわしい」と持ちあげ、オスマン帝国からの独立をかかげた蜂起《ほうき》を提案します。

フサインの三男**ファイサル**がベドウィン（遊牧民）を率いて挙兵しますが、近代化されたオスマン軍には敵《かな》いません。そこで、彼らの軍事訓練を行ない、実戦の指揮をとったのが、映画『**アラビアのロレンス**』の主人公で知られるイギリス陸軍の情報将校トーマス・ロレンスでした。イギリスから武器の提供も受け、「アラブの反乱」がお膳立《ぜんだ》てされたのでした。

オスマン帝国に抵抗するアラブ軍を指導した「アラビアのロレンス」

ハシゴを外《はず》される

大戦中の1916年5月、オスマン帝国の敗北が濃厚になると、イギリスはフランスやロシアと密約を結びます。これは、原案を作成したイギリス外交官サイクスと、フランス外交官ピコの名をとって、**サイクス・ピコ協定**と呼ばれています。ロシアの首都ペトログラードで戦後のオスマン帝国の解体が英・仏・露の3国によって決められ、イギリスがフサインに約束した**フサイン・マクマホン協定**は反故《ほご》にされました。「アラブ独立」は二重外交の表の面でした。裏の面では、この秘密協定によってアラブ人居住地域の分割がすでに確定されていたのです。

ペルシア湾に面した現在の**クウェート**、のちに**イラク**となるメソポタミアの地、のちに**ヨルダン**となる地がイギリスの勢力圏となりました。また、**パレスチナ**の地は国際管理とされますが、ここもイギリスが統治を委任されることになり、これによってイギリスは、念願だった地中海からペルシア湾に抜ける陸路を確保します。

一方、フランス勢力圏とされたのが、**シリア**です。これには、のちに**レバノン**となる地

ヘンリー・マクマホン（1862 － 1949）　フサイン・イブン・アリー（1853 － 1931）　ファイサル・イブン・フサイン（1883 － 1933）
マーク・サイクス（1879 － 1919）　フランソワ・ジョルジュ・ピコ（1870 － 1951）　バッシャール・アル・アサド（1965 － ）

イスラム帝国の最大版図

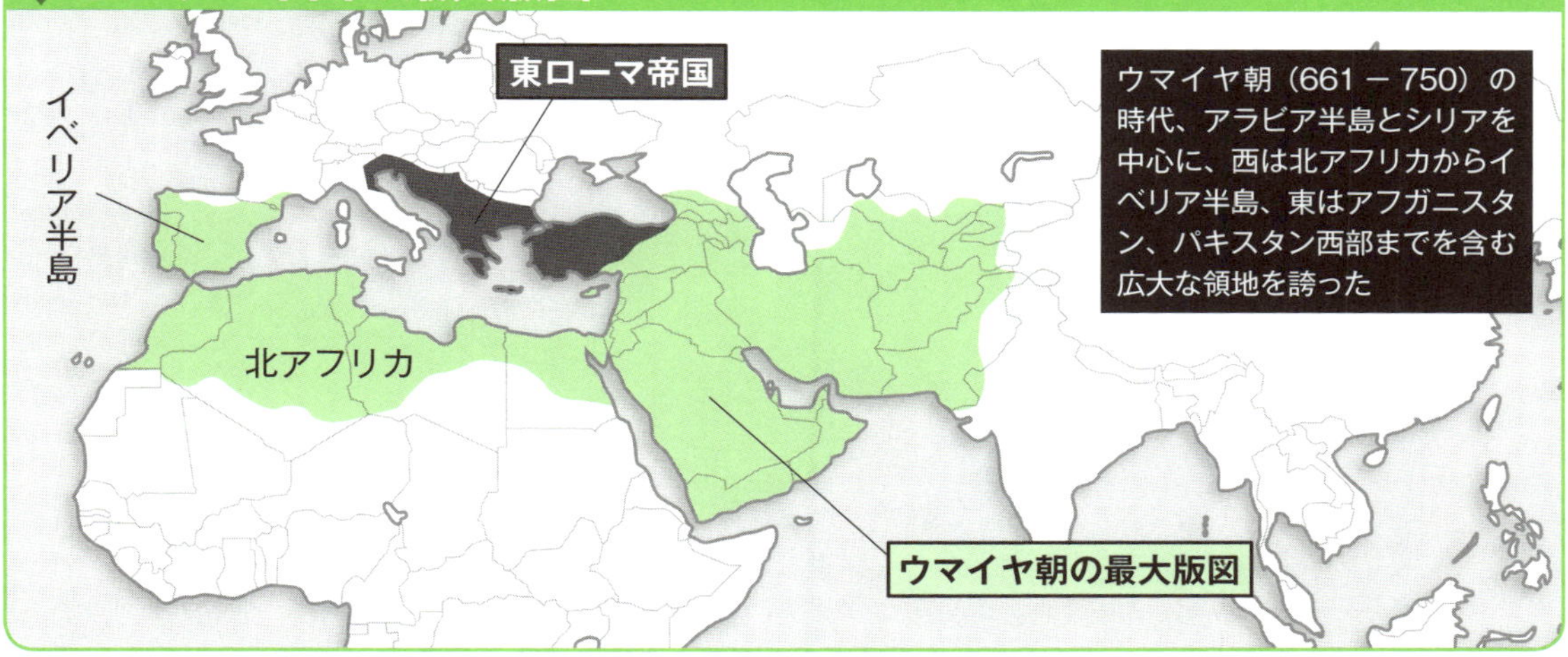
東ローマ帝国
ウマイヤ朝（661 － 750）の時代、アラビア半島とシリアを中心に、西は北アフリカからイベリア半島、東はアフガニスタン、パキスタン西部までを含む広大な領地を誇った
イベリア半島
北アフリカ
ウマイヤ朝の最大版図

イギリスとフランスがつくりだした中東紛争

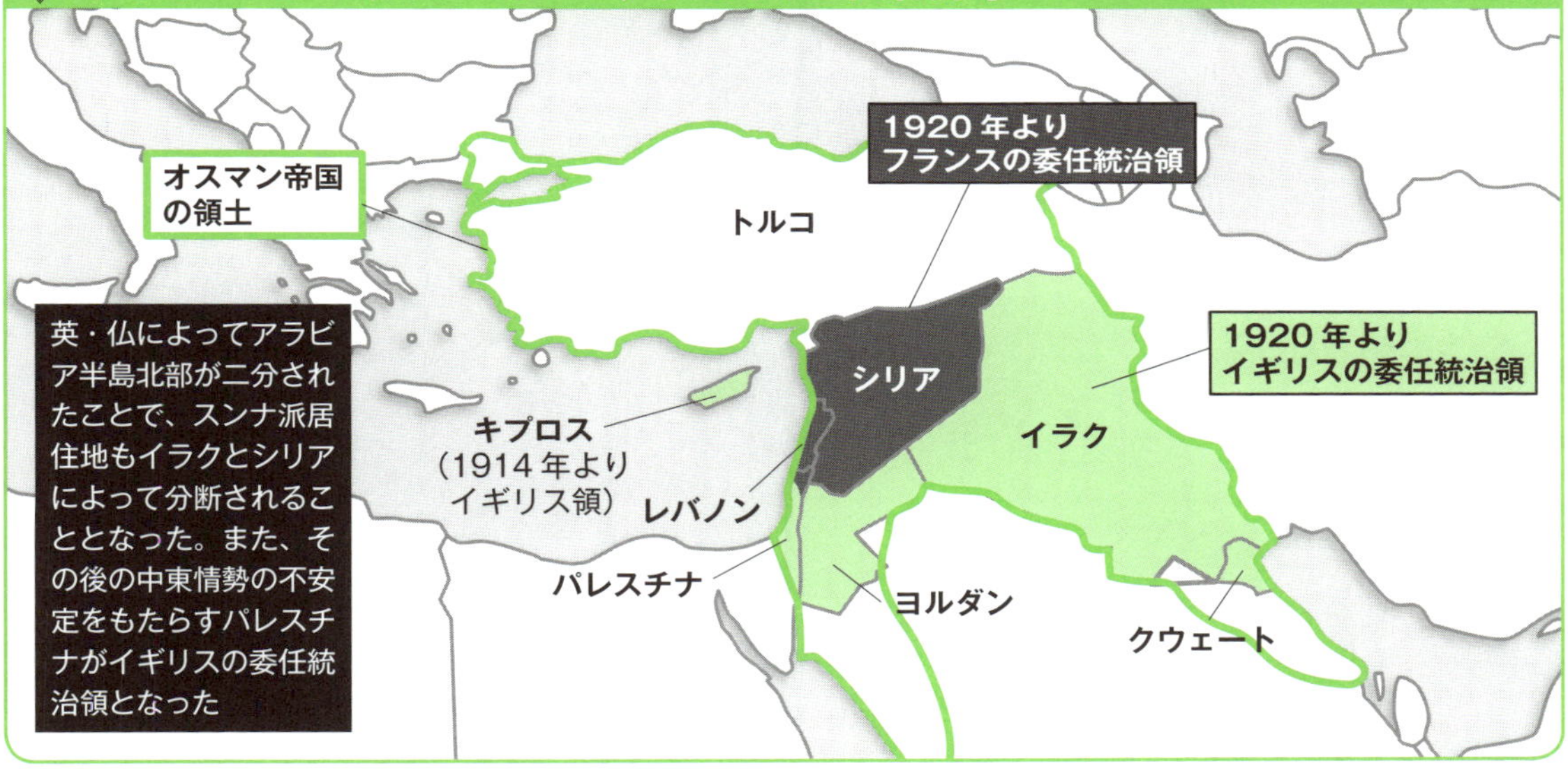
1920 年より
フランスの委任統治領
オスマン帝国
の領土
トルコ
英・仏によってアラビア半島北部が二分されたことで、スンナ派居住地もイラクとシリアによって分断されることとなった。また、その後の中東情勢の不安定をもたらすパレスチナがイギリスの委任統治領となった
シリア
1920 年より
イギリスの委任統治領
キプロス
（1914 年より
イギリス領）
レバノン
イラク
パレスチナ
ヨルダン
クウェート

中海東岸の地が含まれています。フランスは、地中海を経由して中東に進出する足がかりを得ました。

　つまり、現在のイラクとシリアの国境はこのとき決められたものです。国境線が直線なのも、アラブ人が参加しない場で、第三者の都合で引かれたからです。現地の事情を無視したため、内陸部に居住していたスンナ派アラブ人も両国に分割されてしまいました。その代わりに、イラクにはシーア派アラブ人やスンナ派クルド人が、シリアにはアラウィ派アラブ人やマロン派キリスト教徒が混住することになります。現地の住民が自分たちで国境を決めていたら、こんなふうにはならなかったでしょう。

　のちにイラクの独裁者となる**サダム・フセイン**は、スンナ派出身です。彼は国内では少数派であるスンナ派アラブ人の権利を守るために、多数派のシーア派アラブ人やクルド人を抑圧しました。このことが、イランとの戦争やイラク戦争の火種となったわけです。

　同じように、シリア内戦を引きおこした**アサド**大統領も、宗教派閥の対立に悩まされます。彼は、植民地時代にフランスと協力した少数派アラウィ派の出身です。国内多数派のスンナ派に圧制を加えた結果、強大な反政府組織を生みだし、その一部が過激化してＩＳに合流しました。

　イラクとシリアの内戦の原因が、サイクス・ピコ協定にあるのは明白です。

Plate.32 中東②

アラブ民族主義の目覚め

オスマン帝国を解体して中東支配を強めてきたイギリスは、アラブ人の抵抗によって、その支配圏を縮小していく。アラビア半島にアラブ人の王朝サウジアラビアが誕生し、エジプトはスエズ運河の利権をとり戻した。

アラブ諸国の誕生

サイクス・ピコ協定など知りもしないハーシム家のファイサルが率いるアラブ軍は、シリアのダマスカスまで北上します。ここで同地を占領していたフランス軍とかち合い、ようやく騙《だま》されていたことに気づきます。

このとき、後方にはハーシム家をおびやかす勢力が現われました。アラビア半島中部の**リヤド**を拠点とするイスラム原理主義（**ワッハーブ派**）の**サウード家**です。

サウード家から見れば、カリフを僭称《せんしょう》するトルコ人王朝のもとで地方長官をつとめ、今度は異教徒イギリスの口車に乗ってその手先となったハーシム家が、カリフを継承することこそ認められませんでした。

サウード家の当主**イブン・サウード**は、ハーシム家討伐の兵を**メッカ**に向けます。ハーシム家のフサインは、イギリスに助けを求め、英領キプロス島に亡命しました。

1926年、メッカを奪ったイブン・サウードは、アラビア半島を統一して「サウード家のアラビア」――**サウジアラビア王国**を建国します。

敗れたフサインのふたりの息子、次男アブドラと三男ファイサルもメッカを離れ、イギリスの後押しで、それぞれ**トランスヨルダン**王、**イラク**王となります。トランスヨルダンはのちのヨルダンです。

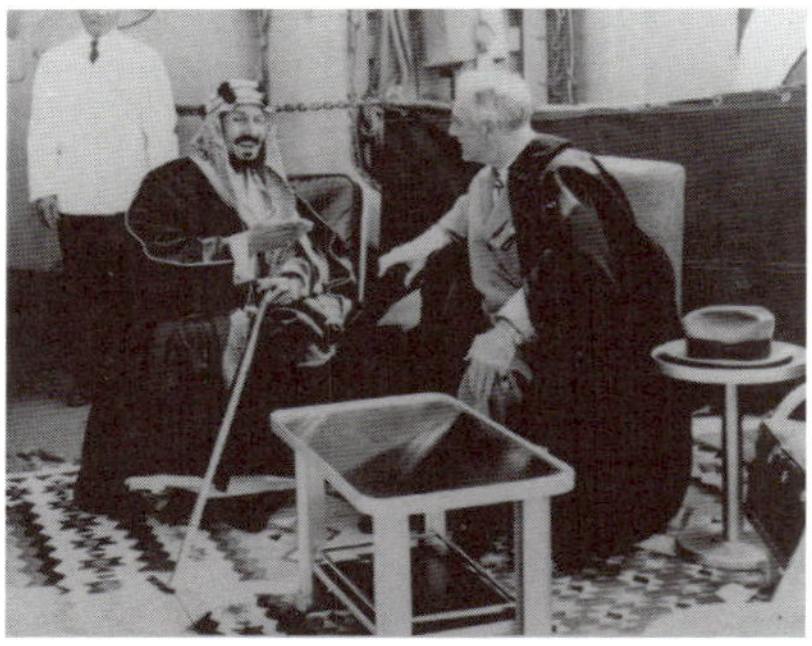
サウジアラビアの建国者イブン・サウード。右はアメリカのフランクリン・ローズヴェルト大統領

アラビア半島もインドの場合と同様、イギリス植民地支配の原則――「**分割して、治めよ**」によって統治されました。イギリスはその勢力圏を委任統治領とすると、イラクとトランスヨルダンに分割します。名目的な独立を与えながら、サウード家の攻撃からハーシム家出身の王族を守るという名目でイギリス軍の駐留を認めさせ、おまけに石油採掘権を手に入れたのです。

このように、形式的には独立国家の体裁を持ちながら、外交などに自己決定権がなく、実質的には外国の支配下にある国を**傀儡《かいらい》国家**といいます。これに対し、条約を結んで正式に外交権を外国に委ねた場合が**保護国**で、傀儡国家とは区別しています。

独立後70年間も米軍の主力を駐留させ、それに国防を委ねつづけた結果、アメリカに周辺国との外交もコントロールされてきた日本という国は、はたして真の独立国家といえるのか、という議論が出てきます。

イギリスとフランスから利権をとり戻す

20世紀半ばまでの**エジプト王国**も、イギリスの傀儡国家でした。ムハンマド・アリー家を国王として、形式的な独立国の体裁を与えると、その政権と協定を結び、**スエズ運河**を防衛する名目でイギリス軍の駐留を認めさせていたのです。ここを通行する船舶から得る使用料も、イギリスとフランスの利権となっていました。

地中海と紅海を結ぶスエズ運河は、インド貿易のルート上のチョーク・ポイントとして各国が争奪を繰りかえしました。最初に動いたのはフランスで、エジプトをオスマン帝国から切り離すのに成功すると、外交官**レセップス**がエジプト王家をまるめこんで、スエズ運河の建設を承諾させます。

最初はフランスとエジプトの共同出資でしたが、エジプト政府が財政危機におちいると、エジプトの持ち株はイギリスに買いとられ、スエズ運河は英・仏の共同管理となりました。

エジプトは、形式的にはオスマン帝国の一部です。第一次世界大戦が起こると、イギリスはエジプトを保護国とし、オスマン帝国から切り離します。エジプトがオスマン帝国側につけば、これまで築いてきた権益が白紙になってしまうからです。

イブン・サウード（1875 – 1953）　フェルディナン・ド・レセップス（1805 – 1894）
ガマール・アブドゥル・ナセル（1918 – 1970）

戦後、独立運動が起こると、イギリスはエジプトの形式的な独立を認めましたが、軍隊は駐留を続け、スエズ運河の権益を保っていました。親英王政の存続がそれを可能にしていたのです。

エジプトの真の独立は、第二次世界大戦後です。アラブ諸国とイスラエルが戦ったパレスチナ戦争の戦後処理で、国民のあいだには**親英王政に対する不満**が高まっていました。

パレスチナ戦争から帰還した**ナセル**大佐は、自由将校団を結成すると、クーデタを起こして親英派の国王を追放、1953年に**エジプト共和国**を建国します。

これに反発したイギリスとフランスは、ナイル川上流で建設中だった**アスワン・ハイダム**への世界銀行の融資を凍結するよう圧力をかけます。

窮地に立ったエジプトに手をさしのべたのが、中東への影響力拡大を図るソ連でした。1956年、大国の支持を得たナセルは**スエズ運河の国有化を宣言**します。そこで得た利益をダム建設にあてようと考えたのです。

スエズ運河の権益を守りたいイギリスとフランスが、イスラエルを誘ってエジプトに侵攻させます。**スエズ戦争**の勃発《ぼっぱつ》です。エジプトはソ連の支援を受けていましたが、イスラエルの攻撃に押されて敗戦濃厚となり、アメリカの支援を求めます。

ところが**アメリカはソ連と協力して、国連で即時停戦を求める決議を採択**させました。アイゼンハウアー大統領はソ連との冷戦の「雪解け」を優先させた結果、「イスラエルやその背後のイギリスとフランスを支援しない」という選択をします。英・仏は勝利の寸前で撤退させられ、スエズ運河の利権を手放すことになりました。その政治的影響力も大きく後退し、代わってアメリカがこの地域で台頭するのです。

軍事的には敗北していたエジプトは、**国際政治の力学によって勝利を得た**のです。

社会主義政権の誕生と終焉

エジプト国民だけでなく、アラブ世界すべての民衆が「ナセルの偉業」に歓喜しました。ナセルの革命をモデルにした**反米・アラブ民族主義**の指導者が、次々に出現しました。**シリアのアサド**（アサド現大統領の父）、**イラクのサダム・フセイン**、パレスチナのアラファト、**リビアのカダフィ**などです。

彼らはソ連から莫大な軍事援助をもらって、アメリカやイスラエルと敵対し、国内にはソ連型の一党独裁と計画経済を採用しました。その結果、ソ連と同様に、国民は勤労意欲を失い、経済成長は止まり、ついにはソ連崩壊（1991年）で最大の援助国を失います。

この間、景気が低迷する祖国を見限った多くのアラブ人が西欧諸国へ出稼ぎに出ました。彼らはそのまま西欧諸国に住みつき、**欧州移民問題**（30ページ）という新たな火種となっていくのです。

90年代、アメリカは財政支援をエサに「経済の自由化」をアラブ諸国に要求します。アメリカ型自由主義は経済を活性化させた反面、貧富の格差を拡大させました。人々の不満は政権批判に転じ、これもアメリカが持ちこんだ携帯電話やソーシャルメディアによってまたたく間に広がりました。いわゆる「**アラブの春**」です。

かつての親ソ政権が次々に崩壊したあと、アラブ世界に出現したのは**西欧型民主主義**ではなく、**イスラム原理主義**でした。エジプトでは**ムスリム同胞団**を母体とする政権が生まれましたが、軍事クーデタで倒されます。シリアでは、アラブ最後の社会主義政権であるアサド政権と、イスラム過激派集団IS、親欧米派の武装組織が、三つ巴《どもえ》の戦いを続けています。

中東をかき回すイギリス

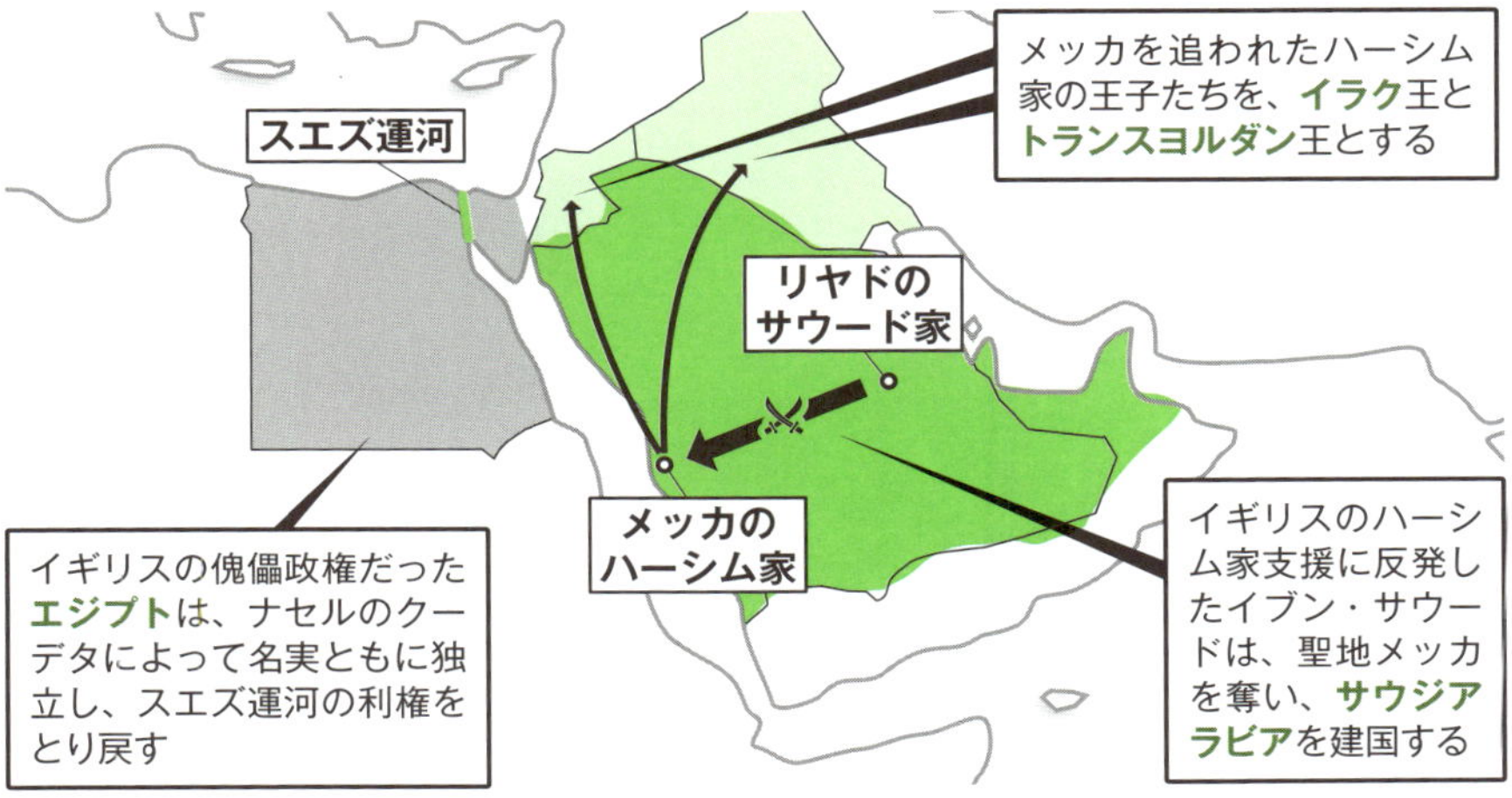

スエズ運河
メッカを追われたハーシム家の王子たちを、イラク王とトランスヨルダン王とする
リヤドのサウード家
メッカのハーシム家
イギリスの傀儡政権だったエジプトは、ナセルのクーデタによって名実ともに独立し、スエズ運河の利権をとり戻す
イギリスのハーシム家支援に反発したイブン・サウードは、聖地メッカを奪い、サウジアラビアを建国する

70ページの写真 © AP／アフロ

Plate.33 中東③

アラブ民族主義からイスラム原理主義へ

アラブ民族主義の体現者だったサダム・フセインを米・英が倒したことで台頭したのが、イスラム原理主義だった。同じ動きは、「アラブの春」で独裁体制が崩壊したエジプト、リビア、シリアでも繰りかえされている。

サダム・フセインの抵抗と敗北

エジプトのナセルがイギリスとフランスの干渉を排除すると、アラブ民族主義の英雄に続けと、「**アラブ統一、反欧米、反イスラエル、親ソ**」をかかげた独裁者が次々と登場します。彼らはいずれも**軍事独裁**によって**世俗化・近代化政策**を進めます。そのひとりが、イラクの**サダム・フセイン**です。

しかしフセイン政権下のイラクより国王専制のサウジアラビアのほうが、よほど言論の自由や女性の権利は抑圧されてきました。石油利権も王族のものですが、その利益を欧米の石油資本と分けあうことでアメリカの庇護《ひご》を受け、国際社会から国内の人権問題を非難されることもほとんどなかったのです。

アメリカにとっての中東の価値は石油利権です。これを守るため、ペルシア湾と紅海、地中海に艦隊が送られ、石油の国際価格を欧米の石油資本7社「セブンシスターズ」が決めていました。中東の産油国は**石油輸出国機構（OPEC《オペック》）**を結成し、原油を外国資本から安く買いたたかれることに抵抗します。

イラクでは第二次世界大戦後、ハーシム家の王政がクーデタで倒され、再度のクーデタで**バース党**の**バクル**が政権を握ります。バース党政権はソ連の支援を受けていました。フセインは、バクルの後継者です。

バース党は、党名の「バース」がアラビア語の「復興」を意味するように、**アラブ民族主義と社会主義を標榜**します。創設者は共産党員であり、イスラムの伝統的価値を軽視し、近代化を前提としているため、伝統回帰をとなえる**イスラム原理主義の理想とは対立**しています。

バース党は、もとはシリアで誕生しました。現シリア大統領のアサドや、その父でやはり大統領だったハーフィズ・アル＝アサドもバース党員です。シリアのバース党がイラクに分派をつくり、そこからイラクの政権が生まれたのです。イギリスやフランスによってつくられた国境を越えてアラブ世界が結びついているのがわかります。

1989年末に冷戦の終結が宣言され、まもなくソ連が崩壊すると、ソ連からイラクへの軍事援助はなくなります。イランとの戦争で財政難におちいったフセイン政権が、大油田のある隣国クウェートに侵攻したとき、**国連安保理事会はイラクに対する軍事制裁を決議**しました。「冷戦終結」でアメリカとの蜜月を演出したソ連のゴルバチョフ政権が、賛成に回ったからです。

1991年、アメリカのブッシュ・シニア政権はイギリスとともにイラク本土を空爆します。これが**湾岸戦争**です。アラブ民族主義政権を倒し、**イラクにおける石油利権を回復するチャンス**と考えていました。敗れたフセインはクウェートから撤退しましたが、政権は維持します。

アメリカ兵によって引き倒されるフセイン元大統領の銅像

2001年の9・11同時テロ後、ブッシュ・ジュニア政権はこれをアルカイダの犯行と断定し、「**サダム・フセインがアルカイダとつながっており、大量破壊兵器を開発している**」と主張します。そしてイギリスのブレア政権を引きいれると、イラク攻撃を始めました。この**イラク戦争**は、中・露はもちろん、NATOの同盟国であるフランスも反対したため、国連安保理事会の承認を得られず、有志連合軍という形で行なわれます。

米英連合軍は首都**バグダード**を攻略します。結局、大量破壊兵器は出てきませんでしたが、サダム・フセインはシーア派民兵に処刑され、その映像がインターネットで世界に拡散しました。

ブッシュ・ジュニア政権は、第二次世界大戦後の日本をアメリカ占領軍が「民主化」したように、イラク占領もうまくいくだろうと考えていました。しかし日本は戦前から憲法と国会が機能しており、アメリカに民主主義を教えてもらったわけではありません。昭和天皇自身が立憲君主を自任する「護憲派」で、フセインのような独裁者ではありません。そ

サダム・フセイン（1937 – 2006）　アフマド・ハサン・アル・バクル（1914 – 1982）
ハーフィズ・アル・アサド（1930 – 2000）

していちばんの違いは、島国の日本は国民意識が統合されていたことでしょう。英・仏が国境線を引いた**人工国家**のイラクでは国民意識は希薄で、部族意識や宗派意識が強烈なのです。

ついにパンドラの箱が開く

イラクを牛耳《ぎゅうじ》っていたスンナ派のバース党員たちは、シリアとの国境地帯に逃亡します。米軍占領下でイラクの「民主化」が進む一方で、治安はフセイン時代より悪化します。世俗主義のフセイン政権は、イスラム原理主義とその過激派を抑圧していたのです。**抑圧者フセインがとり除かれたことで、かえってイスラム原理主義の過激派たちは息を吹きかえす**ことになりました。これは欧米諸国にとって予想外の展開です。

隣国シリアでも同じことが起こります。アサド政権が「アラブの春」で揺らぐと、被支配層のスンナ派を中心とする反政府軍が組織され、内戦状態に入りました。その一部とイラク西部で勢力を伸ばしていた同じスンナ派の過激派が結びつき、旧フセイン政権の残党も合流します。

こうして、**スンナ派の過激派組織**「**イスラミック・ステイト（IS）**」が生まれました。イスラム原理主義をかかげる彼らの活動領域は、イラクとシリアの国境線にまたがっています。これは**サイクス・ピコ協定の明確な否定**です。

ISの目標は、すべてのスンナ派イスラム教徒を統合したカリフ国家の復興です。ですから、彼らが「異端」と見なす**シーア派のイランも敵**、**イスラム教徒のウイグル人を抑圧する中国も敵**なのです。

西側世界がイスラム原理主義と呼んでいる運動は、18世紀の**ワッハーブ運動**に始まりました。サウジアラビアを建国したサウード家は、この思想に影響を受けます。アルカイダを組織したオサマ・ビンラーディンもワッハーブ派です。

また、親英王政下のエジプトで創設されたムスリム同胞団は、当初は貧困者への施《ほどこ》しを行なう穏健な互助組織でしたが、ソ連と結んで世俗主義をとるナセル政権に弾圧され、一部が過激化します。

イスラム原理主義それ自体は、『コーラン』に記された「**アッラーの前の万民平等**」社会を実現しようとする思想です。欧米型でもソ連型でもない、第三の道です。イラン革命はその回帰をめざした運動でした。

しかし、西側世界が都合よくアラブ世界につくりだしてきた「ソ連型独裁政権モデル」も、「アメリカ型自由主義モデル」も破綻《はたん》し、それらに反発する民衆がイスラム回帰をかかげた過激派へ同調することで、現在の混乱は起きています。すべては、支配層の腐敗と、被支配層とのあいだにある貧富の差の拡大への怒りが原因なのです。

ISの支配地域（2014年6月）

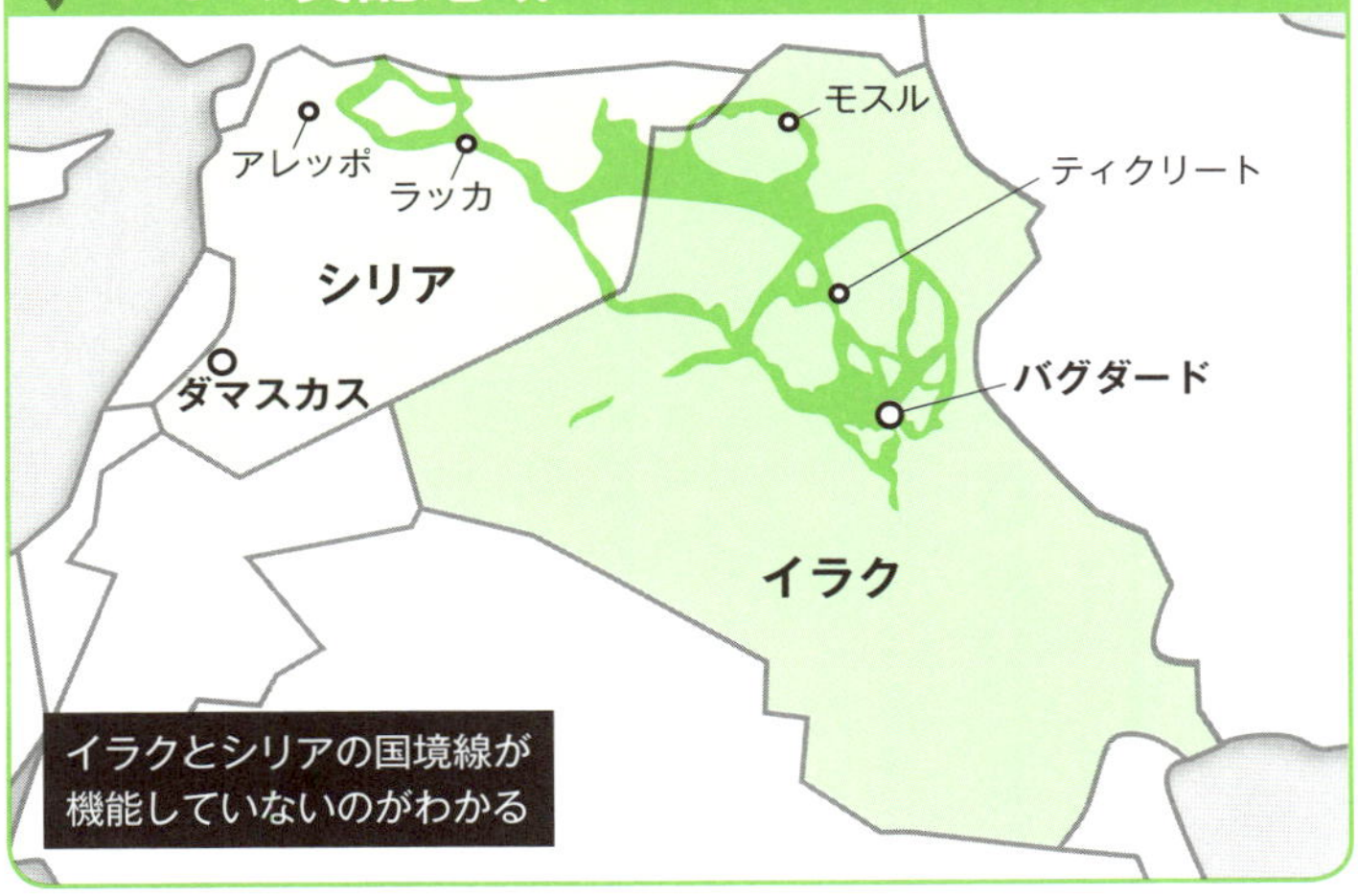

結局、イスラム原理主義しかない

オスマン帝国の支配から解放されたい
↓
英・仏の支援を受けた結果、その支配下に入れられてしまう
↓
英・仏の支配から解放されたい
↓
ソ連の支援を受けるが、計画経済は失敗し、ソ連も崩壊してしまう
↓
豊かになりたい
↓
アメリカが求める民主化と経済の自由化を受けいれた結果、経済格差が拡大する
↓
イスラムの伝統に回帰し、古き良き時代をとり戻すしかない
↓
「アラブの春」で独裁政権が崩壊、部族間、宗派間の対立が激化

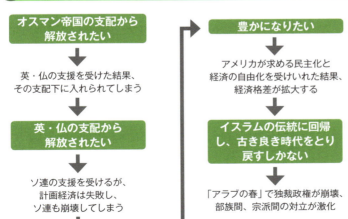

Plate.34 イスラエル①

大国の思惑によって建国される

ヨーロッパでの迫害を受けていたユダヤ人は、「約束の地」への移住を夢みる。イギリスによってパレスチナにユダヤ国家の建設が約束されるが、地政学的条件は最悪だった。

迫害されたユダヤ人が夢みる約束の地

オスマン帝国下の中東では、ユダヤ人とアラブ人は平和共存していました。『コーラン』にも「ユダヤ教徒とキリスト教徒は啓典《けいてん》の民（同じ神の言葉を信じる民）であるから尊重しなさい」と記されています。

一方、中世ヨーロッパのユダヤ人は差別され、土地所有も禁じられていました。そこで、才覚ひとつでやれる医者や金融業者になる者が多かったのです。ユダヤ教では同じユダヤ教徒から利子をとることを禁じていますが、裏を返せば異教徒から利子をとるのは自由です。**ロスチャイルド家**に代表される大資本家が現われ、イギリス政府にスエズ運河会社の株の取得資金を提供するなど政商の地位を確立します。一部の資本家の成功によって「ユダヤ人は金に汚い」という偏見が生まれ迫害されますが、大多数のユダヤ人は貧困層でした。

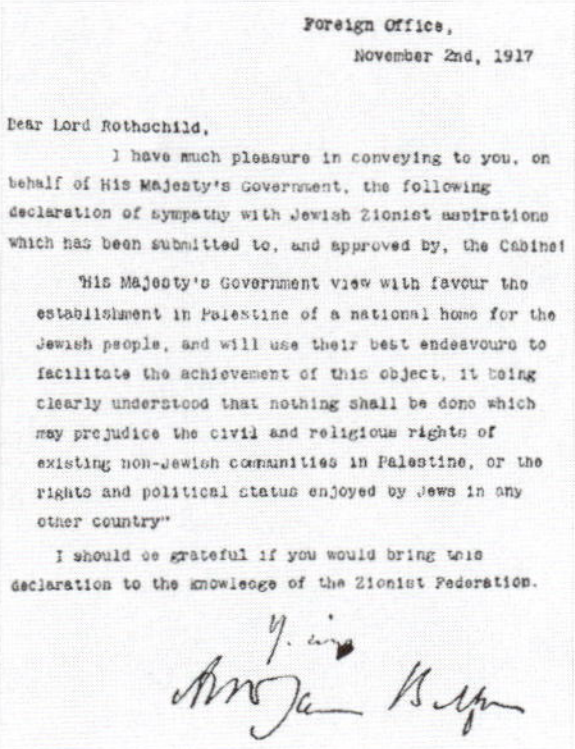

Foreign Office,
November 2nd, 1917

Dear Lord Rothschild,

I have much pleasure in conveying to you, on behalf of His Majesty's Government, the following declaration of sympathy with Jewish Zionist aspirations which has been submitted to, and approved by, the Cabinet

"His Majesty's Government view with favour the establishment in Palestine of a national home for the Jewish people, and will use their best endeavours to facilitate the achievement of this object, it being clearly understood that nothing shall be done which may prejudice the civil and religious rights of existing non-Jewish communities in Palestine, or the rights and political status enjoyed by Jews in any other country"

I should be grateful if you would bring this declaration to the knowledge of the Zionist Federation.

英外相バルフォアからロスチャイルド家当主に送られた書簡

「ヨーロッパに安住の地はない」と考えたユダヤ人たちは、「約束の地」に祖国を再建することを夢みます。「約束」とは、『旧約聖書』の中で、唯一神ヤハウェがユダヤ人の祖アブラハムに告げた「**エジプトの川（ナイル川）からユーフラテス川まで、すべての土地を与える**」という言葉です。シナイ半島からパレスチナ、ヨルダン、シリア、イラクの西半分を含む広大な土地でした。その中心にあるのがシオン、つまり聖地**エルサレム**で、この地をとり戻そうという思想が**シオニズム**です。

行き場のないユダヤ人が押し寄せる

実際問題として「約束の地」はオスマン帝国の領内でしたから、ユダヤ国家の建設は夢物語のように思われました。しかし第一次世界大戦でオスマン帝国が敗れ、その解体がサイクス・ピコ協定で密約されたことで、夢は現実味を帯びてきます。

シオニスト連盟会長をつとめていたロスチャイルド当主のもとへ、イギリス外相バルフォアから公式の書簡が届きます。そこには、戦時国債を引き受けてもらう代わりに、「**ユダヤ国家がパレスチナに建設できるよう最大限の努力をする**」と記されていました。これがイスラエル建国の根拠とされる**バルフォア宣言**です。

戦後、パレスチナはイギリスの委任統治領となり、ヨーロッパからのユダヤ人受けいれが始まります。しかし約束の地パレスチナは、ヨーロッパの文明社会のもとで育った者には想像もできないような荒涼とした地でした。周囲を敵対的なアラブ人国家に囲まれているだけでなく、わずかな水源となる**ヨルダン川**は水量も乏しく、水源の**ゴラン高原**はシリア領内。油田もありません。この地の地政学上の条件は最悪でした。現実を知ったユダヤ人の多くは、移民先をアメリカに変えます。

いまもゴラン高原に残されたイスラエル軍戦車の砲塔

このときのアメリカは共和党政権で、移民の受けいれに反対する「ワスプ（白人系プロテスタント）」が主要な支持層でした。野党の民主党は移民の受けいれに積極的で、ユダヤ人の資金力が民主党の勢力拡大に貢献していました。**共和党政権は「敵に塩を送るなとばかりに移民を制限**します。

ちょうどそのころ、革命後のロシアから多くのユダヤ人が流出していました。アメリカの門を閉ざされたことで行き場を失った彼らが、パレスチナの地に押し寄せてきたのです。

１９３０年代に入ると、今度はドイツでユダヤ人排斥《はいせき》を政策として進めるナチス政権が

ライオネル・ウォルター・ロスチャイルド(1868 – 1937)
アーサー・バルフォア(1848 – 1930)

誕生します。ナチス・ドイツは自国だけでなく、ポーランドなど東欧諸国やフランスにも侵略し、そこに長く居住してきたユダヤ人まで排斥しました。大量のユダヤ人が難民となってパレスチナに流れこみます。

このときはまだユダヤ国家は成立していません。イギリスの委任統治領（事実上の植民地）だったパレスチナでは、武装化するユダヤ人と、それまでこの地に住んでいたアラブ人との衝突が繰りかえされました。事態の収拾をあきらめたイギリスは途中で放りだし、問題の解決を国連にあずけてしまいます。

『旧約聖書』に記された「約束の地」

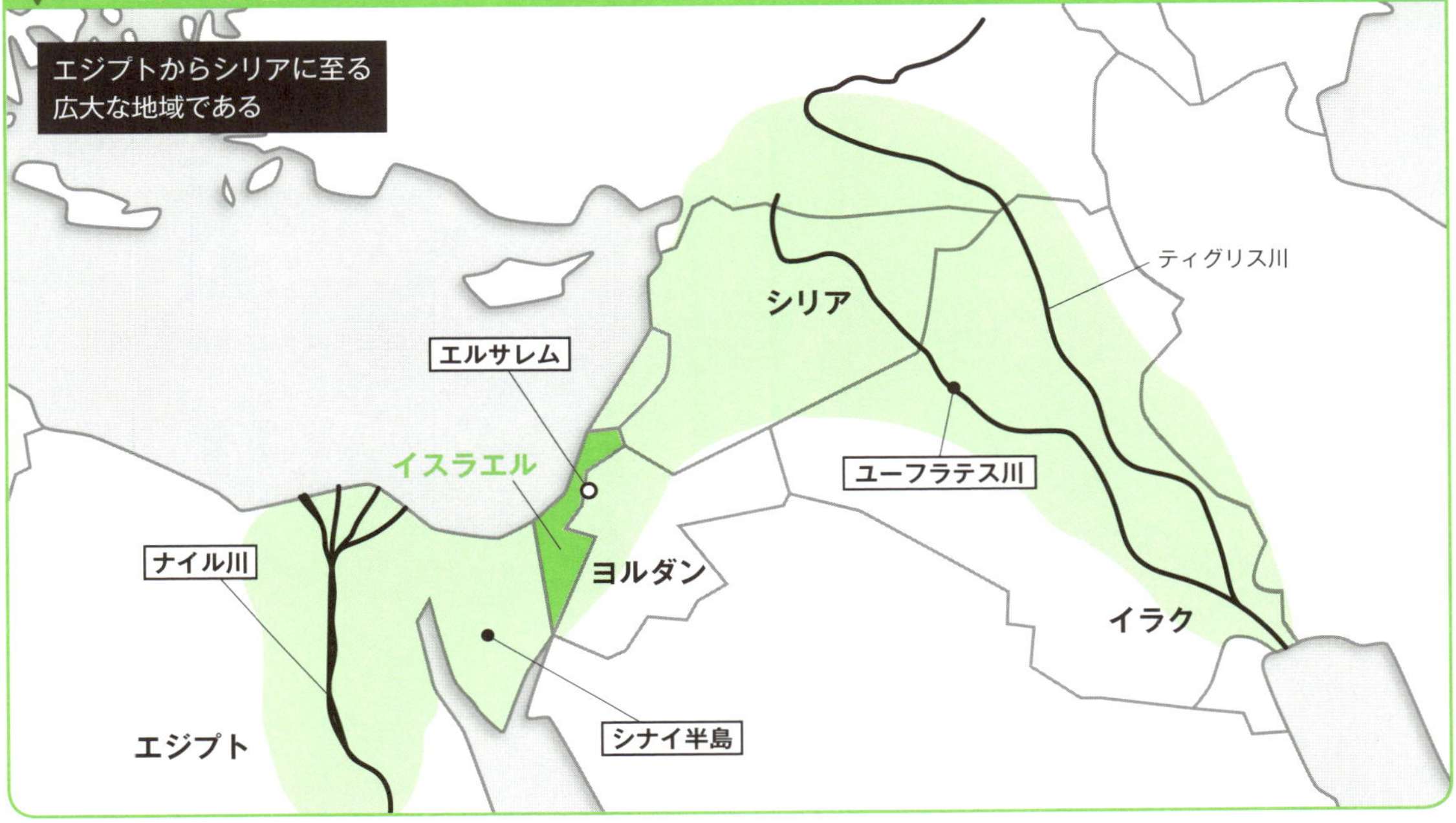

世界のユダヤ人人口

アメリカはイスラエルに次ぐユダヤ人人口をかかえ、両国を合わせると、全ユダヤ人人口の8割以上に達する

（2011年 “Jewish Demographic Policies” による 2010年の数値）

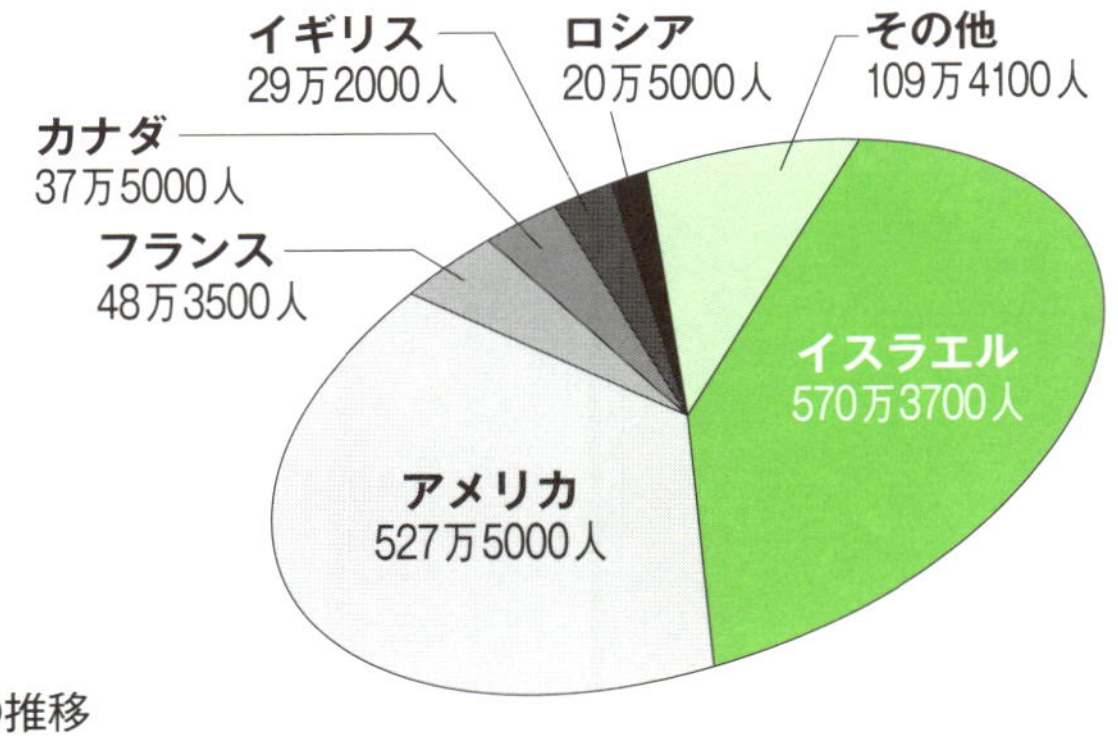

ユダヤ人の人口比率の推移

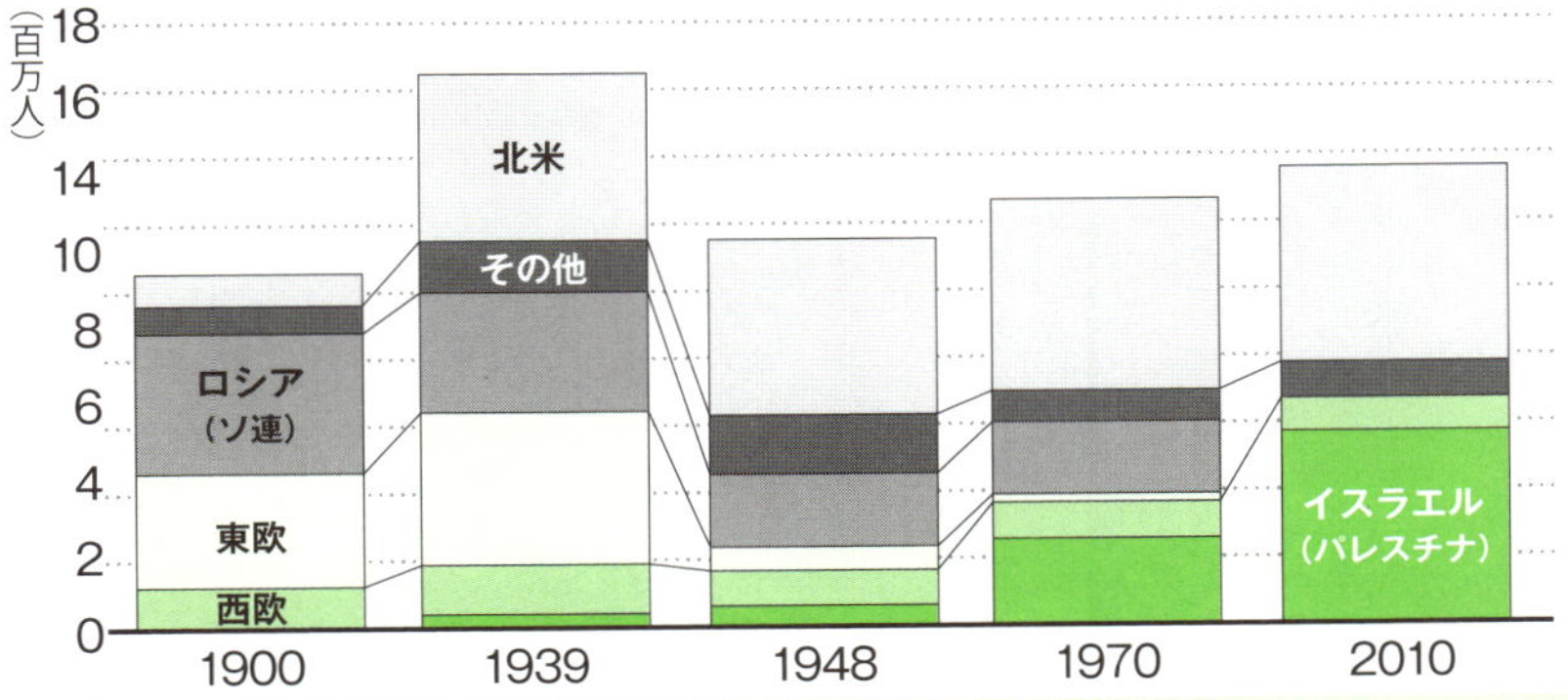

第二次世界大戦がはじまった1939年から戦後しばらくまでは、北米（主にアメリカ）が最大の居住地だったことがわかる。ソ連崩壊（1991年）後、ロシアから大量のユダヤ人がイスラエルに移住した

74ページの写真 ©Walter Bibikow ／ AGB Fotostock ／ JTB Photo（ゴラン高原）

Plate.35 イスラエル②

孤立する人工国家の運命

ユダヤ人はパレスチナの地に念願の国家を建設したが、先住のアラブ人の土地を奪っての建国だった。周辺アラブ諸国からの敵視を受けたイスラエルは、国家の生存のため軍事大国化の道を歩む。

2つの国家に分割される

バルフォアからの書簡には続きがありました。新しく建設されるユダヤ国家が「すでに住んでいる非ユダヤ人の市民権を害するものではないことを理解してほしい」という但書《ただしがき》がつけられていたのです。「非ユダヤ人」というのは、アラブ人のことです。

国連総会に2つの案が提議されます。ひとつは、青森・秋田・山形の3県ほどの面積しかないパレスチナを2つの国家――ユダヤ国家とアラブ国家に分割する案です。もうひとつは、双方の居住地が入り混じった連邦国家とする案です。いずれもアラブ諸国は反対しましたが、ヨーロッパ諸国は賛成に回ります。いまさらユダヤ人に戻ってこられても困るというのが本音です。最終的に分割案が採択されることになりました。

このときのアメリカは民主党政権です。翌年に大統領選挙を控えていた大統領トルーマンのもとに全米ユダヤ人協会の代表が訪れ、選挙協力を申し出ます。民主党政権は票と引きかえに、パレスチナ分割案に賛成票を投じたのです。

国連総会の裁決を受けて、1948年、ユダヤ人はパレスチナの地でイスラエル建国を宣言します。国連の分割案は、ユダヤ人に有利に決められていました。当時のユダヤ人の人口はパレスチナ総人口の3分の1にすぎませんでしたが、パレスチナの総面積の半分以上を割りあてられました。

4回の戦争で得たもの

建国が宣言された翌日には早速、アラブ諸国連合軍が侵攻してきました。これが**パレスチナ戦争**です。計4回行なわれたイスラエルとアラブ諸国の戦争の1回目だったので、第一次中東戦争ともいいます。

イスラエルは数に優《まさ》るアラブ諸国連合軍を相手に善戦し、国連案で割りあてられた以上の領土を獲得します。しかし、パレスチナのアラブ国家に割りあてられていた**ヨルダン川西岸地区**と**ガザ地区**が、それぞれヨルダンとエジプトに占領されます。

この結果、国連の分割案で割りあてられたアラブ系パレスチナ国家は消滅し、国家に属さないアラブ人（パレスチナ人）が生じます。これが「**パレスチナ難民**」です。

ユダヤ人にとってショックだったのは、聖地**エルサレムの東半分**をヨルダンに奪われてしまったことです。

1956年の第二次中東戦争は、エジプトとの戦争でした。**スエズ戦争**（71ページ）です。イスラエル軍はエジプト軍を圧倒しますが、米・ソの「雪解け」という国際政治の力学によって撤退させられました。このときのアメリカは共和党政権（アイゼンハウアー大統領）でした。ユダヤ票を頼りにしない共和党は、イスラエルに冷たかったのです。

その後、ナセルのエジプト革命に触発されてシリアに親ソ連のバース党政権が成立し、イスラエルは包囲されます。1967年、イスラエル軍が先手を打って、シリアやエジプトなどの軍事基地を急襲し、**第三次中東戦争**が勃発します。

この戦争でイスラエルは、東エルサレム、**ヨルダン川西岸地区**、**ガザ地区**を奪い、ヨルダン川の水源地である**ゴラン高原**を占領します。さらにエジプトからは広大な**シナイ半島**を奪いました。

イスラエルの暴挙に対して、シリア・エジプト両国は国連安保理事会に提訴しますが、このときのアメリカは民主党政権（ジョンソン大統領）でした。アメリカは拒否権を発動

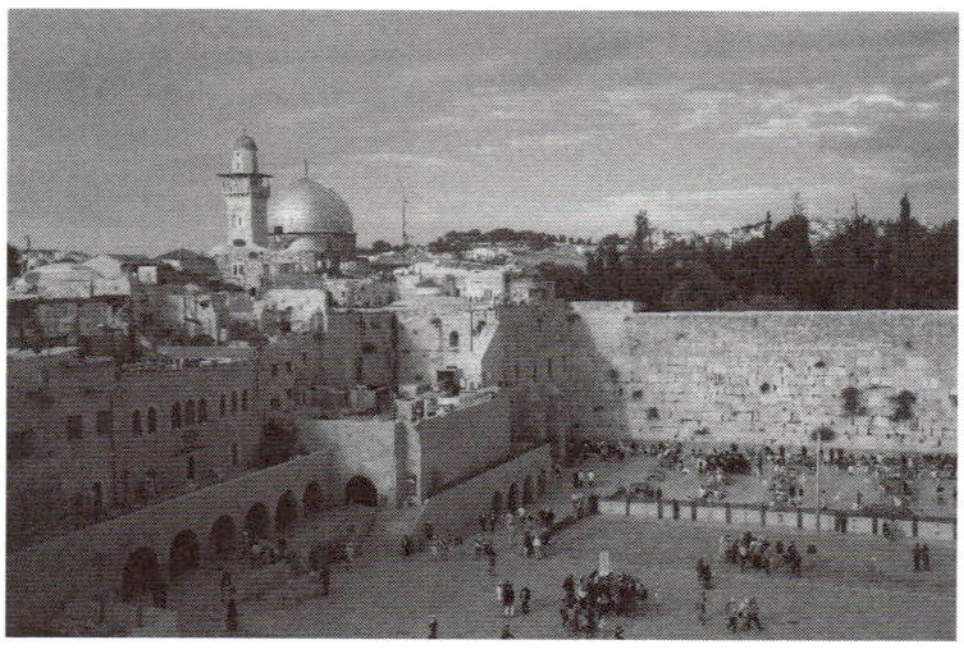

ユダヤ教の中心だったソロモン神殿はローマ軍によって破壊されたが、外壁の一部だけが残された。それが「嘆きの壁」である。ユダヤ人にとって、この聖域だけは手放すことができない。壁の向こうに見える円形の建物は「岩のドーム」

ハリー・S・トルーマン（1884 − 1972）　ジミー・カーター（1924 − ）　ビル・クリントン（1946 − ）
ヤセル・アラファト（1929 − 2004）　イツハク・ラビン（1922 − 1995）　アリエル・シャロン（1928 − 2014）

し、イスラエルへの制裁は見送られます。

エジプトはシナイ半島奪回の機会をうかがっていました。1973年、シリアとともにイスラエルへ先制攻撃をしかけ（**第四次中東戦争**）、エジプトを支援するアラブの産油国（OAPEC《オアペック》）は、アメリカなどイスラエル支援国への石油輸出を停止、原油価格が高騰《こうとう》しました。**第一次石油危機**です。初戦で敗退したイスラエルはすぐに反撃に移り、エジプトはシナイ半島奪回に失敗します。

しかし冷戦の終結が近づくにつれ、アラブ諸国の最大の支援国だったソ連経済が傾いていきます。アメリカはアラブ諸国にイスラエルを国家承認させる好機ととらえ、仲裁に乗りだします。

民主党の**カーター**政権は、1979年の**キャンプ・デービッド合意**でイスラエルとエジプトの和平を実現させます。エジプトは、イスラエル承認の見返りにシナイ半島を返還されました。

ソ連崩壊後、民主党の**クリントン**政権は、1993年にパレスチナ暫定《ざんてい》自治協定を仲介します。いわゆる**オスロ合意**です。これによってイスラエルはヨルダン川西岸地区とガザ地区から撤退し、**アラファト**議長の**パレスチナ自治政府**を認めました。一方のパレスチナ側は「イスラエルを承認し、武装闘争を停止する」という内容でした。

ところが、占領地に住むユダヤ人入植者たちがパレスチナ自治に猛反対し、自治協定を結んだイスラエルの**ラビン**首相は暗殺されてしまいます。次の**シャロン**政権は協定を白紙撤回してガザからは撤収しましたが、ヨルダン川西岸の占領はいまも続いています。イスラエルの違約に反発するパレスチナ側では、イスラム原理主義の**ハマス**が台頭し、武装闘争を再開しました。

ユダヤ人の地からパレスチナ人の地へ

国力を落とさないようにするには、人口の維持が必要です。イスラエル国民の20パーセント近くがアラブ系住民（パレスチナ人）だという事実はあまり知られていません。彼らの出生率は高く、ユダヤ人以上の勢いで人口を増やしています。ヨルダン川西岸地区とガザ地区に住むパレスチナ人の数もどんどん増えています。イスラエル本土に住むパレスチナ人とを合わせると、イスラエルのユダヤ人とほとんど同じくらいの人口になろうとしています。いずれユダヤ人は少数派に転落していくでしょう。

かつては中東最強の親米国家だったイスラエルですが、オバマ政権以降のアメリカがイランに接近していることで、ハシゴを外されたような形になっています。最大の支援国だったアメリカが離れていくと同時に、イスラエルは衰退していくのでしょうか。もっとも、イスラエルがこのまま黙ってアラブ世界に呑みこまれてしまうとも思えません。

今後、イスラエルが頼りにするのはロシアでしょう。ロシアから見れば、シリアに続いて2つ目の橋頭堡《きょうとうほ》を地中海沿岸に確保することになります。

エルサレム旧市街は3つの宗教の聖地

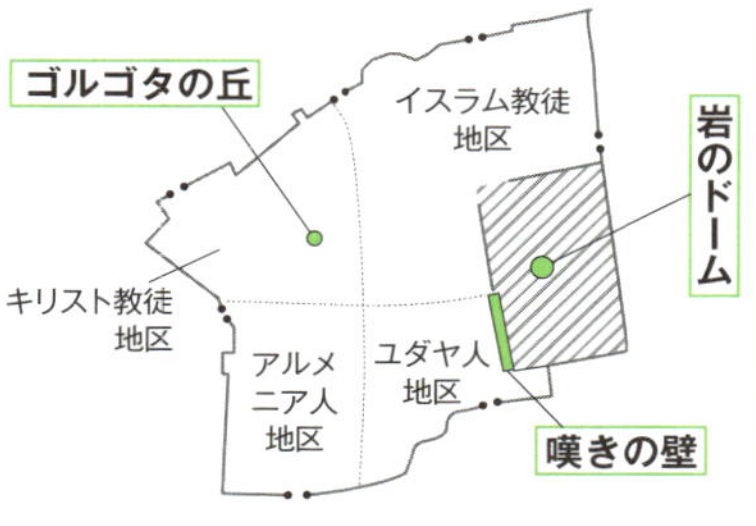

斜線部分は、古代のユダヤ神殿のあと（神殿の丘）。ユダヤ人が神聖視する「嘆きの壁」と、ムハンマドの昇天地と伝えられるイスラムの聖地「岩のドーム」がある。西半分はキリスト教徒の居住区で、キリストの処刑地「ゴルゴタの丘」があった場所である

国連が1947年に示した分割案

アラブ人に割りあてられたヨルダン川西岸地区は現在よりも広く、レバノン国境の南側とエジプト国境の東側にもアラブ人居住地が認められていた。エルサレムは国際管理となった

第三次中東戦争の勝利でイスラエルが最大領土に

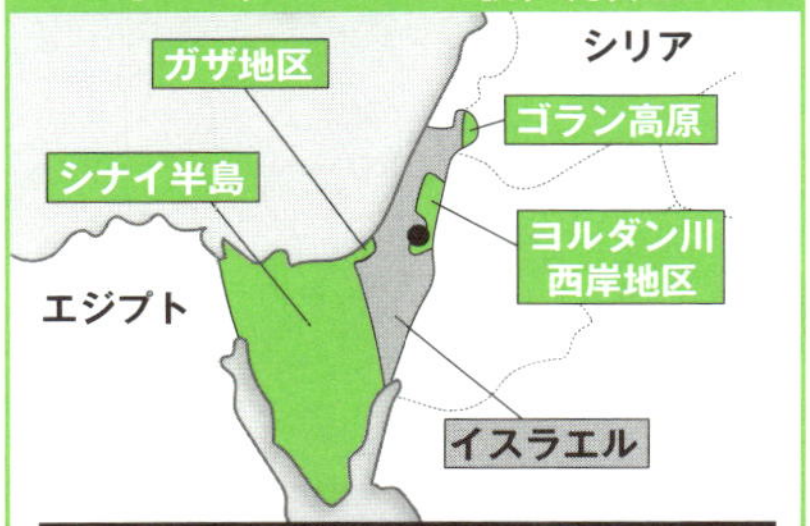

東エルサレムを含むパレスチナ全土に加え、シリアのゴラン高原とエジプトのシナイ半島まで占領した

76ページの写真 ©Miguel Sobreira／AGB Fotostock／JTB Photo

第4編

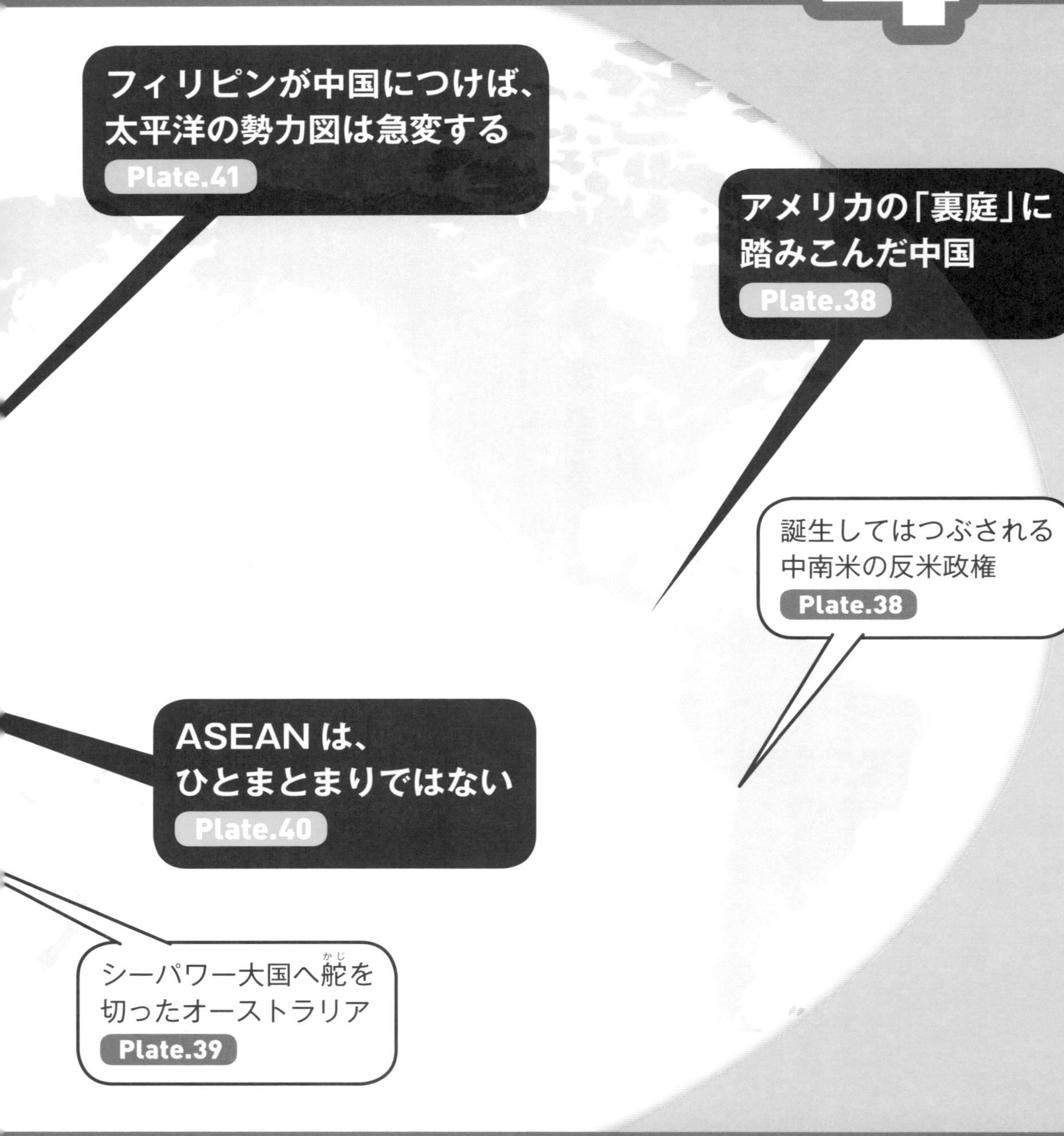

フィリピンが中国につけば、
太平洋の勢力図は急変する
Plate.41

アメリカの「裏庭」に
踏みこんだ中国
Plate.38

誕生してはつぶされる
中南米の反米政権
Plate.38

ASEANは、
ひとまとまりではない
Plate.40

シーパワー大国へ舵《かじ》を
切ったオーストラリア
Plate.39

イギリス・フランス・オランダ・スペインなど西欧列強の支配を脱した「第三世界」は、新たな世界の支配者アメリカと対峙《たいじ》することとなった。反米政権と親米政権とのせめぎあいが、地域紛争の原因ともなっている。

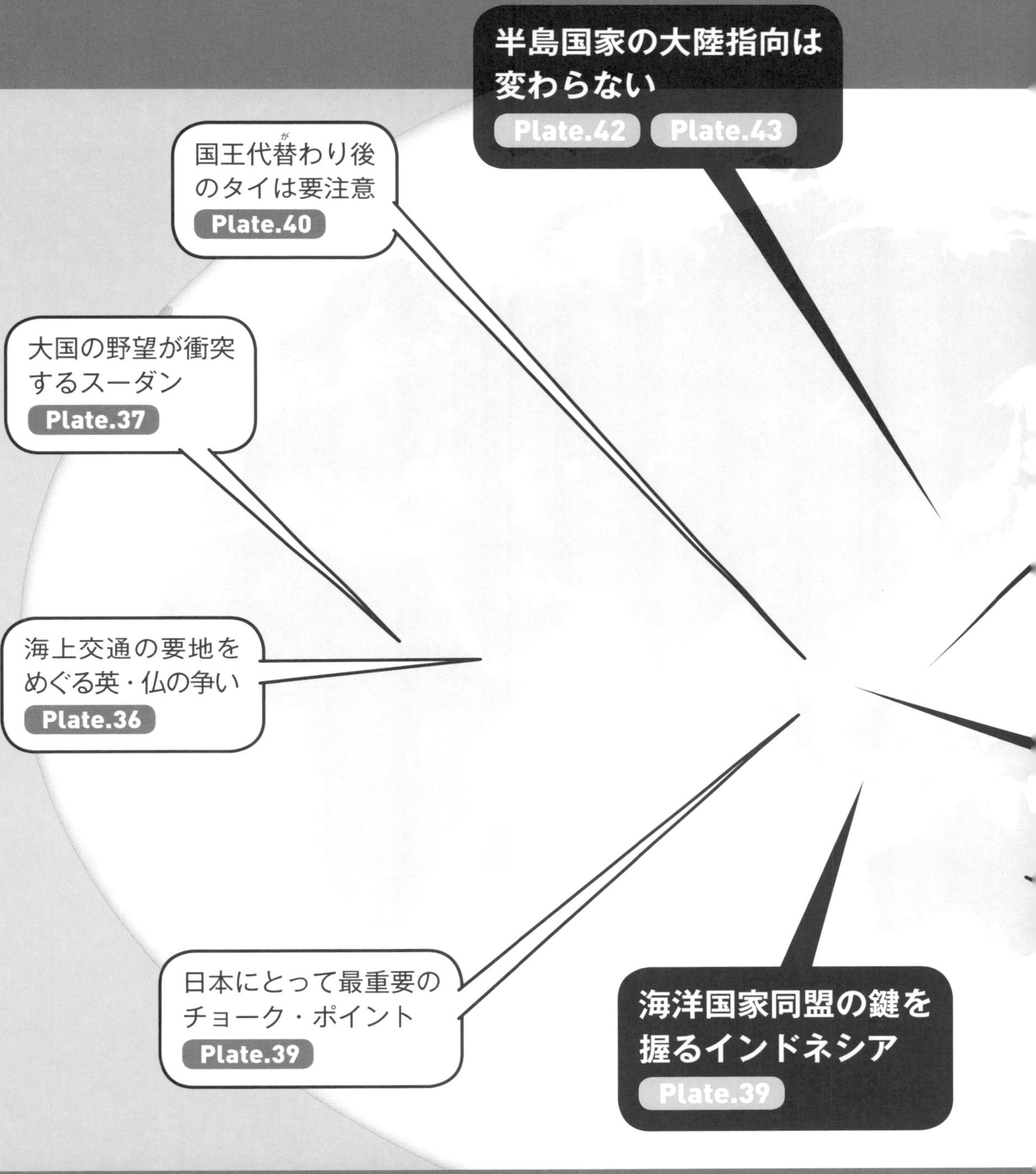

半島国家の大陸指向は変わらない
Plate.42 Plate.43
国王代替《が》わり後のタイは要注意
Plate.40
大国の野望が衝突するスーダン
Plate.37
海上交通の要地をめぐる英・仏の争い
Plate.36
日本にとって最重要のチョーク・ポイント
Plate.39
海洋国家同盟の鍵を握るインドネシア
Plate.39

世界で動きだす欧米支配からの脱却

Plate.36

ソマリア・エチオピア

西欧列強の植民地化で分割

アフリカ各地で西欧列強による争奪戦が繰りひろげられたが、とくに紅海の南の出口に突きだした海上交通の要所ソマリアは、19世紀末に英・仏・伊3国の争奪の場となった。独立後も米・ソがここを争奪し、内戦が続いている。

紅海ルート誕生で変わるアフリカ戦略

大航海時代、ヨーロッパからインド洋へ抜けるには、アフリカを周回するしかありませんでした。最南端・喜望峰《きぼうほう》（83ページ地図）を回るルートです。イギリスは、19世紀初頭にそれまでオランダ植民地だった**ケープ植民地**（南アフリカ）を手に入れます。しかし巨大なアフリカを迂回《うかい》するのは、時間と費用の大きなロスでした。イギリスにとって航路を短縮できる**地中海・紅海ルート**の開拓が悲願でした。

1869年の**スエズ運河**開通でイギリスの夢は実現しますが、その30年前にはアラビア半島の西南端にある**イエメン**を占領していました。アラビア半島を「ブーツ」にたとえると、「かかと」にあたるのがイエメンで、先端はアフリカ大陸に食いこみ、幅30キロの狭い海峡を形づくっています。アラビア語で「悲しみの門」を意味する**バブ・エル・マンデブ海峡**という名のとおり、帆船の時代には海の難所として知られました。この紅海の「南側の出口」を押さえれば、紅海全体をコントロールできるというわけです。地政学上の**チョーク・ポイント**です。

分割された「アフリカの角《つの》」

スエズ運河が開通すると、イギリスはイエメン対岸のアフリカ側に進出し、**英領ソマリランド**を築きます。

イギリスをライバル視するフランスも、このチョーク・ポイントに注目していました。バブ・エル・マンデブ海峡のアフリカ側に**ジブチ港**を建設したのち、その周辺を植民地**仏領ソマリランド**とします。まさに地政学的な動きです。

さらに植民地争奪戦に出遅れていたイタリアが、英領ソマリランドの反乱に乗じソマリア半島を占領、**伊領ソマリランド**とします。

その形から「アフリカの角」と呼ばれるソマリア半島一帯に住んでいる**ソマリ人**は、スンナ派イスラム教徒です。

その西に位置する**エチオピア帝国**は、ローマ時代から存在を知られたキリスト教国で、多数派のアムハラ人のほか、南部に住むオロモ人や東部の**オガデン地方**に住むソマリ人をかかえる多民族国家でした。この状態に目をつけた西欧列強が、民族間の不和を利用して分割支配していったのです。

イタリアは、エチオピア北部、紅海に面した**エリトリア**へ進出しました。イタリアのジブチ進出を危惧したフランスは、エチオピアに武器を提供し、イタリア軍に抵抗させます。エチオピアがイタリア軍を撃退した**アドワの戦い**（1896年）は、アフリカの国家が白人国家に勝利した唯一の戦争として知られています。不名誉な敗戦の汚名をそそぐため、40年後に再びエチオピアを攻撃したのが、イタリアの独裁者**ムッソリーニ**でした。第二次世界大戦で、イギリスはイタリア軍を撃退します。

大戦後、アフリカには多くの独立国家が誕生しました。シリア・イラク国境と同様、戦前の西欧列強による分割の跡がそのまま国境線となりました。

1960年、英領と伊領のソマリランドがいっしょになって**ソマリア連邦共和国**となります。1977年に仏領ソマリランドが**ジブチ共和国**として独立しました。1991年のソ連崩壊を受け、親ソ政権が崩壊したエチオピアから**エリトリア**が独立を宣言、英領ソマリランドだった地域も**ソマリランド共和国**としてソマリアから分離独立しています。ソマリ人は、民族としての結びつきよりも、大きく5つに分かれる氏族意識のほうが強いのです。

ソマリアとエチオピアの衝突から内戦へ

1969年、独立したソマリアで、親ソ派の軍人がクーデタを起こし、政権を握りました。5年後には隣国エチオピアでもやはり親ソ派の軍人がクーデタを起こし、親米派の帝政を打倒します。この地域の「共産化」にあわてたアメリカが介入します。

ソマリア革命政権は、民族意識の薄いソマリ人団結を標榜《ひょうぼう》すると、エチオピア領内のソマリ人居住地オガデン地方の分離独立を支援

ベニート・ムッソリーニ（1883 − 1945）　モハメッド・ファッラ・アイディード（1934 − 1996）

世界の主なチョーク・ポイント

海洋国家にとって、シーレーン（海上交通路）が集中するチョーク・ポイントの確保が最重要の命題である。逆にここを他国に制圧されると、動きがとれない。「チョーク」は「首を締める」の意

紅海の海上交通の要地ジブチ。写真は現地で海賊をとりしまる自衛隊艦艇の訓練風景

します。親ソ政権同士の対立に頭をかかえたソ連がエチオピア革命政権の肩を持つと、それに反発したソマリア革命政権はアメリカ側に寝返りました。オガデンには油田があるのです。ソマリアとエチオピアの争いは米・ソの代理戦争となり、停戦後の両国内はすっかり荒廃しました。

オガデン地方の併合に失敗したソマリアは、長い内戦状態に入ります。北部のソマリランドが分離独立し、南部でも氏族間紛争が激化。ソマリア政府の要請を受け、1992年に米軍を中心とする多国籍軍が派遣されますが、**アイディード**将軍が指導する反政府勢力の激しい抵抗にあいます。

1993年、アメリカのクリントン政権が首都モガディシュに派遣した特殊部隊は、アイディード将軍派民兵との戦闘で大きな犠牲を出し、米兵の遺体が市中を引きずられる映像が公開されるという事態が起こります。クリントンは兵を撤収させました。

この間、イスラム過激派**イスラム法廷**が台頭します。彼らはアルカイダと関係を持ち、**ソマリアのアフガニスタン化**が進みました。

国内の産業が疲弊し、大量の武器が流れこんで治安が悪化すると、沿岸部の住民がソマリア沖で海賊行為をはたらくようになります。スエズ運河と紅海を往来する貨物船は年間約2万隻《せき》、被害地域もアラビア半島の南の沖合にまで広がっているため、沿岸国だけで警備をするのは不可能でした。国連安保理の決議を受け、各国が協力して海賊の取り締まりにあたります。日本も2009年に**海賊対処法**を制定し、約180名の自衛隊員をジブチに駐留させています。

紅海南岸部の支配の変遷

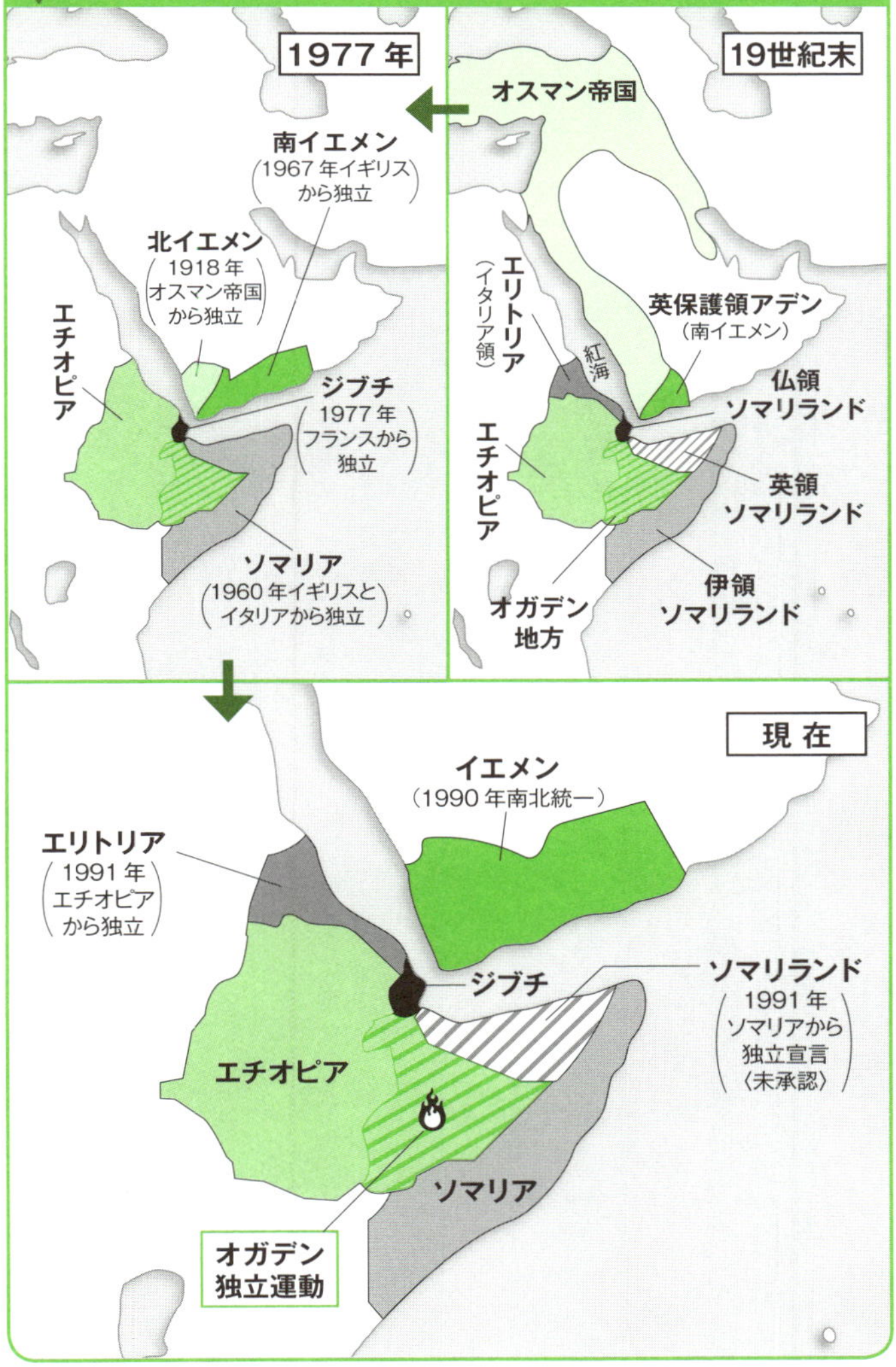

81ページの写真 © 読売新聞／アフロ

Plate.37

スーダン

一度も統一国家だったことはない

英・仏のアフリカ植民地政策が衝突したスーダンは多民族国家であり、南北で信仰する宗教も異なる。1956年にイギリスとエジプトから独立すると、クーデタが頻発《ひんぱつ》し、南北に分裂した。

縦断政策VS横断政策

アフリカ大陸の南端に植民地を築いたイギリスは、北へ延《の》びる線上に新たな植民地を開拓していきます。**縦断政策**です。19世紀中に、ベチュアナランド（ボツワナ）、ローデシア（ジンバブエとザンビア）、英領東アフリカ（ケニア）、ウガンダなどを支配下に入れ、それと同時に北の拠点であるエジプトを占領したことで、**喜望峰からエジプトに至る南北のライン**を結びました（左の地図）。

残るはエジプトの南に位置するスーダンだけでした。スーダンに攻めこんだイギリス軍は、イスラム教指導者**マフディー**の抵抗軍と死闘を繰りひろげます。

マフディーはアラビア語で「救世主」の意で、エジプトやイギリスの侵略に対する「**ジハード（聖戦）**」を呼びかけたムハンマド・アフマドの自称です。約20年続いた激戦はマフディーの死によって終結しました。

一方、フランスは**横断政策**をとります。大西洋岸のセネガルやモーリタニア、仏領スーダン（マリ）からはじまり、広大なサハラ砂漠、仏領コンゴ（チャド、中央アフリカ、コンゴなど）を支配下に入れ、東の拠点ジブチにつながろうとしていました。

この**英・仏の2本の矢印がぶつかったのが、スーダン**です。１８９８年、マルシャン大尉のフランス軍２００人が、ナイル川上流の**ファショダ**に到着して国旗をかかげたところ、マフディー軍を破ったキッチナー将軍のイギリス軍2万人が現われ、フランス軍の退去を求めました。これがファショダ事件です。両国政府が協議した結果、フランスが手を引くことになりました。

１９０４年の英仏協商でイギリスのスーダン領有をフランスに認めさせ、第一次世界大戦後に独領東アフリカ（タンザニアとルワンダなど）をドイツから奪うと、イギリスの縦断政策は完成します。

南スーダン独立の裏にあるもの

「スーダン」はアラビア語で「黒い人」の意で、もとはイスラム教徒から見たブラック・アフリカ全体に対する呼び名です。現在のスーダンはその一部にすぎません。

マフディー勢力の崩壊後に成立したイギリス植民地「アングロ・エジプト・スーダン」でも、インドで行なったのと同じ「分割して、治めよ」が応用されます。北部はイスラム教徒のアラブ人、西部の**ダルフール地方**はイスラム教徒の黒人が多いのに対し、南部では伝統的な自然崇拝やキリスト教を信仰する黒人が多数派でした。**イギリスは、北部のイスラム教徒を厳しく管理する一方で、南部のキリスト教徒を優遇**しました。この分離政策が南北対立をあおります。

少数民族虐殺容疑で訴追されているスーダン大統領バシール

第二次世界大戦後、イギリスからの**独立運動を主導したのは、北部のイスラム教徒**でした。１９５６年にスーダン共和国の独立を宣言しますが、北部中心の政府に対し、今度は**南部のキリスト教徒が分離独立運動**を起こします。

１９８０年代に親ソ派だったヌメイリ政権がイスラム原理主義に転向すると、イスラム法の押しつけに不満を持った南部キリスト教徒が抵抗。ヌメイリは失脚しますが、のちに大統領となった**バシール**将軍もイスラム原理主義勢力の民族イスラム戦線（ムスリム同胞団のスーダン支部）の支持を受けており、南部キリスト教徒に**異教徒税（ジズヤ）**を課そうとします。

つまりこの国は、**一度も統一国家だったことはなく、継続して内戦状態**にあったのです。その内戦の過程で２００万人の南部住民が殺害されたといわれています。またバシール政権は、内戦に乗じて独立をくわだてた西部ダルフール地方に民兵を送りこみ、黒人イスラム教徒30万人が犠牲になりました。

のちにバシール大統領は、この**ダルフール**

マフディー（1844 – 1885）　ジャン・バティスト・マルシャン（1863 – 1934）　ホレイショ・ハーバート・キッチナー（1850 – 1916）
モハメド・アン・ヌメイリ（1930 – 2009）　オマル・アル・バシール（1944 – ）

紛争の虐殺容疑で**国際刑事裁判所から訴追**され、アメリカは1993年にスーダンを「**テロ支援国家**」に認定しています。バシールは欧米のメディアが選ぶ「世界最悪の独裁者ランキング」では上位の常連です。

　孤立無援の**バシール政権を支えてきたのが中国**でした。2015年9月に習近平が北京で開催した「抗日戦勝70周年式典」では、バシールも天安門のひな壇に並びました。もちろんスーダンは日本と戦っていません。中国の狙いは石油です。数万人の中国人労働者がスーダン入りし、油田開発と鉄道建設を行なうと、輸出される石油の80パーセントが中国に向けられました。**スーダンは中国にその見返りとして兵器を求め、南部や西部の独立運動つぶしに用いた**のです。

　ところが**スーダンの油田の75パーセントは南部に**あります。中国からすれば、もし南部が独立してしまったら、その利権のうまみはなくなるので、バシール政権とはしだいに距離をおくようになります。

　ますます孤立したバシールに「南部の独立を認めれば、テロ支援国家の指定を解除してやる」とアメリカが持ちかけます。バシールは南部での住民投票を受けいれ、2011年に行なわれた南部独立の是非を問う住民投票は、約99パーセントの圧倒的多数を得て、**南スーダン独立**が宣言されたのです。

　混乱はその後も続きます。南北の境界線にある油田地帯をめぐる軍事衝突はおさまらず、**南スーダン内部でも民族対立から武力衝突**が起こります。国連が多国籍の平和維持軍を派遣し、日本の自衛隊も参加していますが、情勢は悪化しています。

　南スーダンの弱みは、国土が海に面していないことです。現状では石油を紅海まで運搬するため、北スーダンを通るパイプラインを借りなくてはなりません。それに代わるのが、ケニアなどを経由して運びだすパイプラインの建設計画です。これにはトヨタ自動車の子会社が出資しています。

イギリスの縦断政策とフランスの横断政策

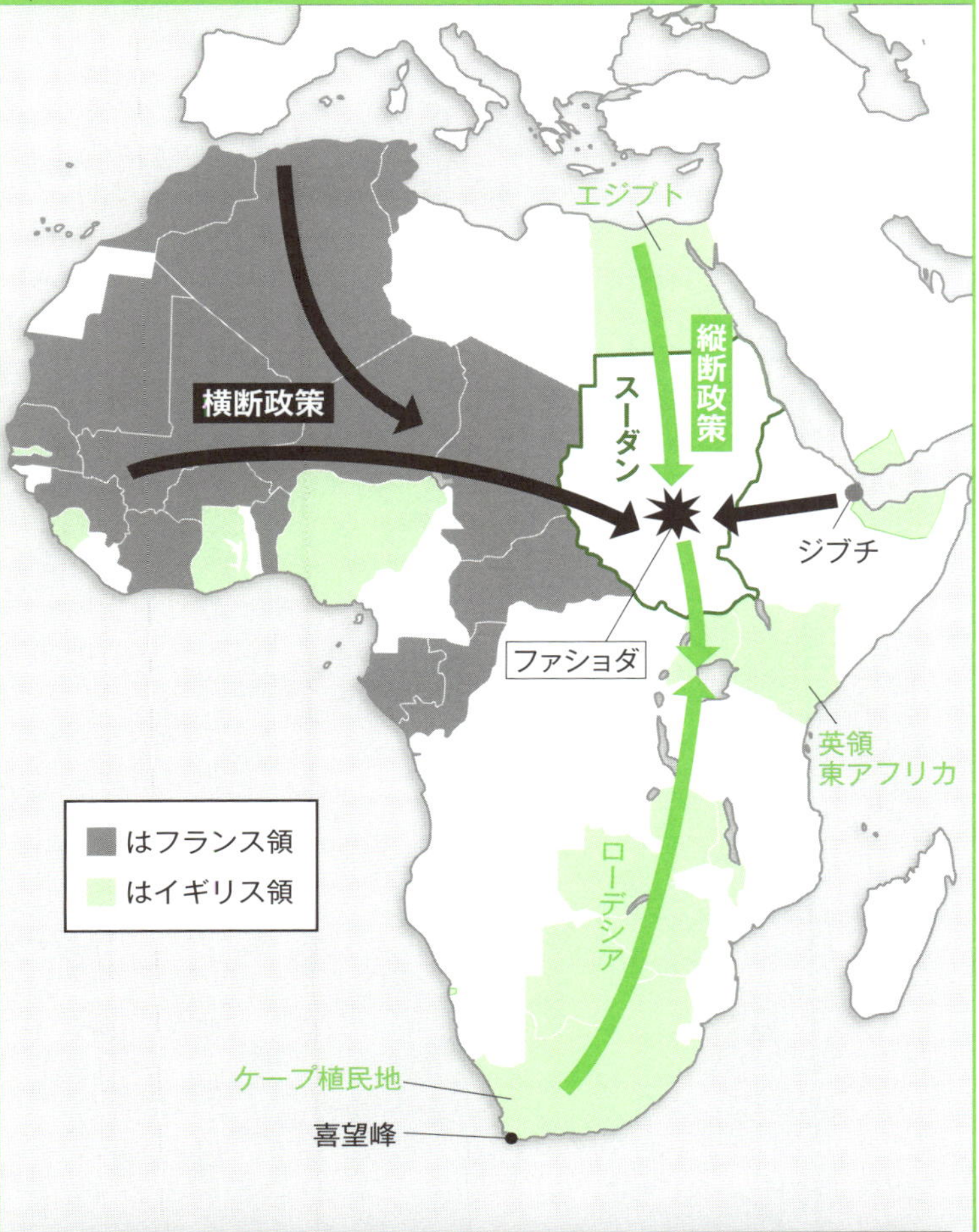

スーダンのファショダで、南北を縦に結ぶイギリスと、西から東へ横に延びるフランスが衝突した

南スーダンのメリットとデメリット

油田は南スーダンに多いが、内陸国であるため、（北）スーダン領内を通るパイプラインを利用しなくてはならない

Plate.38 中南米

アメリカの裏庭

独立運動によって中南米から退場したスペインに代わり、アメリカ合衆国が圧倒的な経済力でこの地域の新たな支配者となった。各国で反米政権が生まれ、アメリカとの暗闘を繰りかえす。

反米思想の源流

メキシコ以南の中南米諸国は、19世紀までスペイン（ブラジルのみポルトガル）の支配下にありました。自分たちの権益維持のために独立を主導した白人地主たちが、独立後も富と権力を独占し、多数派の先住民や黒人たちは貧しいままでした。いまも続くすさまじい貧富の格差が、中南米の社会を不安定にしています。

19世紀末、この地域の市場と資源、安い労働力に注目したのが、アメリカ合衆国です。1898年に**スペインから独立させたキューバをそのまま保護国**とし、1903年には**パナマをコロンビアから独立させる**と、運河地帯をパナマから租借《そしゃく》し（1999年に返還）、**パナマ運河**を建設します。こうして、カリブ海は「**アメリカの裏庭**」となりました。マハンがローズヴェルト大統領へ送った提言がここに実現されたのです（7ページ）。

アメリカの支配は中米から南米へと広がっていきます。現地の資源やインフラはアメリカ資本の所有となり、貧困層はその下で低賃金労働者として雇用されました。民衆の不満の矛先《ほこさき》は、かつての地主層からアメリカ資本へと向けられます。20世紀初頭、ディアス親米政権を倒した**メキシコ革命**が、その始まりでした。

つぶされては誕生する反米政権

1929年に起こった世界大恐慌によってアメリカの力が一時減退すると、**反米・民族主義**をかかげた政権が次々に誕生し、民衆の熱狂的な支持を得ます。

メキシコの**カルデナス**は、与党でもあった左派政党から大統領選に立候補し、圧倒的勝利で選出されます。大規模な農地改革を行ない、1938年にはアメリカ資本が握っていた**石油産業の国有化**を宣言、メキシコ国営の石油会社**ペメックス**を設立します。「善隣外交」をかかげるアメリカのフランクリン・ローズヴェルト民主党政権は介入を行なわず、メキシコはアメリカ従属を脱しました。ペメックスは現在も世界有数の石油会社として存在しています。

石油を国有化したメキシコ大統領カルデナス

アルゼンチンの**ペロン**も、反米民族主義の指導者でした。彼は第二次世界大戦中の副大統領時代、アメリカの圧力に屈することなく労働者保護政策を進め、ドイツや日本など枢軸国側を支持して「**ペロニスタ**」と呼ばれる熱狂的支持者を生みだします。戦後、大統領に就任し、アメリカ資本を国有化したことでアメリカの怨みを買ったペロンは1955年、親米派軍部のクーデタによって失脚、スペインに亡命します。

戦後の中南米では、この地域へのソ連の影響力拡大を恐れるアメリカによる締めつけが進みます。1947年にアメリカと中南米諸国が**リオ協定**に調印し、ボゴタ憲章にもとづいた**米州機構（OAS）**を発足させると、**中南米諸国は、アメリカと軍事同盟で結ばれる**ことになりました。以後、**反米・民族主義的な政権が現われても、アメリカの圧倒的な軍事力をバックにした軍部のクーデタでつぶされる**という歴史が繰りかえされます。

アルゼンチンの隣国チリもそうでした。1970年、産業国有化と社会主義をかかげる**アジェンデ**が大統領に当選すると、3年後にはCIA（アメリカ中央情報局）の支援を受けた**ピノチェト**将軍がクーデタを起こし、アジェンデ政権を転覆しました。

ピノチェト政権は、**新自由主義**をとなえるアメリカの経済学者フリードマンを経済顧問に迎えて経済成長を実現する一方、国内の貧富の格差を拡大させました。さらに反政府活動家をつぎつぎと闇に葬《ほうむ》り、冷戦終結まで17年に及ぶ暗黒時代をもたらします。

一方、社会主義革命を成功させたのがキューバです。1959年元日にバティスタ親米政権から権力を奪った**フィデル・カストロ**は1962年、キューバ領内へのソ連の核ミサイル配備を受けいれ、アメリカを震撼《しんかん》させます（**キューバ危機**）。キューバはすぐに

ラサロ・カルデナス（1895 – 1970）　フアン・ペロン（1895 – 1974）　サルバドール・アジェンデ（1908 – 1973）
アウグスト・ピノチェト（1915 – 2006）　ミルトン・フリードマン（1912 – 2006）　フィデル・カストロ（1926 – 2016）　ラウル・カストロ（1931 – ）
ウゴ・チャベス（1954 – 2013）　エボ・モラレス（1959 – ）　ラファエル・コレア（1963 – ）　ダニエル・オルテガ（1945 – ）

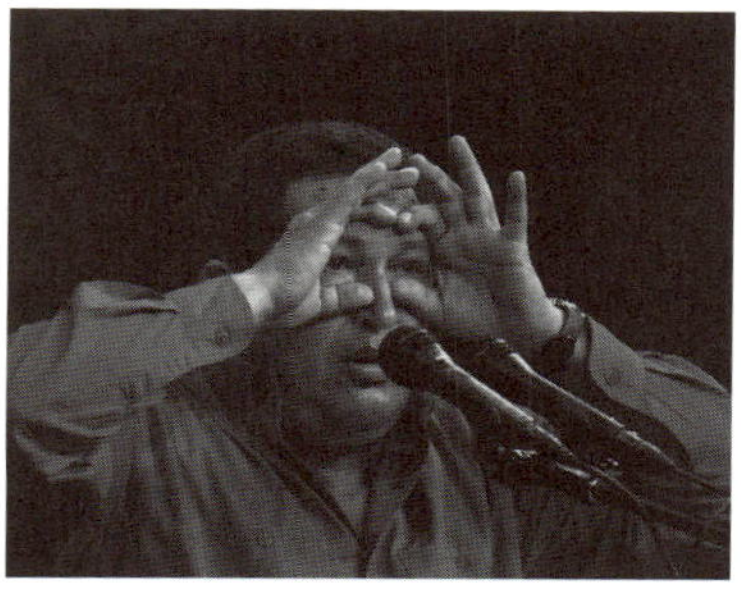

反米主義の旗手となったベネズエラ大統領チャベス

米州機構を除名され、冷戦終結後もアメリカは経済制裁を続けました。両国の国交断絶は2015年の「キューバの雪解け」まで続きます。この年、アメリカのオバマ大統領がラウル・カストロ議長（フィデルの弟）と国交を回復し、「テロ支援国家」指定も解除したのです。

1990年代以降、中南米には、キューバに代わる「反米主義・民族主義・社会主義」の政権が続々と現われていました。冷戦終結後にアメリカがこの地域への支配の手をゆるめたからです。

その代表格が、1999年から亡くなる2013年までベネズエラの大統領をつとめたチャベスです。先住民の血を引く彼は、とりわけアメリカのブッシュ・ジュニア大統領を「悪魔」とまで呼んで嫌悪し、豊富な石油資源を武器に労働者保護政策を断行しました。

また、2006年から07年にかけて、ボリビア大統領モラレス、エクアドル大統領コレア、ニカラグア大統領オルテガという、3人の反米・社会主義路線の政権リーダーが誕生しました。彼らはチャベスと連帯し、アメリカに対する批判外交を展開しています。

中南米の反米政権

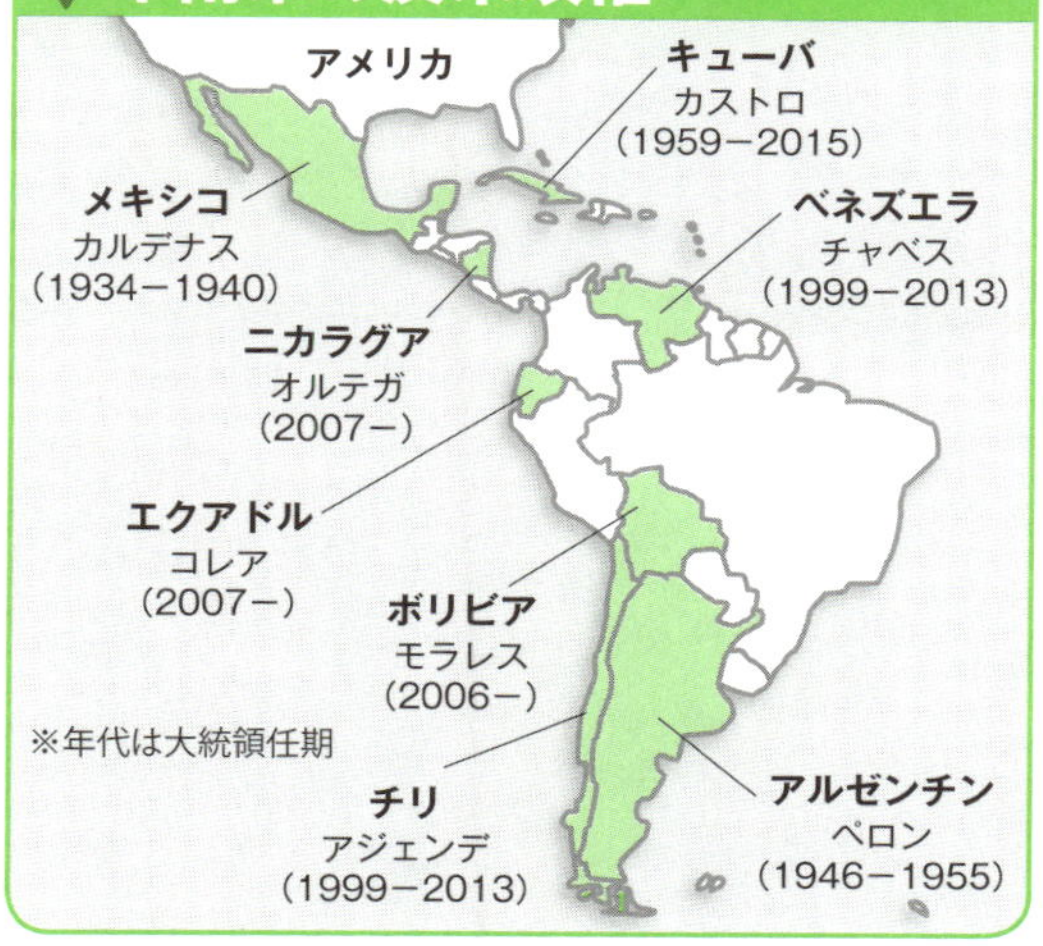

裏庭に踏みこむ中国

中南米に対し、それまでのロシア（ソ連）に代わって触手を伸ばしてきたのが中国です。2013年に中国企業がニカラグアのオルテガ政権から運河の新設権と100年間の管理権をとりつけ、アメリカを警戒させます。

ニカラグア運河はその全長がパナマ運河（約80キロ）の3倍ほどになるとされ、総工費の予算も500億ドルと大規模です。パナマ運河より幅広の新運河が誕生すれば、これまで通行できなかった大型船舶を受けいれることができます。新運河がもたらす経済効果は破格です。

アメリカの最大の懸念は、アメリカが独占してきたこの地域での地政学上の優位が覆《くつがえ》される点にありました。キューバとの和解を急いだ理由のひとつに、ニカラグアの新運河計画があるのは疑いないでしょう。中国がこの運河を支配すれば、通行する船舶を監視する権利も中国が得ることになります。中国船舶はフリーパスで、中国製の武器が大手をふって運搬され、カリブ海に侵入し、中南米諸国に供給されるのです。西太平洋の覇権に色気を見せている中国でしたが、ニカラグア運河が完成すれば、その影響力は「アメリカの裏庭」であるカリブ海に及んでくるのです。まさに、マハンの海上覇権論を逆手にとったようなプランです。

とはいえ、これだけの大規模工事ですから、着工は延び延びになっています。「工事は2017年に着工し、2022年までの完成をめざす」と、ニカラグアは発表しました。アメリカはまだ静観の段階にありますが、建設がいよいよ本格化すれば本気でつぶしにかかるでしょう。

中米に2つの運河

パナマ運河を建設し、カリブ海を支配下に置いてきたアメリカに対し、中国はニカラグア運河の建設を画策している

85ページの写真 © ロイター／アフロ

Plate.39 インドネシア・オーストラリア

地域の安全保障を担《にな》えるか

日・米が構築をめざす西太平洋上のシーパワー連携の枠組みで、重要な役割を担うのがインドネシアとオーストラリアである。とくにインドネシアは、日本の安全保障にとって重要な国であり、今後の関係強化が望まれる。

知られざる巨大海洋国家

インドネシアは巨大海洋国家です。国土はジャワ島やスマトラ島など1万3000以上の島からなり、領土は東西に5000キロ以上にわたっています。日本の北方領土・択捉《えとろふ》島から最南端の与那国島《よなぐにじま》までが約3200キロですから、どれほど長大かがわかるでしょう。そこに約2億5000万人の国民が住んでいて、これは東南アジアで1位、世界でも4位の人口です（中国、インド、アメリカに次ぐ）。

しかも、スマトラ島と隣国マレーシアのマレー半島とに挟まれたマラッカ海峡は、世界有数のチョーク・ポイント（81ページ）です。中東から日本へ運ばれてくる石油は必ずこの海峡を通過するため、日本にとっても代用のきかないシーレーン（戦略上、重要な海上交通路）になっています。

17世紀以来ここを植民地支配してきたのはオランダです。蘭領《らんりょう》東インドと呼ばれていました。19世紀のナポレオン戦争に乗じたイギリスが、マレー半島とボルネオ島の北部をオランダから奪います。現在のインドネシアとマレーシアの国境線は、このときオランダとイギリスが決めたものです。マレー半島の先端、マラッカ海峡の東側の出口という要地に位置するのがシンガポールで、イギリスはここに東南アジア最大の軍事拠点をおき、中国方面へ進出しました。

インドネシアやマレーシアの主要民族は大きくいえばマレー系ですが、細かく見ると何百という民族に分かれ、言語も異なっています。「インドネシア人」といっても、けっして均一ではありません。オランダ植民地時代、その多様な現地住民を支配していたのが中国系の商人で、彼らは英・蘭の植民地政庁から雇われ、徴税を請《う》けおっていました。この華《か》人《じん》の働きにより、英・蘭の植民地政庁はコストの削減ができたのです。

ちなみに、中国の国籍を持ちながら他国に仮住《かりず》まいしている中国人が「華僑《かきょう》」です。一方、そのまま住み着いて現地の国籍をとった中国系インドネシア人、中国系マレーシア人などを「華人」と分けて呼んでいます。たとえば、シンガポールで初代首相として30年以上君臨したリー・クアンユーは華人です。シンガポールの人口の大半、マレーシアの人口の3分の1が、このような中国系で占められています。

これと比べて、インドネシアの中国系人口は総人口の5パーセントほどでしかありませんが、主要財閥はすべて中国系です。そのためマレー系住民との軋轢《あつれき》を生んでおり、住民には反中感情が強くあります。1998年に2代目大統領スハルトがデモで倒されたときも、中国系の財閥や商店が市民によって焼き打ちを受けました。このジャカルタ5月暴動では1000人以上が殺され、何十万人もの華人が国外に脱出しました。

貿易については、シンガポールやマレーシアほど中国依存ではありません。とくに輸出では、中国より日本のほうが得意先になっています。輸出品はほとんどが石油と天然ガスです。

インドネシアは、中国漁船の領海侵犯には船を没収して撃沈するなど毅然とした態度をとっていますが、その海軍力はまだ弱く、将来の海洋大国化に向けて増強しているところです。日本とは、沿岸警備の技術協力で話しあいがもたれています。

独立軍とともに戦った日本人

第二次世界大戦中、マレー半島とシンガポールを手に入れた日本軍は、蘭領東インドにも侵攻します。オランダ植民地政庁が投獄していた独立運動家たちが日本軍によって解放されますが、そこには、のちに初代大統領となるスカルノや副大統領となるハッタなど、独立の英雄が含まれていました。

太平洋各地で戦局が悪化してくると、日本軍は兵力不足を補うため、現地住民を組織した郷土防衛義勇軍（PETA《ペタ》）を設立します。独立後のインドネシア国軍の母体です。スカルノや、のちに彼

軍旗をかかげるPETA

スハルト（1921 − 2008）　スカルノ（1901 − 1970）　モハマッド・ハッタ（1902 − 1980）
前田精（1898 − 1977）　トニー・アボット（1957 − ）　マルコム・ターンブル（1954 − ）

インドネシア国立英雄墓地にある日本兵の墓

から権力の座を奪ったスハルトも、ＰＥＴＡの出身です。

１９４５年８月16日、日本敗戦の翌日、日本軍がインドネシアから撤収すると、日本海軍の**前田精《ただし》**少将の邸宅に集まったスカルノら指導者たちは、インドネシア独立宣言を起草します。これを認めないオランダが再植民地化の意志を見せたため、スカルノらは日本軍が残していった武器を用いて戦います（**インドネシア独立戦争**）。これに合流したのが、３０００人の**残留日本兵**でした。独立運動をともに戦った彼らはインドネシア建国の英雄となり、戦死者は国立の英雄墓地に埋葬されています。２０１４年に最後のひとりが亡くなりましたが、残留日本兵の互助組織は長く日本とインドネシアの橋渡し役をつとめました。

オーストラリアは信用できるか

アメリカにとってオーストラリアは、日本とともに太平洋上の最重要同盟国です。近年、シーパワー同盟の一角として、最新艦艇の装備にも力を入れています。現在の国防予算は日本の半分ほどですが、予算のほとんどが海軍に投入される点を考えても、将来はかなりのシーパワーを備えることになるでしょう。ただし造船技術がないため、兵器は輸入が頼りです。

オーストラリア最大の問題は、中国への経済依存度が高いという点です。とくに**輸出は総額の約３割が中国向け**で、いちばんの得意先（日本は第2位で１割強）です。

安倍政権に急接近した**アボット**政権に代わって、２０１５年に元銀行家の**ターンブル**政権が誕生すると、経済の最重要パートナーである中国との関係改善に舵を切りました。前政権が進めていた日本の「そうりゅう」型潜水艦受注を蹴《け》り、フランス製の導入を決めた背景には、日本の潜水艦技術を恐れる中国からの働きかけがあったようです。ターンブル首相の息子の嫁は、中国共産党員です。

アボット政権は、中国の南シナ海進出をにらんで、インドネシア側のダーウィン港への米軍の駐留を認めました。ところが同時に、港を管轄《かんかつ》する州の地方政府に対して、ダーウィン港の埠頭《ふとう》を99年間租借《そしゃく》する契約を中国企業と結ぶことを容認しているのです。中国のこの手の企業が人民解放軍とつながっているのは周知の事実で、米軍を監視するのが目的です。

こういうことを見破れないオーストラリア政府の「脇の甘さ」は致命的ですが、それもオーストラリアの地政学的条件から生みだされたのです。

オーストラリアの国土は、太平洋の南端に位置します。中国からもアメリカからも遠く、地政学的には典型的な「島」であり、自国の安全を守るという点については、日本など他のアジア諸国と違って、**中国の軍事的脅威を感じていません**。南極を除けば、他国との領土紛争もありません。本音では、アメリカとの安全保障関係より中国との経済関係のほうが重要と考えるオーストラリア人も多いのです。

さらには移民の問題があります。かつてのオーストラリアは、欧米人以外の移民を拒絶する人種差別国家、「**白豪《はくごう》主義**」の国でしたが、１９７３年に労働力確保のため移民規制を撤廃してからは、中国やインドネシア、インドや中東諸国から大量の移民が押しよせ、多民族国家に変貌しつつあります。将来はアメリカ同様に白人人口が過半数を割りこむでしょう。すでに移民票は選挙結果を左右しつつあり、移民推進派の労働党はもちろん、保守党も移民票をあてにするようになっています。保守党ターンブル政権の迷走も、このあたりに理由があるのでしょう。

大国に分割された東インド

Plate.40 ベトナム・ミャンマー・タイ

中国との地政学上の関係が重要

インドシナ半島に属する諸国は、その民族文化や歴史も政治的な立場も多様であり、ひとくくりに見ることはできない。とくに中国との関係性を見極め、細やかな外交政策をとる必要がある。

中国と国境を接するということ

「東南アジア」は、もとは第二次世界大戦中に連合国軍によって用いられた作戦地域名でした。歴史的に地域を統一した国もなく、個々の多様な民族文化が守られてきたため、地域の10カ国が参加するASEAN《アセアン》（東南アジア諸国連合）内でも、加盟各国の地政学上の条件や立場はそれぞれ異なります。国土面積や人口は大小さまざま、内陸国があれば、都市国家や無数の島嶼で構成される国もあります。

現在は中国の一部となっている雲南《うんなん》高原はチベットから発し、インドシナ半島に流れこむ河川が集まる地政学上の要地です。ここには南詔《なんしょう》や大理《だいり》という独立国がありましたが、明の時代に呑みこまれてしまいました。現在もビルマ人やタイ人と同じルーツを持つ少数民族が居住する地です。

同じインドシナ半島内にあって、中国と陸の国境を接するベトナムとミャンマー、そこから少し離れたタイとラオス、大きく離れたカンボジアとでは、中国に対する警戒心の度合いが違います。カンボジアが東南アジア諸国で唯一、上海協力機構（42ページ）のパートナーとなっているのも、中国の攻撃を受けた歴史がないためです。むしろ中国と親しくして、歴史的な宿敵であるベトナムなど隣国からの攻撃を抑止しようとする心理が起こります。それに対し、フィリピン、ベトナム、マレーシアは、中国とのあいだに南シナ海上の領土問題をかかえています。東南アジアの地政学は、中国との関係を抜きにして語ることはできません。

大国に屈しないベトナム

東南アジア諸国の中でも、つねに中国の王朝と陸の国境で接していたベトナムは、その侵略をたびたび受けてきました。ベトナム人の祖先は、長江流域に住んでいた越人《えつじん》で、稲作文化の担い手でした。ところが、北からやってきた畑作民族の漢人（本来の中国人）によって、越人たちはさらに南方へ押しだされていきます。漢人たちは、ベトナムのことを越南《えつなん》と呼ぶようになりました。

ベトナム人の歴史は中国への抵抗の歴史です。漢の武帝が北ベトナムを占領すると、中国の支配は以後1000年に及びます。その期間、漢字・漢文から箸を使った食事法までさまざまな中国文化を受容しながら、独自の言語も守ってきました。

宋の時代に大越国《だいえつ》として独立しますが、まもなくモンゴルが侵入してきます。フビライ・ハンは南宋《なんそう》を包囲するため、周辺国から攻略していったのです。しかし勇猛を誇ったモンゴル騎馬軍団も、ベトナム領内に侵攻すると水田の畦道《あぜみち》やジャングルによって足止めされます。ベトナム人は自然の利を生かし、ゲリラ戦を展開してモンゴル軍を撃退しました。のちにフランスとのインドシナ戦争、アメリカとのベトナム戦争で発揮されたのと同じ戦法です。

その後も、1979年の中越戦争や南シナ海のパラセル諸島（西沙《せいさ》諸島）をめぐる中国との紛争で、ベトナムは大国を相手に一歩も引きません。抵抗の歴史が、屈強の民族精神をつくりあげたのです。

したたかなミャンマー

雲南高原からラオス、カンボジア、ベトナムと流れて南シナ海に注ぐメコン川のルートをフランスが押さえ仏領インドシナとすると、これに対抗するイギリスは、雲南高原からビルマ（ミャンマー）を抜けてインド洋に注ぐイラワディ川のルートを押さえます。当時のビルマは王国でしたが、イギリスは最後のビルマ王を捕え、英領インドの一部（のちに英領ビルマ）としました。

ビルマは、日本軍と戦う蔣介石《しょうかいせき》軍をイギリスが支援するための拠点（援蔣《えんしょう》ルート）として利用されました。1942年、これを遮断《しゃだん》するために日本軍が侵攻し、イギリス軍を追いだします。日本はビルマに名目的な独立を認めますが、実質的には軍政を敷きました。

日本軍は現地の独立運動家たちを集めてビルマ独立義勇軍を組織すると、イギリスとの戦争に参加させます。この指導者のひとりが、

アウンサン（1915 − 1947）　アウンサンスーチー（1945 −）
テイン・セイン（1945 −）　ラーマ9世（1927 − 2016）

ミャンマー建国の父アウンサン将軍

ビルマ建国の父**アウンサン**でした。

日本軍が英領インド攻撃をもくろんだインパール作戦に失敗し、イギリス軍が反攻してくると、アウンサンはイギリス側に寝返ります。この綱渡りによって、彼は戦犯訴追をまぬがれ、イギリスにビルマ独立を承認させますが、政権内部の抗争により暗殺されてしまいます。

独立後、少数民族の反乱に悩まされたビルマは、軍事独裁によって危機を乗りきろうとします。建国の父アウンサンの娘・**アウンサンスーチー**はイギリス人と結婚してイギリスに住んでいましたが、その抜群の知名度によって民主化運動のリーダーとなっていきます。総選挙に打って出た軍事政権は、野党に大敗すると選挙結果を無効とし、アウンサンスーチーを自宅軟禁します。国号を本来のミャンマーに戻し、愛国心を煽《あお》ったのも軍事政権です。

西側諸国は軍事政権の人権抑圧を非難し、経済制裁を課してきました。国際的に孤立した軍事政権に手を伸ばしてきたのが中国でした。イラワディ川ルートを開発し、鉄道やパイプラインを敷けば、雲南から直接インド洋に出られるからです。

その結果、ダム建設などに従事する大量の中国人が流れこみ、現地住民の雇用につながらないばかりか、その立ち退きが強制的に行なわれ、ダム完成後も電力のほとんどが中国に送られることが明らかになりました。住民の反発をまねき、計画は頓挫《とんざ》します。

軍事政権の最後の大統領が**テイン・セイン**です。華人出身の軍人ですが、アウンサンスーチーの自宅軟禁を解除、6000人以上の政治犯を釈放し、中国ととりかわしたダム建設と銅山開発の計画を白紙に戻してしまいます。西側諸国は経済制裁を解除し、莫大《ばくだい》な投資を開始します。軍事力と札束にものをいわせてきた中国の面目は丸つぶれです。

アウンサンといい、テイン・セインといい、機を見るに敏なのがミャンマー人なのです。

王政が安定を支えてきたタイ

インドシナ半島の中央に位置するタイは、東南アジアで唯一、植民地化をまぬがれました。「生きボトケ」とされる国王の権威は、立憲君主政に移行したのちも変わることがありませんでした。

プミポン国王（ラーマ9世）は、1946年に18歳で即位されました。戦後のタイがなんとかやってこられたのも、プミポン国王の絶大な権威によるところが大きかったのです。民政の腐敗が進んで国民の反発が高まると、軍部がクーデタを起こし、次の民政へつなぐ、ということが繰りかえされてきました。両者の争いが激化すると国王が調停に乗りだし、国家分裂の危機を回避してきたのです。2016年、プミポン崩御後のタイでは長男のワチラロンコン王子が王位を継ぎましたが、前国王と同じ役割を果たすことができるのか、不安視されています。

東南アジアを影響下におきたい中国は、雲南高原の昆明《こんめい》を出発し、ラオスを経て、タイのバンコクに至る2000キロに及ぶ**インドシナ縦断道路（南北回廊）**を貫通させました。さらに中国は、昆明から出発し、ベトナム→ラオス→タイ→マレーシアと北から南へ結び、シンガポールに至る**インドシナ縦断高速鉄道**の建設を計画しています。このような鉄道や道路が、いざというとき、中国の軍事行動に転用されるのはいうまでもありません。

これに対抗して、日本の出資によって完成したのが**インドシナ横断道路（東西回廊）**です。これはベトナム→ラオス→タイ→ミャンマーと結ばれた、中国の「縦の線」に対する「横の線」です。もしマラッカ海峡が封鎖されても、この道路を活用すれば、中東からの輸送ルートを確保することができます。また日本は、もうひとつの横の線である**南部回廊**も完成しています。これはタイのバンコクとベトナムのホーチミンを結びます。

タイは、この南北と東西の線とが交差する場所にあります。プミポン国王を失ったタイの不安定化は、東南アジア全体の地政学バランスを揺るがすことになるのです。

南北回廊と東西回廊

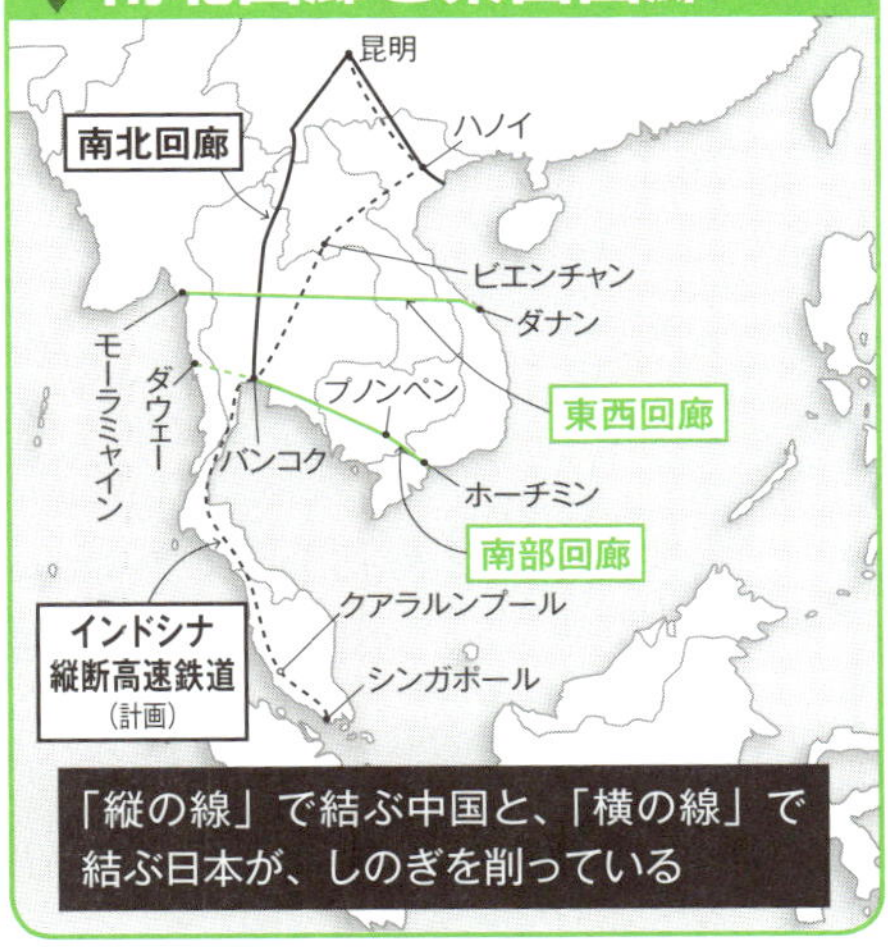

「縦の線」で結ぶ中国と、「横の線」で結ぶ日本が、しのぎを削っている

Plate.41 フィリピン・台湾

中国の海洋進出で揺れる島国

日本の南西諸島の延長線上に位置する台湾とフィリピンは、西太平洋の海洋国家として日本の安全保障上きわめて重要である。いずれも中国の強い圧力を受けており、とくにフィリピンはアメリカとの関係も微妙になっている。

アメリカが執着する海上戦略の要地

400年間スペイン領だったフィリピンは、米西戦争後のパリ条約（1898年）によってアメリカ領となります。これはマハンの海上戦略を忠実に実現したものですが、独立を宣言したフィリピンに対しアメリカが軍を派遣した**米比《べいひ》戦争**では、数十万人のフィリピン人が殺され、アメリカの支配下におかれます。

フィリピンをアメリカ支配から解放したのは日本軍でした。1941年、首都マニラ市を攻略し、軍政下で形式的独立を認めました。アメリカは反日ゲリラ組織を援助し、**マッカーサー**率いる米軍がフィリピン奪還に成功します。日米両軍の戦闘でフィリピンは戦場となり、ここでも100万人以上のフィリピン人が犠牲になりました。

フィリピン民衆には、過去の2つの戦争の経緯から、アメリカに対する強い反感が根づくことになります。戦後に3度目の独立を果たしますが、やはり真の独立国とはいえず、米軍の駐留を認めていました。独立政府の指導層となった華人系の地主階級が、権益の維持と引きかえにアメリカに迎合していたからです。戦後のフィリピンは、アメリカの力添えを得た特権階級によってずっと支配されてきました。土地改革は進まず、貧富の格差は放置され、汚職や麻薬取引が蔓延《まんえん》します。

アメリカが去って、中国の魔の手が伸びる

1986年、20年以上も権力の座にあった**マルコス**に対するフィリピン民衆の怒りは頂点に達します。政敵だったベニグノ・アキノ元上院議員を暗殺（1983年）し、その後にベニグノの夫人**コラソン・アキノ**と争った大統領選で不正を行なったからです。軍が民衆側についてマルコスは失脚し、アキノ夫人が新大統領となりますが、民衆の反独裁運動は反米運動に発展していきました。

民主化されたフィリピン政府が米軍撤退を求め、1989年の冷戦終結と、91年のピナツボ火山の噴火で**クラーク空軍基地**が使えなくなったこともあって、アメリカは軍の撤退と基地の返還に応じます。

中国が**スプラトリー諸島（南沙諸島）**を占拠しはじめたのは、フィリピンの米軍撤退直後からです。フィリピンが領有権を主張する**ミスチーフ礁《しょう》**に建造物や空港を構築し、さらにはルソン島沖の**スカボロー礁**にも手を伸ばしています。

沖縄から米軍基地が撤退したらどうなるかを、フィリピンの例はよく示しています。フィリピン国軍の力が弱いため、中国に足もとを見られたのです。現状では国を守れないと悟った**ベニグノ・アキノ**（殺されたベニグノ上院議員とコラソン大統領の息子）大統領は、オバマ政権と軍事協定を結んで米軍の復帰を認めます。そして、安倍政権の集団的自衛権の行使容認を歓迎すると明言しました。日本からフィリピンに巡視船が供与されることになり、海洋国家同盟で力を合わせて中国の膨張に歯止めをかけようとしたのです。

再び反米主義へ？

ところが、2016年にベニグノ・アキノの跡を継いだ**ドゥテルテ**大統領は、就任直後から**反米主義**を鮮明にしました。前政権がアメリカと結んだ軍事協定は無効だと主張し、米比合同軍事演習の中止も決定しました。

また、バギオ市長時代のドゥテルテが麻薬犯罪の容疑者に対して「自首しないのであれば、あの世に葬り去ってよい」と述べたことで、違法な処刑が横行します。密売人や麻薬常習者が次々と自首し、治安が劇的に改善したため、フィリピン国民は熱狂します。これを「人権抑圧だ」と批判したオバマに向けて、ドゥテルテ大統領は侮蔑的な言葉を吐き、米比首脳会談も流れました。アメリカは頭をかかえます。

中国に対しても当初、領土問題について「落とし前をつける」と息巻いていました。ところが、大統領として最初の正式な訪問国となったのは中国でした。習近平との会談では、南シナ海の領土問題を棚上げする見返りに経済援助をとりつけました。

直後の訪日では安倍首相と会談、日本から

ダグラス・マッカーサー（1880 – 1964）　フェルディナンド・マルコス（1917 – 1989）
コラソン・アキノ（1933 – 2009）　ベニグノ・アキノ（1960 – ）
ロドリゴ・ドゥテルテ（1945 – ）　李登輝（1923 – ）

日本の海上保安庁の巡視船を視察するフィリピンのドゥテルテ大統領（中央）

の支援に感謝しつつ、「アメリカはフィリピンを犬のように扱ってきた。日本とは協力できるが、アメリカは無理だ」と心情を吐露《とろ》しています。

フィリピンの歴代親米政権がけっして口にできなかった「本音」を公言することで、熱狂的な支持を集めているドゥテルテ大統領。彼を単なる「親中派」「大衆迎合主義者」と決めつけてしまえば、アメリカは対フィリピン政策を誤ることになるでしょう。

中国がフィリピンの「属国化」を虎視眈々《こしたんたん》と狙っているのは確かです。**この島国に海軍基地をおくことで、念願の第一列島線突破が可能**となります（50ページ）。在比米軍を撤退させて、フィリピン・台湾間の**バシー海峡**を自由にできれば、大手をふって太平洋に出られます。２０１６年、海外に展開する米軍の撤収を主張するトランプがアメリカ大統領に選出されたことで、今後フィリピンの運命はさらに流動化するでしょう。

ドゥテルテが、こういったフィリピンの地政学上の位置を熟知したうえで米・中を天秤にかけ、アメリカに対し自国の価値を高めるための挑発を行なっているのだとすれば、相当な策士だということになります。その野卑な印象から「**フィリピンのトランプ**」と呼ばれていますが、トランプとは明らかに違います。ドゥテルテはダバオ市長を計7期22年つとめる前は検察官の職にあり、**法律と行政について専門の知識を持つ人物**です。

米比関係が悪化することで、むしろ日本の役割は重要になってくるでしょう。

微妙になってくる台湾の立ち位置

中国との関係において、フィリピンよりもさらに微妙な立場にあるのが台湾です。若い人を中心に「私は台湾人である」という意識は年々強くなっていますが、その一方で総輸出額の約4割を中国と香港が占め、多くの台湾企業が大陸に進出しています。**中国なしで成り立たないのが台湾経済**です。

１９４８年に中国国民党の**蒋介石**《しょうかいせき》政権が台湾に渡ってきてから40年間、１割強の**外省人**《がいしょうじん》（戦後に渡ってきた中国人）が、日本統治時代から台湾に住む**本省人**《ほんしょうじん》や先住民を支配してきました。**本省人も、もとは中国南部の福建省**《ふっけんしょう》**などから渡ってきた中国人の子孫**ですが、北京語とは異なる福建語（台湾語）を話し、「中国人」と呼ばれるのを嫌います。経済的に依存しているからといって、中国の一部になったら、いま享受している自由はなくなります。

１９７１年、国連総会が、台湾（中華民国）に代わって中国（中華人民共和国）の国連代表権を認め、翌年にはアメリカのニクソン大統領が電撃的な訪中を実現し、事実上、台湾を見捨てました。しかし米議会には親台湾派の議員も多く、アメリカとの断交後も台湾に武器を供与できる**台湾関係法**を制定しました。

日本も、１９７２年の日中国交回復にともない台湾と断交しましたが、「**連絡事務所」の設置という形で事実上の外交関係を維持**し、日本人の台湾渡航も、台湾人の日本渡航も自由です。

台湾が民主化されたのは、冷戦終結でアメリカの支援があてにならなくなった１９９０年代。本省人出身の**李登輝**《りとうき》総統が、１９９６年に総統選挙を実施してからです。それ以後の台湾は、国民党と民進党の2大政党が選挙による政権交代を実現している民主主義国家です。

台湾に米軍は駐留していませんが、その役割を代行しているのが沖縄駐留の米軍です。中国は台湾をあきらめておらず、その第一歩として沖縄駐留米軍の撤収を望んでいます。**沖縄の問題は日本だけでなく、西太平洋全体の軍事バランスに影響を与える**のです。

中国の太平洋進出の突破口

フィリピンと台湾は、ちょうど南シナ海にフタをする形で位置し、中国海軍の海洋進出をはばんでいる。中国海軍の太平洋進出にとってとくに重要なのが、フィリピンと台湾の境にある**バシー海峡**である

Plate.42

朝鮮半島①

半島国家の苛烈《かれつ》な生き残り戦術

半島国家の弱点は、大陸側のランドパワーに半島の付け根を制せられると、逃げ場がなくなるということ。イタリアやスペインも半島国家だが、アルプス山脈、ピレネー山脈に守られた半島の征服は困難だった。しかし朝鮮半島はそうではない。

半島国家の悲哀

韓国・朝鮮人と日本人との国民性の違いは対照的です。前者は自己主張が強く、時に激情的ですが、上下関係には絶対服従します。後者は自己主張が弱く、感情を表に出すことを恥じ、和を重んじます。このような気質の違いも地政学的条件から説明ができます。

古代の**新羅《しらぎ》**王国に始まり、中世の**高麗《こうらい》**、14世紀から600年続いた**朝鮮（李氏《りし》朝鮮）**と、この半島に興《おこ》った国家は、**強国から攻撃されるか、強国の庇護《ひご》を受けるかのどちらかでした**。ランドパワーによる占領を一度も受けなかった日本とは対照的です。

朝鮮半島の北には浅瀬が多く、冬は氷結する鴨緑江《おうりょくこう》しかありません。中国とのあいだにある黄海《こうかい》も波が穏やかで、船舶による侵攻を防ぐことはできません。大陸に強国が生まれると、必ずといって侵略対象となってきたのが朝鮮半島でした。これが朝鮮半島の運命ともいうべき地政学上の欠点です。

民族最大の危機は13世紀、**モンゴルの侵攻**でした。高麗は、30年ほどの期間に6回も国土を蹂躙《じゅうりん》されます。最初は江華島《こうか》にこもった国王も抵抗をあきらめて降伏し、人質にとられた王子はフビライ・ハンの娘と政略結婚させられ、すっかりモンゴル色に染まると帰国して即位します。完全な属国です。

こうして即位した**忠烈王《ちゅうれつ》**は、義父であるフビライにとりいるため、日本への侵略を進言しました。これが「元寇《げんこう》」です。いったん強国の支配下に入ると、過剰適応することで身の安全をはかるのです。最初は呑みこまれまいと強烈な自己主張をしますが、圧倒的な武力で制されると手のひらを返して完全服従し、支配者に同化することで生き延びるのが、**事《じ》大《たい》主義**（大きなものに事《つか》える）です。

大陸でモンゴル帝国（元）を倒して明《みん》が誕生すると、半島でもこれに呼応した李成桂《りせいけい》将軍が高麗を倒し、明朝皇帝に忠誠を誓います。1392年、皇帝から臣下として冊封《さくほう》され、「朝鮮」の国号を与えられると、**明の「王朝イデオロギー」ともいうべき朱子学《しゅし》**を軸にした国づくりを行ないます。高麗時代に国教だった仏教は弾圧され、このとき多くの仏教絵画や仏像が日本に渡来しました。

朱子学は、「主君（明朝皇帝）」と「臣下（朝鮮）」、「文明（中華）」と「野蛮（夷狄《いてき》）」を徹底的に差別する思想です。かつて朝鮮を蹂躙したモンゴルを野蛮視することで、民族のプライドを回復しようとしたのです。官僚階級の**両班（ヤンバン）**は、中国人のように漢文をマスターし、漢詩の制作など文人趣味に没頭します。一方で武力を野蛮なものとして軽んじ、商工業を蔑視しました。これも朱子学です。

すっかり脆弱《ぜいじゃく》になった朝鮮軍は、16世紀末、2度にわたって到来した豊臣秀吉軍の前に、なすすべなく崩壊します。明からの援軍によってどうにか滅亡をまぬがれ、その忠誠心を新たにしました。しかし今度は、北方の「夷狄《いてき》」である満州人が建国した清朝が、朝鮮に服属を要求します。

服属を拒否した朝鮮は清の攻撃を受けて敗北し、朝鮮国王は清朝皇帝から屈辱的な服従の誓いを強いられます。さらに衝撃的なことに、明が内乱で崩壊し、清が中華帝国を支配してしまったのです。朝鮮の両班たちは清を見下し、自分たちこそ**「正統な中華文明の継承者」**と自任するようになります。これが**「小中華思想」**です。

清が朝鮮にせまってきたとき、宮廷内では、明への義をつらぬくべきとする親明派と、より現実的な親清派とに分裂します。これと同じことがモンゴルに降伏するまでの高麗の宮廷でも起こっており、このときは反モンゴル

朝鮮国王は、清朝皇帝の前でひざまずいて服従を誓った。大清皇帝功徳碑には、その経緯が刻まれている

忠烈王（1236 – 1308）　李明博（1941 – ）　李承晩（1875 – 1965）
金日成（1912 – 1994）　朴正煕（1917 – 1979）　盧泰愚（1932 – ）

派と親モンゴル派が分裂しました。李氏朝鮮の末期では、やはり親清派と親日派とに分かれて暗闘を繰りかえし、日本から独立する際には親米派と親ソ派が争い、朝鮮戦争を引きおこします。

半島国家は大陸の支配者に従属することで生き延びますから、AからBへの支配者の交代時には必ず、国内でA派とB派の激烈な派閥抗争が起こるのです。

19世紀後半に台頭した日本によって、朝鮮は史上はじめてシーパワーの支配を受けいれることになりました。日清戦争で日本が清に勝利すると、朝鮮国王は清への朝貢をやめ、**大韓帝国**として独立しました。「衰退した清に対し、日本が新たな後ろ盾になる」と考えたからです。

このとき清に代わって朝鮮の権益に手を伸ばしてきたのが、もうひとつの大陸の大国ロシアです。日本がフランスやドイツから遼東《りょうとう》半島の返還を要求され、これに屈すると、親清派は親露派に鞍《くら》がえします。「ロシアなら日本に対抗できるかもしれない」というわけです。しかし、日露戦争で日本が勝利したことで親露派も一掃され、親日派が政権を掌握しました。彼らは日本との合邦運動を展開し、1910年の**韓国併合**に至ります。

現在も韓国は、ランドパワー大国の中国とシーパワー大国のアメリカのあいだで行ったり来たりしています。この状況は、半島国家の地政学上の条件がつくりだした民族性によるところが大きく、永遠に変わらないものです。

大陸国家に蹂躙されたことのない日本では、太古から古き良き共同体意識が連綿と続いてきました。「和を尊《とうと》ぶ精神」は聖徳太子の時代から21世紀まで受けつがれたのです。これは日本人の美徳ですが、逆に中国・韓国など大陸諸国の国民性を日本人が理解するうえで妨げになっています。

反日の正体

日本人にとって「近くて遠い国」だった韓国は、1988年のソウル五輪でずっと身近な存在になります。2002年にサッカーW杯の日韓共同開催が実現し、翌年から韓国ドラマ『冬のソナタ』が日本で放送され、「韓流《はんりゅう》ブーム」が起こります。多くの日本人観光客が韓国を訪れ、両国の過去は水に流されたとカン違いした日本人が多かったのです。

現実は甘いものではなく、韓国人は日本に対し、むしろ敵愾心《てきがいしん》を強めていきます。2012年8月、決定的な事件が起こります。大阪生まれで知日派と信じられていた**李明博**《イミョンバク》大統領が、日・韓が領有権を争う竹島に韓国大統領として初上陸し、数日後、「日本の天皇はひざまずいて謝罪すべき」と発言したのです。

しかし韓国の「**反日**」の歴史は、いまに始まったことではありません。独立以来、国民の不満をそらすために「反日」は都合よく利用されてきました。

日本からの独立後、アメリカに「事大」したのが大韓民国。初代大統領・**李承晩**《イスンマン》は20代で渡米し、在米40年以上という筋金入りの親米派でした。ライバルの**金**《キム》**日成**《イルソン》は、対日参戦したソ連軍とともにソ連軍将校として帰国し、米ソ冷戦によって朝鮮民族は**北緯38度線**で分断されます。

朝鮮戦争で荒廃した国土の再建には、大戦の痛手から急速に復興しつつあった旧宗主国・日本の支援が必要でしたが、「反日」に凝《こ》り固まった李承晩《イスンマン》は拒否します。李承晩が不正選挙を暴《あば》かれ退陣したあと、軍事クーデタで政権を握ったのが、日本陸軍士官学校出身の**朴正煕**《パクチョンヒ》将軍です。**日韓基本条約**（1965年）で国交を結び、国家予算の2年分にあたる経済援助をとりつけ、一切の賠償請求権を放棄します。

日本からの経済援助で「**漢江**《ハンガン》**の奇跡**」と呼ばれる経済復興を成しとげた軍事政権は、豊かさを実現することで民主化運動を抑えこんでいきました。しかし、米中接近や冷戦終結でアメリカの態度も冷たくなり、朴大統領の暗殺（1979年）をきっかけに軍政に対する国民の不満が噴出します。

最後の軍人大統領となった**盧泰愚**《ノテウ》は、韓国の民主化に舵《かじ》を切り、民主的な大統領選挙を実施します（1987年）。アメリカ一辺倒の外交姿勢も転換し、ソ連や中国との国交樹立に動きます。1991年、北朝鮮とともに念願の**国連加盟**を果たし、ソウル五輪の成功と経済の急成長によって、国民が大きな自信を得たのも盧泰愚《ノテウ》政権下のことでした。

韓国民主化とともに湧きおこったのが民族主義的史観です。軍政下で抑圧されてきたものが噴出し、日本統治時代のみならず、日本という存在そのものを徹底的に否定することが、民族の誇りの回復につながるというわけです。

韓国のメディアで「**慰安婦問題**」がとりあげられるようになったのも、「日本天皇」を「日王」と表現するようになったのも、盧泰愚《ノテウ》政権以降です。実際の日本統治時代を知らず、国定教科書で反日思想を叩きこまれた世代が主流になり、表現の自由を得たことで「反日」は増長していきました。

Plate.43 朝鮮半島②

米・中間のバランサーか、コウモリか？

冷戦期は「中国・北朝鮮 VS アメリカ・韓国」という図式だった。しかし、ニクソン訪中で米・中が接近したため、南北それぞれで混乱が起こる。北は親中派を粛清して金一族を崇拝する独自路線（主体思想《チュチェ》）を選択し、南では反米思想が徐々に台頭する。

国家破綻《はたん》に見まわれる

最大の支援国だったソ連が崩壊する一方、敵対する韓国が好景気に沸いたことで、危機感をつのらせたのが北朝鮮でした。ソウル五輪を妨害する目的で**大韓航空機爆破事件**を起こしますが、容疑者として逮捕された北朝鮮テロリストは日本人を偽装していました。**北朝鮮がいちばん破壊したいのは韓国の繁栄**で、それをもたらしていたのは日本からの投資ですから、**日韓関係の断絶は韓国経済に大きなダメージを与える**と考えたのです。

北朝鮮の対韓工作は、いまも継続中です。「慰安婦問題」を拡散している一部の団体は北朝鮮とつながっていますし、**金大中《キムデジュン》・盧武鉉《ノムヒョン》**政権のもとで親北（北朝鮮寄り）勢力は**政権内部にまで浸透**しました。こうやって**日韓関係を悪化させることに歴史問題を利用する**のは、中国共産党と同じ手法です。

1993年、初の民政である**金泳三《キムヨンサン》**政権が誕生すると、韓国経済の質は変わりはじめます。経済が全面的に自由化されたことで外資がどんどん流入したのです。

それに目をつけたのが、ニューヨークのヘッジファンドでした。彼らはアジア新興国で「空売り」を繰りかえし、莫大《ばくだい》な利益を得ます。その国の通貨や債券を買い占め、いったん急騰《きゅうとう》させ、一般投資家たちもこれにつられて手を出すと一気に売りぬいて利益を上げる、というやり方でアジア通貨危機（1997年）を引きおこします。**韓国通貨ウォンや韓国企業の株価も暴落**しました。

韓国政府は国際通貨基金（IMF）に緊急融資を求めます。融資の条件は韓国経済の構造改革でした。旧来の財閥は解体、公営企業は民営化され、それに代わって三星（サムスン）や現代（ヒュンダイ）といった**新興財閥が台頭**します。外資の株主によって経営の効率化が行なわれ、失業者が増大し、貧富の格差が拡大しました。このIMF危機により、長く続いた親米政権が崩壊するのです。

国内政治に影響する地政学

IMF危機以後、「経済侵略」を行なったアメリカに対する反発が高まり、労働組合を支持基盤とする**「反米・親北」**の金大中《キムデジュン》政権と盧武鉉《ノムヒョン》政権が相次いで生まれます。

金大中は、朝鮮半島南西部、**全羅道《ぜんらどう》**の木浦《モッポ》市の沖に浮かぶ荷衣島《ハウィ》出身です。全羅道は、676年に朝鮮統一を果たした新羅によって滅ぼされた**百済《くだら》**の故地で、以来、何かにつけ全羅道とその出身者は差別されてきました。

1948年の**四・三事件**は、全羅道の南に浮かぶ済州島《チェジュ》で起きた虐殺事件です。日本軍が残していった武器をとって島民が蜂起《ほうき》すると、李承晩《イスンマン》が送りこんだ治安部隊がこれを徹底的に鎮圧し、数万人が殺され、多くの島民が島を去りました。

済州島から逃げだした島民の一部は、日本に渡ってきます。代表的なコリアン居住地である大阪の猪飼野《いかいの》や東京の三河島《みかわしま》は、その大半が済州島出身です。このことからも、彼らのすべてが戦時中に強制的に連行されてきた人たちではないのは明らかです。しかし韓国は、**すべてを「日本帝国主義」の責任にすることで、自分たちの戦後の暗黒史を隠蔽《いんぺい》**しようとしています。

四・三事件も、済州島に対する本土からの厳しい差別が原因になっていました。いまでこそ「歴史と自然豊かなリゾート地」として観光宣伝されていますが、かつてここは流刑地でした。済州島は百済の管轄にあったことで全羅道に編入され、地域差別と、島に対する差別を二重に受けてきたのです。

もうひとつ、全羅道を襲った悲劇が1980年の**光州《こうしゅう》事件**です。朴正煕《パクチョンヒ》の暗殺後、クーデタで政権を掌握した**全斗煥《チョンドファン》**将軍に対し、全羅道の中心都市光州で大規模な反軍政デモが起こります。制圧に向かった軍と衝突し、百数十名の市民が殺されました。金大中は暴動を指導した容疑で軍法会議にかけられ、死刑判決を受けます。

一方、東南部の**慶尚道《けいしょうどう》**は新羅が発祥した地であり、韓国の工業化を築いた朴正煕《パクチョンヒ》、これに続く軍人大統領の全斗煥《チョンドファン》や盧泰愚《ノテウ》はすべて、この地域の出身です。行政人事でも、インフラ整備でも慶尚道が優遇され、全羅道は後《おく》れをとってきました。

金大中（1925 – 2009）　盧武鉉（1946 – 2009）　金泳三（1927 – 2015）
全斗煥（1931 – ）　金正日（1942 – 2011）　朴槿恵（1952 – ）

金正日と初の南北会談を実現した金大中（右）

金大中《キムデジュン》からすれば、「全羅道の敵の敵は味方」——つまり、これまで韓国を牛耳ってきた慶尚道政権の「敵」である北朝鮮も味方となります。その政策は地域対立によって左右されていたのですが、金大中は軍政と闘っていた野党時代から北朝鮮に利用されていました。

２０００年、訪朝した金大中《キムデジュン》は、金正日《キムジョンイル》と初の南北首脳会談を実現させ、のちにノーベル平和賞を受けます。彼は、「イソップ物語」の『北風と太陽』になぞらえて、「北朝鮮という旅人のコート（核武装）を脱がせるには、北風（経済制裁）より太陽（経済支援）が有効」という「太陽政策」を主張し、北朝鮮への大規模な経済支援を実行します。

そのとき送られた資金は、北の核ミサイル開発に用いられ、金大中の対北政策を継承した盧武鉉《ノムヒョン》政権時代の２００６年、北朝鮮はついに核実験を成功させます。

中国に急接近

金大中《キムデジュン》政権の時代、アメリカとの関係に亀裂が入ると、その隙に入りこんできたのが中国です。韓国資本を中国へ呼びこみ、２００２年には中国との貿易額が日本との貿易額を上回ります。韓国民の中に、「もう日本やアメリカを頼りにしなくて済む。これからは中国とやっていく」という「先祖返り」の気分が生まれます。

かつて『北風と太陽』を持ちだした金大中は、同じ「イソップ物語」の中にある『卑怯《ひきょう》なコウモリ』を知らなかったようです。コウモリは、獣《けもの》にも鳥にもいい顔をしようとしたため、結局どちらからも嫌われ、洞窟の奥に隠れて暮らすようになった、という話です。

金大中の継承者・盧武鉉《ノムヒョン》は、「韓国は北東アジアのバランサーになる」と宣言しました。「アメリカと中国のあいだで中立化をめざす。北朝鮮問題も韓国主導で解決する」という壮大な空想です。

いまもって北朝鮮と軍事境界線で対峙し、その脅威に対する安全保障をアメリカに依存している国家の指導者が「中立化をめざす」「バランサーになる」とは、「勇気ある」発言です。

中国は、韓国を利用します。韓国政府も、新たな「味方」となった中国の歓心を得るため、「歴史問題」をとりあげて「日本叩き」をエスカレートさせます。「ともに日本帝国主義の被害者」というわけです。

不幸なことに、両国の目的は最初からズレていました。韓国は「日本を懲《こ》らしめて、謝罪させたい」という感情が先行していますが、中国はあくまでも韓国をアメリカや日本から離反させるための手段として同調したのです。

大学で中国語を学んだ朴槿恵《パククネ》大統領は、リアリストだった父、朴正熙《パクチョンヒ》とは正反対でした。２０１５年には習近平が北京で開催した「抗日戦勝70周年式典」の軍事パレードに、西側の指導者としてただひとり出席し、同盟国の顰蹙《ひんしゅく》をかいました。習近平との親密さをアピールすると、ハルビン駅に安重根《あんじゅうこん》記念館を建設すると習近平に約束させ、韓国メディアはその「成果」に拍手を送ります。ハルビン駅はテロリスト安重根が伊藤博文を暗殺した現場です。

コウモリ外交を繰りかえす韓国には、アメリカも苛《いら》立《だ》っています。韓国防衛の重荷を早く清算したいと考えているのです。アメリカの本音は韓国の面倒を日本に見てもらうことですから、安倍・朴槿恵両政権に「慰安婦問題」の最終決着を迫りました。

韓国に対して「最後通牒《つうちょう》」ともいえる形で提示されたのが、韓国領内への米軍のＴＨＡＡＤ《サード》（地上配置型迎撃ミサイル）配備です。しぶしぶこれを受けいれた韓国を、今度は中国が強く非難します。

強い国についていくのが韓国の伝統芸ですが、深入りした中国経済は２０１５年以降、失速。アメリカでは「韓国の面倒は見ない」と公言するトランプ政権が発足しました。「反日」のやりすぎで「韓流ブーム」が終了した日本も助けてくれそうにありません。朴槿《パク》恵《ネ》は、側近の汚職がもとで任期途中の大統領辞任が決定的です。次の展開が注目されます。

全羅道と慶尚道

95ページの写真 © 共同通信社

図解《ずかい》

世界史《せかいし》で学《まな》べ！　地政学《ちせいがく》

平成29年１月10日　初版第1刷発行
令和４年３月25日　第5刷発行

編著■茂木《もぎ》　誠《まこと》

本文デザイン■浦郷和美《うらごうかずみ》

本文・図版制作■森《もり》の印刷屋《いんさつや》

発行者■辻　浩明

発行所■祥伝社《しょうでんしゃ》

〒101-8701　東京都千代田区神田神保町3-3
TEL. 03-3265-2081（販売部）
TEL. 03-3265-1084（編集部）
TEL. 03-3265-3622（業務部）

本文印刷■堀内印刷

製本■ナショナル製本

ISBN978-4-396-61583-3 C0030